這是我的，別想碰！

「所有權」潛規則如何控制我們的生活？

邁可・海勒 MICHAEL HELLER
詹姆斯・薩爾茲曼 JAMES SALZMAN
王瑞徽——譯

我的就是你的

獻給黛博拉、艾莉和喬納

——MH

獻給海瑟、班、伊蓮娜、伊莉莎白、傑米和凱特

——JS

CONTENTS

引言：誰能擁有？憑什麼？ 007
① 先到後贏 031
② 現實佔有，勝算十之一二 057
③ 你播種，我收割 101
④ 家不是我的堡壘 151
⑤ 我們的身體不屬於自己 199
⑥ 溫柔的人很少承受地土 245
⑦ 所有權的未來世界 289
結語：幼兒的所有權規則 329
致謝 333
附註 335

引言

誰能擁有？憑什麼？

「**我的！**」這原始的呼喊是孩子們最早學會的用語之一。玩沙坑遊戲的幼兒在爭奪塑膠桶的英勇纏鬥中會這樣大喊一聲。對成人來說，所有權的概念似乎很自然，沒什麼好爭辯的。你很清楚擁有物品意謂著什麼，不管是買新房子還是拿走最後一片派餅。**我的**，意思再簡單不過。

但你對所有權的許多理解是錯誤的。一旦明白這些規則實際上是如何運作，你便會看見在平常的所有權概念背後上演的精彩好戲。政府、企業和一般人都在不斷改變關於誰得到什麼、為什麼得到它的規則，而每一次抉擇都會產生贏家和輸家，一直以來都是如此。歸結起來，人類社會的存在正是為了幫助我們處理對於稀缺資源的爭奪——無論是食物、水、黃金或性伴侶，免得我們老是互相殘殺。

就連伊甸園故事都繞著所有權打轉。上帝訓示亞當和夏娃，智慧之樹和它的果實是上帝所專有。「**那是我的，別想碰！**」然而第一個摘下蘋果的人被逐出了樂園，人類的歷史由此展開。從那時起，人人都想爭奪所有權。

護膝神器

詹姆斯・比奇是高逾六呎的大個子。在一趟從紐瓦克飛往丹佛的聯合航空班機上，這位商人在起飛後放下他前面的、第十二排中間座位椅背的托盤桌，並且用他的「護膝神器」（Knee Defender）卡住。那是一種售價二一・九五美元的簡單塑膠裝置，可以夾在金屬托盤桌的支架上，把前座椅鎖死。該產品網站聲稱，「護膝神器」能讓你在飛機上「阻擋前座椅仰倒，讓你不必用膝蓋去頂住」。確保了自己的工作空間，比奇打開筆電。

「護膝神器」的廣告詞是真的。當比奇前座的乘客想要「仰倒、放鬆、好好享受這趟旅程」，她的座椅一動不動。她向空服員投訴，空服員要求比奇取下夾子，但比奇推三阻四。氣憤的乘客把椅背用力推倒，護膝神器掉了，比奇的筆電也弄翻了。他迅速把她的椅背推回去，重新裝上夾子。這時她轉身，將飲料潑到比奇身上。我們無從知道事態會上升到什麼程度，因為機長介入處置，改變航線前往芝加哥緊急降落。兩名乘客都被帶離飛機，接著班機繼續飛往丹佛，遲了一小時三十八分。

類似衝突不斷爆發——最近都是透過影片。在一趟從新奧爾良飛往北卡羅萊納州的美國航空班機上，溫蒂・威廉斯放下她的椅背。後座的男子在最後一排，無法把座椅仰倒。於是，他像惱人的節拍器那樣，不斷推威廉斯的椅背。她的這場高空紛爭的影片立刻被瘋傳。

隨著每次事件，社群媒體都會湧現千百則自以為是的譴責，兩派意見各執一詞。脫口秀主持人艾倫．狄珍妮（Ellen DeGeneres）為那些仰躺的人辯護，「不可以打別人的座椅，除非椅子先打你。」達美航空執行長巴斯欽（Ed Bastian）則持相反觀點，「適當的做法是，如果你要緊挨著別人斜躺，應該先問一下對方。」威廉斯並沒有問。

到底誰有理？

威廉斯的想法很簡單：是椅子扶手的按鈕讓她的座椅可以傾斜。因此，往後仰的那塊楔形空間理當屬於前排座椅。這種對附屬物所有權的主張「因為它連接在屬於我的東西上，因此它屬於我」可說是最古老的所有權辯護理由之一，可以追溯到數千年前。比奇依仗的是另一種附屬物說法，中世紀英國創造的一句格言：「誰擁有土地，誰就擁有上至天堂，下至地獄。」他主張自己擁有附屬於座椅的整個垂直空間的支配權，上達置物箱，下達黏著麵包屑的地毯。當前方的座椅闖入這空間，就是一種侵佔，一種對良好秩序的無禮冒犯。

對附屬物所有權的主張可說普遍到了你想像不到的地步。這是為什麼德州地主可以開採地下石油和燃氣，為什麼加州的農民抽取地下水正導致中央谷地下沉，以及為什麼阿拉斯加可以限制白令海的過度捕撈。附屬物所有權將平面的登機證、地契和領土地圖轉化成了三度空間的稀缺資源控制權。

但是附屬物權（attachment）並不是比奇和威廉斯唯一的權利主張。在每次航行開始時，所有機位都按照空服員的指示，處於「完美、直立且鎖定的位置」。這時候，比奇獨佔了他面前的空間。他對那塊楔形空間有優先權。**先到先贏**是主張「**我的**」的另一個原始而本能的基礎。孩子們在遊樂場上維護它，成年人在空中爭取它。回想一下，比奇用護膝神器鎖住前座椅，然後打開筆電，實體佔有了那個楔形空間。正如我們常聽到的，**現實佔有，勝算十之八九**。（Possession is nine tenths of the law.）

空中旅行使得這類關於所有權（**附屬物權**、**先來後到原則和佔有權**）的衝突糾紛引起極大關注。

當我們問聽眾關於護膝神器的衝突，多數人的回答不外乎「顯而易見」，「沒什麼好爭論的」。可是，當我們進一步要求舉手表決，人們通常會分成威廉斯和比奇兩派，兩群人難以置信看著彼此。《今日美國報》（*USA Today*）二〇二〇年的一項共有三千人回函的民意調查中，大約有一半人回答：「如果椅子能仰躺，我就會仰躺。」另一半人說：「不，千萬別這麼做。」就像威廉斯和比奇，每個人都覺得自己有理。這也是為什麼威廉斯覺得發布她的視頻再正當不過，比奇則二話不說推開前排座椅，**別亂碰我的東西！**

為什麼現在會爆發這些衝突？以前搭機平躺從來不曾這麼犯眾怒。在這之前，飛機上的座位有較大間距——座位間的空間無論仰躺或放下托盤桌都不成問題。沒人問當中的楔形空間屬於誰，因為這根本無關緊要。但航空公司不斷縮短座位間距，從不久前的三十五吋降到了今天的三十一吋左右。在一些飛機上，機位間距甚至只有二十八吋。

這對航空公司來說是利害攸關的：每一排縮減一吋間距，可以讓每個航班多出六個額外待售機位。為了增加利潤，航空公司把越來越多的乘客塞進容量固定的機艙內；與此同時，人們的體型越來越大，托盤桌也成了珍貴的電腦架。這對乘客來說同樣關係重大。在疫情大流行時期，每一吋個人空間都很重要。

護膝神器發明人高德曼（Ira Goldman）（丹佛班機事件後，他的網站流量翻了五百倍）扼要描述了這問題：「航空公司所做的就是，他們賣給我容膝空間，如果你坐在我前座，他們也把同一個空間賣給你作為仰躺之用。因此，他們等於把一個空間賣給兩個人。」

航空公司能這麼做嗎？

法律沒規定。二〇一八年，美國聯邦航空管理局拒絕針對飛機座位加以規範，將機位設計留給航空公司去處理。於是，航空公司利用一種讓他們可以在每次航班把同一個空間售出兩次的秘密武器：**戰略模糊**——所有權設計的高明工具之一。多數航空公司都有一條規定：乘客按下按鈕就能向後靠，但他們秘而不宣。除了特殊情況，空服員不會告知或實施。

模棱兩可對航空公司有利。當所有權不明確——這種不明確的情況之多超乎你的想像，人們多半會退而訴諸禮貌和規矩。數十年來，航空公司一直是仰賴高空禮儀來化解人們對座椅仰躺空間的要求，也就是達美航空執行長巴斯欽所主張的。航空公司把衝突推給乘客，讓他們在無數次沉默的日常小協商中自行解決，就像他們將手肘在共用扶手上挪來挪去，或者爭奪頭頂的置物箱空間時所做的。錢也解決不了問題。（不過，一項調查顯示，如果後座的人請喝飲料或吃點心，約有四分之三的乘客會同意不把椅背放低。）

隨著航空公司不斷縮小機位間距，前後座你推我擠的潛規則逐漸瓦解。當人們無法對什麼東西是誰的這點達成共識，匱乏會加劇他們相互對抗的觀點，結果每個人都顯得很不理性。護膝神器讓既有的衝突更加明顯。高德曼在所有權的模糊性中看到商機，創造出一種技術解決方案。不過，問題是，單方面鎖住座椅的舉動違反了禮節，就像擅自把東西拿走。

護膝神器看似一種無聊的小東西，但它反映了我們社會中一個巨大的創新動力：隨著珍貴資源變得稀缺，人們會更激烈地競相利用自己偏愛的所有權說法，企業家則從中獲利。

同樣的衝突在十九世紀深刻地改造了美國西部，但在那裡是農夫和牧場主之間的對抗。我們愛看的西部片中的牛群大遷徙其實只存在了幾十年。前往市場的無數牛群常跑到私人土地遊蕩，屯墾農場主卻沒辦法將牠們隔絕在外。牛看不懂禁止擅入的告示牌，圍欄又太昂貴，於是牛仔們常驅趕著牛群一路越過沒有圍欄的大片土地，到達阿比林和道奇市的鐵路站場。

到了一八七四年，格里登（Joseph Glidden）的雙股帶刺鐵絲網——被譽為「當代最偉大發明」，還獲得了發明專利。這項和護膝神器同樣簡單的發明突然提供了一種將牛群隔絕在外的廉價而有效的工具，讓屯墾農場主可以劃出界線，堅守陣地。有人形容格里登的鐵絲網「比空氣輕，比威士忌烈，比灰塵便宜」。牧場主們也還擊，投入了帶來槍擊和死亡的圍籬切割戰。正如一八八三年一位火車司機說的，「想到洋蔥和馬鈴薯就長在原本該有小野馬群活動、四歲小牛成熟準備上市的地方，我就難受。」但最後，農場主贏得了戰爭。

格里登的發明改變了北美大平原。來到此地的屯墾農場主能夠保護他們的農作物，許多小牧場主歇業了，因為他們找不到路徑可以把牛群送到市場。牛仔們成了大型牧場的雇工。對許多美洲原住民來說，帶刺鐵絲網是「魔鬼的繩索」——實際上終結了他們的遊牧生活方式。帶刺鐵絲網對於創造了**禁止擅入**模式的所有權至為關鍵，而這種模式成了美國現代生活的一大特色。

所有權技術的變化往往很痛苦，無論大平原上的放牧戰爭或三萬五千呎高空的護膝戰爭都苦不堪言。正如帶刺鐵絲網提供了農場主隔離牛群的方法，護膝神器也為乘客提供了一種拒絕前座仰躺的廉價工具。兩種技術都為人們提供了一種有效方法，可以將自己偏好的所有權說法強加在爭議性資源上，因而加速了舊習俗的崩解，製造了關於新規則應該如何的爭論。

不過，差別在於，農民們普遍使用了帶刺鐵絲網，許多航空公司卻禁止使用護膝神器——他們寧可繼續把那個楔形空間出售兩次。

同樣的所有權之爭如今也在網路世界上演，一個遠比飛機座位更重要，但也更不顯眼的競技場。我們的點擊流（clickstream）揭露了我們的私生活——買些什麼？追蹤誰？住在哪裡？投票習慣……點擊流似乎應該屬於我們才對，但在全球多數地方，數據所有權的歸屬仍然不明確。Facebook、Google和其他網路巨頭（連同無數情報機構）正爭先恐後卡位。他們的追蹤器把虛擬座位探入我們的私人空間，蒐集關於我們的好惡和長相的私密個人資料，從中賺取了數十億廣告費。

這個時代的主要問題之一，就是選擇一套所有權說詞來管理我們的線上人生。有些地區，如歐盟和加州，都已採取嘗試性措施，以便提供人們相當於護膝神器的數位服務。這些保護措施會不會起作用？沒人曉得。目前還沒有關於數據所有權的權威準則。答案尚不明朗，不只是對網路點擊流和飛機座椅而言，也包括其他千百個人們爭奪稀缺資源所有權的無形戰場。

你爭我奪的衝突一直在持續，多半是看不見的，直到像廉價塑膠護膝神器這樣的東西讓它們難堪地顯露出來，然後獎賞歸於那些了解所有權運作方式的人。

紐澤西男子

在曼哈頓當地一家酒吧閒逛的珍娜・華騰和幾個朋友聊起晚上的計畫，發現她們都很期待上網收看HBO熱門影集《權力遊戲》（*Game of Thrones*）的當季首播。這會是個問題，因為這部影集歸 HBO 所有，你必須付費訂閱才能上網收看影片。華騰的一位朋友訂閱了，可是大家都想在各自的地方觀看。結果，問題輕易便解決了，因為她們使用了別人的登入憑證來上網收看節目。華騰用了「我在一家墨西哥餐館遇見的一個紐澤西男人」的登入資料。

華騰的故事並不罕見，人們用別人的帳戶來觀看熱門影音媒體的節目早已司空見慣。事實上，華騰的故事唯一不尋常的地方是，她是《紐約時報》記者，她幾乎沒考慮到使用別人的 HBO 訂閱帳戶的影響，竟然發表了一篇關於自己夜生活的輕鬆報導（有人說是厚臉皮）。

華騰（和《紐約時報》）似乎沒意識到，這麼做很可能等於承認自己犯下了《電腦詐欺及濫用法案》（*Computer Fraud and Abuse Act*）規定下的聯邦罪行，這種罪行最高可判處一年監禁。使用別人的密碼來線上收看節目或許很常見，但 HBO 的使用條款明確禁止。正如《富比士》（*Forbes*）雜誌某作家為她辯護所說的，這並沒有「明文規定」（legalish）。然而根據法律，華騰的行為很可能構成了犯罪，儘管或許是一時失察。

但似乎沒人在乎——尤其是 HBO。大家都知道有人在使用不全然合法的密碼收看影音媒體內容。當我們問一群法律系學生，誰在非法收看影音內容？幾乎全部的人都舉手了。約有一半學生不認為自己做了非法的事，（不會吧？）另一半意識到這是非法的，但還是去做了。我們怎會容忍如此猖獗的盜竊行為？

首先，追劇的感覺不像在偷竊。分享密碼和到商店偷走同一齣《權力遊戲》的 DVD 感覺完全不同。華騰或她的朋友不可能沒付錢就離開商店，當然她們更不可能在報上誇耀這種事。

也許非法追劇和商店行竊的區別可以歸結為被抓的可能性，但事情沒那麼單純。HBO 可以輕易找出誰在竊取它的節目。像美國唱片業協會（Recording Industry Association of America）就抓出了那些透過 Napster 平台下載音樂的樂迷，並要求他們每人賠償數百萬美元。HBO 可以找到你，但他們選擇了別的辦法。

我們從小就被教導要尊重別人的所有物。這份尊重和根植於我們大腦最原始部分的某種本能相吻合。鬥牛犬、鳥和熊都知道要遠離「別人」的地盤。可是我們的直覺對無形的東西感覺不同，例如一個構想。一項調查顯示，如果你聽到一個學齡前幼兒說「那是我的」，「你大致上可以認定有人拿了他們的玩具或食物，而不是他們的笑話、故事或歌曲。」也許線上追劇就是無法啟動我們大腦的那個原始區域，也許這也是為什麼分享密碼感覺並沒有錯，無論在道德或法律上。

媒體所有者了解這點。他們一直在努力改變我們對數位產品的看法，讓它看來更像堅固、有形的東西，但成效有限。因此每支 DVD 影片開頭都有國際刑警組織（Interpol）發出的嚇人通告，每部電影播放前也都會出現那句嚴厲的警語：「盜版不是沒有受害者的犯罪」。就連**智慧財產權**一詞都成了這場戰鬥的一部分。許多版權、專利和商標律師編造了一套說詞，好把客戶的擔憂引到我們對實體的直覺上。他們很清楚，對原始的我們來說，版權並不是財產。

簡言之，媒體所有者和用戶正展開一場所有權說法的戰鬥。數位產品是否該被自由分享，就像傳唱一首你從演唱會聽來的動人歌曲？或者它們應該是一般財產，就像杯子或單車，法律、習俗和道德都禁止我們拿的，就算有機會也一樣？兩種說法都可找到。

是什麼驅動了媒體所有者的說法？不是引起護膝神器爭端的直覺——附屬物權、先來後到原則、佔有權。不是的。HBO 的說法可以追溯到我們的另一種核心本能，也就是勞力可以正當化所有權的概念——只有你和你自己有資格一**分耕耘**，一**分收穫**。

獎勵勞動通常感覺很正確、合理，但它永遠只對競爭對手的一方有利。時尚界提供了一個強而有力的反例。在時尚界，設計師們靠著抄襲彼此的創意來創造財富，原創服裝設計中所含的勞力並未受到保護。仿冒品不算是偷竊，它們是完全合法的。在現代經濟的許多小場域中：廚師的菜單、教練的比賽表現、脫口秀演員的劇目，以及許多別的創意競技場——我們認定了，比起獎勵創意勞動的所有權，活潑的競爭和不受約束的創新更為重要。換言之，規則往往是**你播種**、**我收割**。每年時尚設計師都會敦促國會修改法令，讓他們可以收割自己「種下」的東西，但總是不成功。

另一方面，在遊說國會這件事情上，唱片業比時裝公司更有成果。它確保了合法性，讓數位音樂符合該產業的權利要求。根據這項法律，這個產業已對至少三萬人提起、解決或準備提起法律訴訟。很遺憾，對一些音樂大品牌來說，這些行動並沒有終止非法下載——反倒讓輿論對他們產生了反感。

HBO 從中觀察和學習。發現正如 TechCrunch 網站說的：「帳戶共享是普遍存在於線上影音媒體世界的灰色地帶。」HBO 決定接受戰略模糊。聽來瘋狂，但該公司的節目網鼓勵大家偷竊他們的產品。HBO 的主管們非常清楚你（還有你的孩子，以及學生們）未經授權的線上影音收看行為。但是 HBO 並沒有把潛在客戶當成罪犯，而是在他們的節目中引誘華騰和她的朋友上鉤。

HBO 前執行長普萊普勒（Richard Plepler）曾自豪地形容公司的贊同盜版戰略是「開發新一代觀眾的絕佳行銷工具」。普萊普勒又說，密碼共享「將商品呈現給越來越多人，並且可望給他們一看成癮的機會」。在一段引起網路熱議的引言中，他補充說：「我們目前的業務做法就是培養癮君子，培養視頻癮君子。我們用的方法就是將我們的商品、我們的品牌、我們的節目向越來越多人推廣。」

競爭對手注意到 HBO 在所有權設計上的這種違反常理的操作，並在一定程度上跟進。Netflix 執行長海斯汀（Reed Hastings）說：「我們喜歡大家分享 Netflix。這是好事，不是壞事。」不過 Netflix 一次只允許一個裝置使用一個基本帳戶。

對 HBO 和 Netflix 來說，這個策略取決於華騰和其他年輕觀眾相信自己在偷東西，只偷了一點。普萊普勒和海斯汀希望大批觀眾迷上他們的節目，不管目前他們有沒有付費訂閱。他們的盤算是，等今天的海盜開始掙錢，更多人會開始付錢，並享受守法的感覺。

長程計畫就巧妙多了。普萊普勒和海斯汀的目標是讓觀眾認同他們的所有權說法：智慧財產也是財產，目前他們是發善心才讓你偷他們的商品。

所有權的潛規則

本書討論的是關於爭奪機位和共享 HBO 密碼；關於移民能否開創快餐車事業；關於為何許多救命藥物無法上市，以及數十個來自各行各業的挑戰和謎團。然而，它真正要探討的是，我們擁有事物的不同方式如何將所有這些拼圖連結起來——從美國新貴族階層的崛起到氣候變遷的解決方案。到了本書結尾，你將透過幾種根本性的見解，以一種驚異新奇的方式看待身邊的一切。

帶你進入這趟旅程之前，我們得說說是什麼驅策我們寫下本書。我們兩個都教書多年，超過二十年了。我們在這方面表現不錯，都曾被學生選為「年度最佳教授」。我們兩人共參與培育了五千多名律師、企業和環保人士。我們最喜歡的是看見學生恍然大悟的表情——當他們發覺所有權引導我們行為的方式並非命中注定，幾個簡單的原則便足以驅動一個複雜的世界。

本書提取了我們從事教職和學者工作的精髓，讓你不必花大筆學費便能獲得真知灼見。為了讓你一窺本書內容，我們想回到之前談過的小故事——比奇的護膝神器和華騰的密碼分享，並指出它們所包含的三個所有權原則：

①我們的核心所有權說法是錯的

想想，關於什麼是**我的**這件事，有多少常見的諺語。那是我們從小學習所有權意義的透鏡。結果我們找到六則這方面的俗諺，它們代表了稀缺資源最先被佔有的**所有**方式：

©先到先贏。
©現實佔有，勝算十之八九。
©一分耕耘，一分收穫。
©家是我的堡壘。
©我們的身體屬於我們自己。
©溫柔的人必承受地土。

不管你喜歡玩空拍機或者堅持在家中保有隱私；支持或者反對賣掉腎臟；開心地排隊或直接衝到前面，你都可以在這些所有權俗諺中找到一則來強推你的主張。

這些說法的驚人之處在於，儘管它們到處流傳，卻幾乎沒有一則是正確的。它們出了差錯，因為在根本上，它們全都隱隱然採納了所有權的二元觀點。就像非開即關的電燈開關，我們總覺得東西要麼**是我的**，要麼**不是我的**。這種簡單的概念既吸引人同時又會誤導人。如今，在逐漸增多的所有權衝突中，「先到後贏」、「現實佔有、勝算十之一二」、「你播種、我收割」等說法變得越來越貼近現實。

早期的美國，非開即關的概念十分恰當地描述了許多所有權衝突。在一個以農業為主的經濟體中，人們爭奪著有形財產：農田、牛群……還有最令人震驚的，非裔美國人的身體。奴隸制不僅是美國歷史上首要的道德和正義問題，也是該國最重大的所有權衝突。你要麼是自由之身，要麼是別人的財產。

到了二十世紀，最急迫的所有權論辯已從這些簡單的二元論轉移開來，我們開始為私人財產和公共控制之間的模糊界限爭執。快餐店老闆是否應該為不同種族的人服務？土地所有者是否該遵守建物方面的限制？病人是否該保有自己被切除的用於科學研究的細胞？

到了今天，爭論焦點又轉移了。許多迫切的衝突都涉及一個私人物主對另一個私人物主的權利要求——**我的**對**我的**。在這個新世界中，那些老諺語比以往更容易讓人誤解。

如果你買了一本 Kindle 電子書，點選「立即購買」，你可能會理所當然相信這本書是你的。**現實佔有，勝算十之八九等等**。但 Amazon 卻不這麼認為。你擁有的只是一種高度受限的許可。Amazon 可以、而且確實曾經把人們裝置上的書給刪除了。該公司的一項被忽視的技術是它在所有權設計上的能力。Amazon 意識到，所有權的含義是靈活、可調整的。公司可以揉捏它的外形，去掉它不喜歡的特徵。Amazon 了解——研究顯示：大家仍然以為自己的網路所有權沒有改變，以為擁有一本虛擬書和擁有一本紙本實體書是一樣的。其實不一樣。結果是：由於我們的錯誤，我們付給 Amazon 一筆額外償金。

儘管俗話說顧客永遠是對的，但事實並非如此。我們**覺得**自己擁有，以及我們**實際**擁有這兩者之間的落差可說越來越大了。

②所有權是一場話術之爭——圍繞著六種說法

你擁有的東西大都是人家給你或賣給你的。可是，他們的所有權又從哪來？一切都可以追溯到，第一個所有者堅持了以前的人用來主張所有權的六個簡單說法（包含在之前提過的幾種諺語裡），當中的一個。

圍繞著這些說法展開的戰鬥，就像政客們為了贏得選舉的爭鬥。我們面對著為了爭奪我們的忠誠和信仰的各種互相對抗的主張。這些說法很有效，因為它們憑仗的是關於所有權該由什麼構成的強烈但相衝突的直覺。你必須了解的一個關鍵是，一旦你了解這些說法，連同所有權設計的各種工具和花招，你將能更明智地作出判斷：當今哪一種說法是最可信的。

高個子旅客堅持他們有「使用護膝神器的權利」，可是這說法和那些維護自身「仰躺權利」的疲憊旅客相衝突。航空公司可以輕易選擇站在一邊或另一邊。他們可以在座椅背後貼一塊小告示牌，或者在登機證上印一句標語，來聲明他們喜歡的規則，讓旅客可以遵守。或者他們可以像一些廉價航空公司已有的做法，把所有座椅「預傾」（precline），設成固定的角度。

但目前大部分航空公司寧可保持模糊，把更多座位塞進經濟艙，繼續將同一個空間出售兩次。這也是為什麼多數航空公司禁用護膝神器。氣憤焦躁的旅客怒目相視，卻沒意識到航空公司正從他們關於什麼是我的的相互衝突說法中獲利。更棒的是——對航空公司而言，這種不安感為那些擁有更多伸腿空間、更少爭執的較高價座位創造了獲利空間。熟悉所有權設計的人都清楚，對座椅後傾的刻意含糊可以創造經濟價值。

這就是高空機位衝突背後的真相。

密碼共享和線上收看影音也是如此。目前，關於數位影音和用戶資料控管的政治關注、訴訟、雜誌文章和書籍大量湧現，彷彿網路正掀起一股對所有權的全新探討。然而其實並沒有。只不過是護膝神器之爭的重演。我們是否該阻擋企業把他們的數據追蹤器探入我們的虛擬膝間？

所有的財產衝突都源於相互矛盾的說法。每一方都選擇能讓自己的主張顯得很有道德高度，每一方也都期待所有權傾向自己的觀點。可是別被騙了，沒有任何自然、正確的描述可以充分表達「**我的**對**我的**」的衝突。然而，我們可以作出各種好壞抉擇來面對這些困境。如果你不作決定，就會有人來替你作決定。

③所有權是生活大小事的遙控器

所有權規則會在任何情境下挑出贏家和輸家。想在尖峰時段順暢駛過共乘車專用道？如果載了乘客，或者在某些地方如果開的是電動車，你就可以這麼做。想先登機？那就成為該航空公司的忠實客戶，或者花多點錢買機票。先到先贏的老規矩已不再適用於交通尖峰時段或機場了。

握有珍貴資源的人操控著一個功能強大的遙控器。他們一直試圖設計一種特定規則，帶來最大利益和最小紛爭的，來驅使他人順從他們的意志。只要調整一下所有權的含義，主事者便可利用他們對珍貴資源的掌控，悄悄、和緩但強而有力地引導你照他們的意願行事。遙控器很有效，因為所有權概念已融入我們的日常行為，我們甚至沒察覺規則是如何被切割、微調並且重新定義，把我們耍得團團轉。

透過將快車道改為共乘車或電動車的專用車道，政府將人們往減少交通壅塞和空氣污染的方向推進。透過暫時容忍密碼共享，HBO 建立了粉絲群，並「圈住」一群未來的訂戶。

不妨把所有權設計理解成一種旨在默默但決斷地引導你的行為的**社會工程工具**（social engineering tool）。所有權並不複雜。既然我們想在日常生活中避開過多衝突，它不可能太複雜。一旦你明白主事者是如何有意地指導你的行為，你說不定還可以掌握遙控器來改善自己的生活，促進公共利益。

為何要看本書?!又為何是現在？

近年來，許多精采的指南書幫助我們瞭解了日常生活的諸多奧秘。如果你對現代微觀經濟分析的工具感興趣，那麼就看《蘋果橘子經濟學》（*Freakonomics*），作者李維特（Steven Levitt）和杜伯納（Stephen Dubner）為你提供了一種看待一切事物的新視角，從作弊、犯罪到養兒育女和運動不等。如果你很有心理意識，那就讀《推力》（*Nudge*），桑思坦（Cass Sunstein）和塞勒（Richard Thaler）會教你如何為健康、財富和幸福作出更好的決定。經濟學和心理學是很好的工具。他們解釋了很多事情。但他們也錯失了很多，兩者都傾向於把所有權視為理所當然，其實它並非固定不變。

在接下來幾章中，我們將使用關於「什麼是我的」的俗話和共同直覺作為起點，來揭示幾個支配我們生活的所有權設計原則。在這過程中，我們也將提出一些可供思考的謎團：

◎為什麼在芝加哥，你可以在暴風雨過後拿椅子到街上佔停車位，在紐約卻不行？反過來說，為什麼在紐約的某些酒吧，你可以把餐巾蓋在飲料杯上來保留座位，在芝加哥的酒吧卻不行？

◎為什麼迪士尼樂園寧可索取天價的插隊 VIP 卡費（最低約三千美元）而不願收取較少費用來賺更多錢？為什麼遊客不肯耐心等「飛越太空山」示威遊行隊伍通過，卻能忍受不時有人免排隊快速通行？

◎為什麼我們可以賣血漿卻不能賣腎？為什麼在密西根州，代理孕母（將一對夫妻的胚胎培育至足月）收費是違法的，在加州這卻是一種普通交易？

◎為什麼飛機可以越過你家上空，空拍機卻不能？為什麼美國有一半的張三李四都可以擅自跑到你家沒設圍籬的土地上採摘野生植物，卻獨獨不能摘蘋果？

我們擁有這些東西的性質提供了這些問題的答案。在接下來的內容中，你將了解到另外數十個關係到你身為消費者、企業主和公民，在生活各個層面會遇上的謎團的解答。平常看似自然、不變的界限——「**要麼是我的，要麼不是**」，實際上是政府、企業和其他人在控制人人想要的稀缺資源上所作出的選擇的結果。

搖椅

有個謎團可作為開頭。

伯爾・麥道爾於一九七三年在北紐約州去世。他在遺囑中把他的搖椅留給了兩名成年子女亞瑟和蜜德里。這把搖搖晃晃的舊椅子毫不值錢，但兩個孩子都很喜歡，無論如何都想要。他們無法談妥該如何共享，而麥道爾的遺囑又沒有交代，於是亞瑟到父親家，拿走了椅子。蜜德里問他要，被拒絕了。接著就如美國常有的狀況，蜜德里提起了訴訟。也因此我們才知道這場紛爭。這是一樁真實案例。

假設你是法官。紐約的法令沒有相關規定，現行的判例法也沒有，你非得自行作出判決不可：兩名子女，一把椅子。不妨在這裡暫停一下，思考你可能會怎麼做。以下是你可能想到的大堆選項當中的幾個：

◎擲硬幣。
◎把椅子留給亞瑟，先持有椅子的人。
◎把椅子判給蜜德里，先到法院的人。
◎把它拍賣。一個孩子得到椅子，另一個得到現金。
◎讓法官坐在椅子上搖，一直到兩名子女達成協議。

◎把椅子鋸成兩半，兩名子女各得一半。
◎規定他們每天或每年輪流持有。
◎把椅子燒了。

你會怎麼決定？你所作的任何選擇都反映了你關於所有權的核心直覺和衝動。

擲硬幣似乎是最公平的。但奇怪的是，它是上列清單當中，法官和陪審團被明令禁止使用的一種方法。擲硬幣無論在遊樂場或者給足球賽開賽都很好用，但在法庭上不行。身為法官，你必須給出判某一方贏的理由，即使你認為雙方都同樣有理。

先來後到原則很吸引人。但要如何應用在本案？亞瑟先拿走椅子，蜜德里先上法院，兩種搶先一步的方式，似乎都稱不上是值得讚許的高尚行為，而亞瑟實際上的實體佔有（physical possession）也算不上是吸引人的判決依據。拍賣椅子可以迅速結束爭端，但這讓較有錢的一方佔了優勢，而這種情況應該是要顧全家人情感較為妥當。扣留椅子直到兩個孩子達成協議的做法，或許能滿足我們為人父母的衝動，但這對固執的孩子較有利，把椅子鋸成兩半帶有所羅門王判決嬰兒親權的嘲諷味道，但意義不大。

讓兩個孩子輪流持有頗為可行。這也是現實中法官對本案的判決：他們必須每六個月把椅子從一個家拖到另一個家，直到其中一人去世。很好，只不過它把這對不和的兄妹綁在一起，接受法庭持續不斷的監督。萬一其中一人搖得太用力，讓椅子接頭鬆脫了，誰來付修理費？萬一蜜德里遲了一週才把椅子拿給亞瑟，又該如何？來回接送的麻煩和成本對於管理孩子監護權來說或許是合理的，但這是一把椅子，不是孩子。況且，輪流持有也讓那個有較多時間搬運家具的子女佔了便宜。

燒了椅子呢？這會讓他們得到教訓，而且或許能產生有益的效果，讓這對爭論不休的兄妹不再上法庭。你們自個解決去，別浪費法院的時間。但這種結局對亞瑟和蜜德里似乎相當殘酷。

重點是：要決定誰得到什麼以及為什麼，本來就是一件艱難的差事。你可以求助於第三方，像是法官或議員，來替你決定。但這只是讓別人來操控遙控器罷了。或者你也可以用身為所有者、消費者和公民的身分，自己作出抉擇。你喜歡機會或理性、時間或金錢、速度或力量、正義或效率、獎賞或懲罰？

無可避免地，你的每一次關於所有權的決定，都揭露、傳達了你最深層的價值觀。

Chapter 1

先到後贏

排隊代理人

華盛頓特區最棒的免費表演在最高法院。它的法庭華麗而又親民。你就坐在離本國最高法院法官幾步之遙的地方，聆聽全美頂尖律師的辯護。這是民主的最佳展現，公開而且對所有人開放。如果你想見證墮胎、槍械管制或宗教自由的命運，沒問題。但是你得早點到，因為那裡只有平均不到一百個座位可供大眾使用，而且是先到者優先進入。

對一些受矚目的案件，人們會提前一天或更早到達，帶著露營椅、睡袋、雨衣和手機備用電池。排隊的人會互相關照，因為最高法院警衛拒絕巡守隊伍。如果你想去洗手間，你周遭的人會替你把位子看好。而且他們還會留意是否有人插隊或夾帶朋友。如果有人這麼做，便會遭到眾人高喊「不准插隊」、「排後面」的訓斥。

然而，當進入法院的時間接近，怪事發生了。許多排在隊伍前端的人和一些身穿套裝的男女互換位置。不久後，這些衣著考究的人進了法庭，坐上最好的座位，而那些排在隊伍後面的人根本進不去。這是怎麼回事？

歡迎認識代客排隊這一行。有些公司付錢給排隊代理人、有時是街友，要他們提前幾天到達，佔住前面的位子，然後等啊等。到了最後一刻，在刻著「**法律之前、人人平等**」字樣的法院門口，排隊代理人讓位給一群有錢優先進去但沒有時間或耐心等待的付費客戶。「排隊達康」（Linestanding.com）、「免排隊」（Skip the Line）和「華盛頓快遞」

（Washington Express）這類小型初創公司向客戶收取高達六千美元的「免費」座位費用，同時支付最低工資給那些冒著風雨寒冷等待的代客排隊雇員。

排隊代理公司改變了座位如何變成「我的」的方式，不只是對最高法院辯論庭而言，它還影響了國會藉以討論國家法律的公開聽證會。聽證室原本是開放的，任何願意等著看他們選出的議員如何問政的人都能參加。如今那些聽證會上經常擠滿了律師和說客，他們都付了錢，也都沒有等。同樣的轉變也發生在地方聯邦大樓申請新護照或市政廳辦理建築許可證的隊伍中。

在私人部分，排隊代理業務也正蓬勃發展。如果你願意付錢，你可以在 Apple 直營店率先買到新款 iPhone，在 Supreme 購買熱門滑板潮服，搶購百老匯演出門票，甚至在紐約市街頭的絕佳地點觀看梅西百貨感恩節遊行。「排隊老手」（Same Ole Line Dudes，SOLD）——一家排隊代理初創公司，的一名雇員在隊伍中等了四十三小時，來確保他的客戶得到創業投資實境秀《創智贏家》（*Shark Tank*）電視劇的試鏡機會。極可能，SOLD 的創辦人塞繆爾（Robert Samuel）比那個為了排隊卡位付錢給他的科羅拉多小子更適合演出這齣戲。

同樣的轉變也在網路發生。音樂劇《漢彌爾頓》（*Hamilton*）在百老匯上演多年仍然一票難求。該劇製作群在他們的網站上以先來後到原則提供大部分門票。問題是，精通科技的黃牛建立了電腦程式「網路機器人（Bot）」，每次門票一開賣就被他們掃光。

結果，演員和製作人只賺了售票面值，影迷卻得在StubHub等網站，用相當於原價數倍的黃牛價購票。有幾個星期，賣票黃牛從《漢彌爾頓》賺到的錢比這齣戲的製作人和演員還要多。既然網路機器人永遠搶在拿滑鼠的普通人前面，那麼先來後到原則又有什麼意義？當《漢彌爾頓》試圖透過只在劇院售票處出售部分門票來打敗黃牛，SOLD之類的公司便雇用排隊代理人去把票搶光。

布魯斯・史普林斯汀（Bruce Springsteen）在百老匯舉行他的滿座演唱會時嘗試了別的辦法。首演時，他和TicketMaster購票網站合作，推出實名制（Verified Fan）售票系統，這種線上系統可以跳過機器人和排隊代理人，將至少一部分門票直接賣給預先篩選過的真正粉絲。但即便是這些票，最後往往也會流入轉售市場——你必須對這位「工人皇帝」（The Boss）相當死忠，才抗拒得了買家以一萬元求讓原價八百五十美元門票的出價。

該如何看待這股突然興起的付費找人排隊卡位的風潮？

對許多人來說，這種轉變似乎極度不公平、不民主。一位失望的婦人在最高法院排隊好幾天，仍然沒能旁聽二〇一五年確立同性婚姻權的提案。她說，實際的操作是「我們就付錢給那些窮黑人，讓他們替富白人排隊吧」。另一方面，也許代客排隊應該被視為好事——資本主義的最佳展現，創造新的工作類型，不管是對那些寫機器人編碼的程式設計師，或者排隊守候的窮人和街友而言。

我們從不曾問過這些問題。但今天我們非問不可，因為先來後到原則正從內部開始瓦解。

誰搶第一？

在人類歷史的大半時間裡，對於大部分資源的初始所有權規則的建立無不遵循著古羅馬法律中的一條準則：「時間越早者，權利越巨大。」換句話說，**先到先贏**。

這一直是家庭中的常規。回想一下你童年讀過的聖經課。雅各為何要把獸皮披在臂膀上，來哄騙瞎眼的父親以撒，讓他以為自己賜福的是以掃，雅各那位皮膚粗糙的哥哥？以掃最早出生，理應得到他父親的恩賜。身為長子不只能讓你得到父親的祝福，還有世俗的財物。雅各的詭計讓他能夠插隊。

長子繼承制（primogeniture）的施行長久以來決定了世界各地王室的繼承方式，至今不變，只是在瑞典、荷蘭等國出現了一種平等主義的轉折。如今這些國家將王位傳給君主的第一個子女，而不限於長子。

先來後到原則同時也支配了殖民地的探索。新大陸的殖民地被歐洲列強瓜分，依據的便是哪個國家的探險家搶先在土地上插上本國君主的旗幟。對無人居住的土地或許還能憑直覺這麼認定，可是那些有人居住的地方呢？如果說先來後到很重要，那麼美洲原住民理當更有立場擁有美國主權。按照當時的國際法——歐洲列強訂的，並非如此。當歐洲人初到美洲，他們給**先來**的定義是「先來的基督徒發現者」。

理解這條古老準則——關於把東西變成**我的**的關鍵在於，即使像「誰先來」這樣看似根據事實的說法，也並非不證自明。真正的問題是「誰來決定誰先來」？在美國法律中，答案是「土地邊界由征服者自定」。根據的是一八二三年首席大法官馬歇爾（John Marshall）在最高法院對約翰遜訴密托施案（Johnson v. M'Intosh）的判決，幾乎是所有律師剛進法學院時必讀的。在法律上，身為最早到的基督徒歐洲人這點，正當化了西班牙對加勒比海、德克薩斯、墨西哥和加利福尼亞的主權，法國對紐奧良、加拿大和美國中部大部分地區的主權，以及英國對新英格蘭地區和維吉尼亞的主權。

但如果真是這樣，那麼，當阿姆斯壯在一九六九年七月將美國國旗插在月球上，為何全世界不起來抗議？那應該會讓月球成為美國的領土，就像早期美國是歐洲的領土。答案是，到了一九六〇年代，各國已經放棄以發現和征服作為先來後到的基礎。一九六七年，美國和蘇聯以及其他數十國簽署了《聯合國外太空條約》（U.N. Outer Space Treaty），明確否決以捷足先登為由，進行地外資源的開採。

因此，當阿姆斯壯成為第一個登月的人類，他並未主張美國對月球的所有權。事實上，為了表明態度，美國國會不得不在一九六九年通過一項法律，聲明當美國太空人在月球上插旗，是「作為一種展現民族成就自豪感的象徵性姿態，而不能被解釋為國家在主權要求上的佔有聲明」。

然而，各國繼續玩「誰搶第一」的遊戲，而且有了爭議性的結果。二〇〇七年，俄羅斯海軍在北極海底放置了一面鈦製俄羅斯小國旗，牽動了國際社會。俄羅斯等於象徵性地對富含礦物的北極海床以及穿越北極的貿易航線——全都是由於氣候變遷和冰層融化而新闢的，提出了主權要求。儘管國際間爆發了怒火，不滿俄羅斯可能只憑著搶先插旗就贏得那些資源，這個戰略顯然禁得起時間考驗。就如我們將在第四章提到的，目前中國正實施類似的戰略，在南中國海增建、主張擁有許多島嶼。

領土主張和家族繼承並非先來後到原則的唯二發生場所。捷足先登也是一般人要求擁有各種無主物品的預設規則。一八四八年加州淘金熱期間，礦工們就是這樣劃定採礦權的。一八八九年，奧克拉荷馬州在州際線上的一記鳴槍中展開「土地競跑」（land runs），將原住民土地開放給拓荒者去定居。（捷足者 Sooner 是對那些偷跑者的貶抑稱呼。）如今許多資金雄厚的初創公司正計畫登月採礦，在小行星上採鑽水、白金和黃金——這一切都和國際間認知的所有權規則相衝突。Uber、Airbnb、YouTube 和許多網路企業也是循著這方式跑在法律前面，開創並搶佔市場。所有權的模糊有利於那些膽大妄為的狂徒——那些搶第一的人。

但也不見得。

法律注重的不單是誰提出所有權要求，也會看他們實際上做了什麼。在十九世紀，屯墾農民不僅要率先衝到廣達一百六十英畝的土地上，還要證明他們已經持續在上面伐木、焚木、造籬、播種並且從中獲取糧食相當一段時間。這也是當時法院裁定美洲原住民並不擁有祖傳土地的另一個原因。歐洲人認為，原住民只是在森林中閑散地走來走去，捕魚打獵，這種勞動的生產力不足以支持基本的權利要求。他們根據屯墾者的農業和商業精神，把「先來者」（first）定義為「先來勞動者」。

結果證明，何謂「先來」是一種狡猾的概念，絕不只是一個經驗事實，肯定是一個法律觀念。在經典兒童讀物《小王子》（*The Little Prince*）書中，我們遇見一個數星星的商人。小王子問他為什麼，他說：「我擁有那些星星，因為在我之前，沒人想過要擁有它們。」可是頭一個想到擁有星星，不見得就能擁有它們。基本上，法院和政府重新界定了先來後到的含義，默默而無情地引導人們接受許多特定的、社會認可的面對稀缺資源的互動形式。

美國一百三十萬位律師幾乎都曾經透過閱讀皮爾森訴波斯特案（Pierson v. Post），一八〇五年的一起獵狐糾紛事件，而有了上面的體悟。洛多威克・波斯特帶著幾隻狗，騎著馬，在一片無主「荒地」（其實是海灘）上獵捕一隻被法庭形容為「又野又討厭的野獸」的狐狸。追逐到了最後，狐狸已被弄得筋疲力盡，一個叫皮爾森的人突然冒出來，輕輕鬆鬆殺死了狐狸，並且把牠帶走。波斯特提起訴訟，聲稱皮爾森拿走了他的財物——狐狸是波斯特的，因為他先追捕了半天，眼看就要到手了。（注意：看看提起告訴的是誰很有意思。誰為了一張狐皮或一張搖椅告上法庭？訴訟當事人往往是怪胎。人生短暫，搞定它。）

那麼誰贏了？法律沒有相關規定。法官們一致認為，先來後到原則肯定把那野獸轉變成了有主物品。但怎樣算是先到？這時，法官們在所有權設計的一個重大歧異上有了不同意見：該採取「明線規則」（bright-line rule）或「準則」（standard）。明線規則界定了一些通常可預測、易於應用在各種案件上的精確用語。「準則」提供了可供進行細微審判、並在特定案件中導致較公平結果的通用指導原則。想想高速公路上「**速限55哩**」和「**注意行車安全**」兩種號誌間的區別。

多數法官想用明線規則。他們不希望兩個沮喪的獵人在法庭上爭論追捕過程的細節。因此，他們創造出後來被稱為「捕獲法則」（rule of capture）的東西，並作出對皮爾森這個「莽撞的闖入者」有利的判決。狐狸屬於那個「重傷這頭野獸並大致將牠制伏的人」。所謂「先到」意思是完事——而不是把心思放在狐狸身上或者追著牠到處跑。

一位法官持異議，主張應該把「先到」定義為任何能充分摧毀那隻「狡猾四腳獸」的東西。在他看來，實現此一目標的方式是問波斯特，是否有對於捕獲的「合理預期」，一種開放式的準則。由於他認為波斯特有這樣的預期，因此波斯特是先到者，應該擁有這隻狐狸。這是一種直觀的感覺：如果在最後關頭，一個隨機闖入的路人能把被你追得筋疲力竭的狐狸抓走，那麼投資馬和獵犬又有什麼意義？

皮爾森勝訴後是什麼狀況？獵狐活動是否戛然而止？不，恰恰相反。結果，在一個「先捉先贏」的世界，狩獵者的技巧更上層樓。時間證明了，多數法官的明線規則加速了獵捕技術的創新，而且不限於獵狐。如果你想搶先擁有任何野生動物，你最好採用最具殺傷力的法子。而且這項狩獵法則還被類推到其他的自然資源上。在美國許多地方，如果你想擁有流動的地下資源——水、石油、燃氣……你就得用新方法，確保率先把它們抽出來。

今天的發明所有權也是如此。兩百年來，美國採用一套類似合理預期原則的東西，將專利獨佔權給予那些**最先發明**的人——這種開放式準則也引發許多訴訟。後來，到了二〇一一年，美國轉向**最先申請**的明線規則：不管發明對手取得多大進展，誰最早衝到專利局，誰就贏得專利權。美國是全球最後一個在專利權上使用「捕獲法則」的國家，這是經過國會的一場充分追蹤了兩百年前關於皮爾森案的多數觀點及異議的辯論之後達成的。

「捕獲法則」好處很多。它能激勵每個人衝得更快更拚命。但是，選擇這種對先來後到的清晰定義也得付出代價。在自然資源方面，它導致了物種滅絕和漁場崩解的環境悲劇——我們將在第四、七章探討它的解決辦法。

皮爾森案的眾法官並不了解他們的觀點所帶來的實際後果。每當法院以及立法機關、企業或政府企圖達成任何政策目標，情況往往就是如此。我們總是憑著對世界運行方式的推測來處置所有權。但我們往往所知有限。我們把這種決策制定戰略稱作偶然經驗主義（casual empiricism），它在法律和生活中無處不在。當有人把它用在你身上，要當心。如果你聽到「我們需要規則 X 來得到結果 Y」，反問：「你怎麼知道我們會得到 Y 而不是 Z？」

久而久之，即使是關於界定何謂先來的最激烈爭論，都逐漸淡入了幕後。在相關團體——狩獵者、發明人、國家、電影票消費者，就何謂先來達成共識之後，人們便開始加入競跑，不只是在過往的舊案中，也在今天我們的生活周遭。這就是各國為地球同步衛星申請任務軌道的方式，也是你在熟食店排隊點三明治的方式：「第一位，請上前。」

簡言之，先來後到原則是強有力的社會工程工具，也是人在擁擠世界中共處的預設規則。但為什麼？它的基本優勢是什麼？

首先，正如皮爾森案的多數法官認可的，它很容易理解，也很容易應用，就連孩子們都很精於使用這規則。下課後第一個坐上操場鞦韆的人可以先玩。對先來後到爭端的解決方式通常又快又經濟，不需要大量資訊或耗時的討論，不需要父母或老師的介入。排隊人龍通常都很守秩序。

先來後到原則也很能滿足一種原始、直觀的公正感。時間優先順序似乎產生了一種道德主張：如果你努力爭取到第一位，如果你照著規則來，你就該領先其他人。對許多人來說，這種結果也和我們的民主平等熱望相吻合——王子也罷，窮人也罷，我們都有同樣機會盡早去排隊。在稀缺資源的爭奪戰中，時間是最大的平衡桿。先來後到很公平。

由於歷史和傳統、效率和生產力、管理和協調的便利、公平正義等原因，社會在所有權的核心規則上逐漸趨於一致：**時間上優先意謂著權利優先**。

截至目前還可以。

但今天，先來後到原則受到來自各方的攻擊。我們已看見代客排隊和網路機器人是如何破壞了這規則。SOLD 這類精明企業找到了把時間轉化為金錢的方法。搶先排隊提供了巨大商機。

儘管優點不少，先來後到原則有個重大缺陷——讓出太多好處，任何懂得操弄所有權規則的人都可以來攫取。政府、企業和一般業主逐漸了解到，如果他們忽略那些搶先到達的人，將能為自己創造更多價值。

我們越來越生活在一個其實更符合**先到後贏**規則的世界。為了理解原因，讓我們從最高法院的排隊現場轉向另一個場地——狂熱的大學籃球賽。

卡梅隆瘋子

當本書共同作者詹姆斯・薩爾茲曼進入杜克大學法學院（Duke University School of Law）任教，院長說：「薪水可以商量，但籃賽門票沒得討論。我沒辦法替你拿到。」

杜克大學籃球隊可說舉國聞名——五屆全國大學錦標賽冠軍；贏得史上最多勝場的「K教練」（Mike Krzyzewski）；一座狹長的老式競技場，知名的卡梅隆室內體育場，加上全美數一數二的熱情球迷、人稱「卡梅隆瘋子」（Cameron Crazies）的學生粉絲。杜克大學籃賽可說一票難求。如果連教授都很難取得比賽門票，學生就更別說了。

每年九月的第三個週末，杜克大學的畢業生都會加入一個人稱「野營」（Campout）的活動。從週五晚到週日早上，一群學生在體育場外露營。在這期間，會有喇叭不定時響起，學生們有十分鐘時間到中央的一張桌子前登記，來證明他們人在現場。商學院學生常會租休旅車和後車廂放有床墊的U型運輸卡車；英語和歷史系研究生在睡袋裡克難度過，巴望著別下雨。

活動充滿歡樂，氣氛高昂。不過老實說，等到最後可能會相當累人。週日早上，那些熬過來的學生便得到「籤彩票」的機會。不過大費周章的野營活動並不能保證他們拿到票。幸運的彩票中獎者有權購買季票，到時可以站在球場邊一個特別學生區的看台上觀賽。他們付的是特價，遠低於多數學生樂意為杜克大學主場比賽付出的價格。這些票很難轉售，因為學生入場時必須出示身分證件。多數學生也絕不會想要轉賣，即使是票面金額的好幾倍價格也一樣。

野營已成為一種特別活動。許多學生說這是他們在杜克大學最喜歡的體驗。但這是一種分配籃球賽門票的奇怪方式。為什麼要迫使一群研究生在戶外紮營三十六小時，而杜克大學其實可以像許多其他擁有頂尖團隊的學校那樣——以先來先買的方式接受現場排隊或網路購票？

一旦了解來自對所有權設計的控制力量，答案便呼之欲出了。杜克大學面臨了兩難。它握有稀缺資源——很多人想要的場邊座位票。關鍵是要問：杜克想從它的所有權中獲得什麼？

杜克不光想把看台填滿，它不光想要一群熱情的學生。杜克要的是「卡梅隆瘋子」——整場球賽都站在離球員幾呎遠的地方，不停蹦跳、喝采直到嗓子啞了為止。它想要的是一群願意把自己的臉塗成學校代表色藍色，如同杜克大學的標語所說，「流出碧血」的學生。它想要向數百萬電視觀眾宣揚自己作為全國頂尖籃球名校的品牌。在外界觀察者看來，野營活動看似荒謬，但它完全符合杜克大學的利益。

毫無疑問，先來後到原則會是一種更簡單的分配門票方式，但它會引來錯誤的球迷。野營代表著一種強有力的方式，讓杜克大學可以充分利用它的所有權，來確保那些拿到票的都是特殊球迷。野營試煉將一張杜克大學籃球門票變成了獨特的東西——隸屬於一家頂級俱樂部的證明。只有卡梅隆瘋子，才會冒著烈日風雨連續露宿三十六小時，就為了得到一次籃球門票樂透的抽獎機會。而他們共同經歷的艱難也讓他們緊緊團結在一起。（更不用說培養出一群日後可能會給予學校慷慨捐贈的忠誠校友。）

野營的故事看似微不足道或怪異，但它的意涵深遠。杜克大學發現了某種關於所有權的重要而又微妙的東西。先來後到原則或許無所不在，而且正當，但它並非常規。所有權規則可能是——事實上往往是，旨在引導、改變人們的行為，朝著符合所有者利益的目標前進。杜克大學考慮的是如何將寶貴的稀缺資源——籃球門票，做最妥善的分配，來達成它的獨特目標。意思就是針對不同粉絲訂出不同的規則。

富有的校友還有另一套規矩，同樣脫離了嚴格的先來後到原則。為了進入校友購票隊伍，有意購票的人必須支付八千美元年費加入「鐵公爵」（Iron Dukes）俱樂部。然後，他們得等自己的名字上升到名單頂端，才能在季票開賣時買票。而這可能得花上數年時間。

杜克大學為大學生設下第三條規則：先到先贏的老規矩。這些學生可以免費入場，而且通常只要在開賽前排隊等個幾小時。重大比賽例外。如果是杜克大學對上附近的北卡羅萊納大學——賽季競爭對手的比賽，大學生們會在兩個月前就搭起帳篷，在體育館前的草地上（人稱 Krzyzewskiville，K 教練廣場）等候。先搭帳篷，接著無時無刻維持一定的在場學生人數，確保比賽當天有足夠人數排在隊伍前段——兩個月的等待，就為了兩小時的比賽。大學生們似乎很享受在 K 教練廣場搭帳篷，或者在一般比賽的較短購票隊伍中培養的同志情誼。

杜克大學的體育單位發現，它可以透過精心安排的購票系統來獲取三種價值：狂熱球迷、滿場觀眾和大量金錢。它沒有獎勵排在隊伍前面的人，而是把門票分配當成一種社會工程工具，一種用來重新導引行為的精密遙控器。真了不起。想想看，杜克大學竟然可以讓研究生們野營好幾天，讓大學生們紮營好幾個月（充滿熱情而沒有抗議），來最大化該校從籃球計畫中獲得的價值。

杜克大學並不是唯一改造先來後到原則，來符合其目標的機構。各種珍貴資源所有者都逐漸了解到，如果他們不光是獎勵那些耐心排隊的人，他們將能（為自己）創造更多價值，而迪士尼可說是箇中高手。迪士尼是讓群眾甘心被耍得團團轉，最後還感謝他們的真正大師。

迪士尼私人VIP行程

迪士尼在創造遊樂設施方面極為出色，但不僅如此，它也是管理排隊人群的專家。九一一恐怖攻擊之後，各大機場請來迪士尼員工，諮商如何緩解為了加強安檢而形成的可怕人龍。迪士尼這項專長來自它對全球迪士尼主題樂園的遊客等待方式的精心管理。

幾十年來，孩子們在迪士尼樂園排隊等著玩太空山、叢林奇航和其他熱門設施。人潮熱絡時（常有的狀況）遊客可能要等很久，甚至長達數小時。小孩多半沒什麼耐心，但它以前採取的就是先來後到原則。人們排隊等候，虛耗時間，費勁地監控插隊的普通遊客。許多迪士尼粉絲留言板專門討論這話題，也有一些關於憤怒的排隊遊客挺身對抗插隊者，爆發了拳腳衝突的新聞報導。

在一九九〇年代，迪士尼發現，長長的隊伍給太多遊客留下不愉快的遊園體驗。但它面對著一個基本挑戰——太空山每小時能容納的乘客數量很有限。有沒有辦法可以調整乘坐人數，減輕排隊的挫折感，也許藉此獲得更多利潤？

迪士尼找到了答案。他們推出現在被稱作「快速通行證」FastPass+的票券，一家人可以在入園前預訂三張，用於一些特定人氣設施，在一定使用時間內有效。這讓一些超沒耐性的訪客和提前計畫的人得以避開許多沒完沒了的排隊人龍。相反地，他們可以到處逛逛，也許先玩一個較不刺激、沒什麼人排隊的設施，然後找一條較短的快速通行隊伍，享受特殊的搭乘樂趣。把當天的三張通行證用完之後，可以讓雙親之一再去拿一張，隔一、兩個小時生效。這當中孩子們可以四處遊蕩。然後再去拿一張……直到票被拿光，或者全家人累垮。事實證明，FastPass+在紓解人潮和改善遊客體驗方面頗有成效（在迪士尼各個園區內略有不同）。

但FastPass+的真正魔力在於，它讓人們在園內待得更久，不斷花錢而不光是在那裡排隊虛耗時間。在一天當中，一家人可能會用最少的排隊時間玩幾種設施，每次間隔一到兩小時。這些時間該怎麼打發？各種遊樂設施相距甚遠，其間的小路兩側極盡巧思地羅列著足以誘發孩子們慾望的東西，滿坑滿谷的米奇商品等著你買，Dole Whip鳳梨冰沙等著你享用。

迪士尼面臨了和杜克大學類似的挑戰。它有一種稀缺資源——人氣設施的使用，而歷史上它都是根據先來後到原則去分配的。這似乎是一種平等對待所有人的制度。今天，仍然有成千上萬的人花數小時排隊等候，但大家都知道，人人都能平等取得FastPass+——不算超方便，然而是四處排隊之外的另一種選擇。

憑著FastPass+，迪士尼獲得三個好處：首先，它安撫了那些討厭大排長龍的人；其次，它讓許多排隊的人重新回到流動人潮中，並且購買商品。FastPass+的第三個也是最後一個好處成效更微妙，但對迪士尼來說或許也更為寶貴：它讓園區遊客適應了一個觀念，也就是先到先贏並不是支配誰能搭乘太空山的唯一準則。FastPass+告訴人們：限量、公開、被認可的插隊行為是存在的，而他們也可以自由加入。

接著迪士尼邁出了下一步——所有權設計的天才手段。

許多富人有的是錢，但就是沒時間，例如那些雇人到最高法院排隊等旁聽席位的律師和說客，或者在開賣首日搶購最新iPhone的族群。有些人會不惜一切代價，只求不必排隊就能玩「小小世界」。迪士尼專為這些顧客規劃了「私人VIP行程」。它就好比一種超級無敵快速通行證，讓你一整天都能避開所有遊樂設施的排隊人龍。如果你想連玩五次「飛濺山」，先把自己打昏吧。對許多人來說，為了這項福利付迪士尼大筆錢，十分划算。

這似乎是迪士尼增加利潤的簡單方式，但其中有個陷阱：要是迪士尼公開讓太多有錢遊客直接通關，可能會激怒許多耐心排隊的親子遊客。

迪士尼解決了這問題，方法是把私人 VIP 行程的價格只提高到足以賺取更多利潤，又不至於讓排隊等候的人感到任何不妥。這是一種巧妙的算計。事實證明，在實務中，根據季節的不同，理想的插隊收費定位是在三千到五千美元之間，依季節而異。這是迪士尼對每一組遊客收取的最少七小時（即使最富有的家庭都不會想花更多時間玩飛濺山）的不間斷免排隊行程的費用（入場費除外）。迪士尼會為每組付費遊客分配一名導遊，讓他們可以輕巧、小心地通過排隊人龍。這些人通常是從快速通行道進入的，因此那些排隊等候的親子看不出有什麼異樣。在某些遊樂設施，私人 VIP 行程導遊甚至會帶著團客從側門或出入口通過。

到了最近，迪士尼又有了更多免排隊通道。最惡名昭著的是它為身障遊客設置的便利路線。只要在園區入口索取身障者通行證，一組最多六人的團隊和一名身障遊客便可快速使用各種遊樂設施。令迪士尼氣餒的是，他們發現有些身障者以每小時130美元或更高的代價將自己出租，來護送一些非身障的親子團，比私人 VIP 行程更便宜。

更糟的是，有些人假扮成身障者，坐著租來的輪椅領取通行證。就像一位精明的迪士尼遊客評論的：「既然能用一個黑市身障導遊來避開所有排隊人龍，誰還需要快速通行證？」有位雇用一名身障導遊的紐約老媽若無其事地說：「迪士尼每一百人就有一個是這麼做的。」毫無內疚或羞愧的樣子。

作為因應，迪士尼終止了優惠措施，並聲明：「我們很遺憾有人雇用身障人士，濫用（本園的）便利設施。」如果有百分之一的人想免排隊通關，迪士尼希望自己能從中獲益。

一旦你放眼周遭，就會發現先來後到原則已然千瘡百孔。但我們是否該擔憂？畢竟，野營已成為杜克大學珍視的特殊體驗。快速通行證可以減少一般親子遊客的挫折感，就連私人VIP行程或許也有補償性的社會價值，至少對迪士尼股東來說是如此。

動態收費和韓式墨西哥玉米餅餐車

每次我們開始討論新的所有權規則，總難免要挑出贏家和輸家。你如何評估變化取決於你在哪裡就坐，又或者在哪裡開車，例如共乘車專用道。

像許多城市那樣，為共乘者或電動車開闢專用車道，似乎是件好事。因為這表示路上車子變少，空氣品質更好。但是，如果你知道那些開汽油動力車的單人駕駛人只要願意以動態收費的方式支付額外費用，便能使用這些車道，會不會改變你對共乘車專用道的看法？透過動態收費，駕駛人可以依需要隨時繳交不同費用，來讓車子在車道上快速行進。

二〇一六年十二月，從維吉尼亞州進入華盛頓特區的66號州際公路通勤者開始面臨高峰時段的動態收費。事前對駕駛人的調查顯示，他們對這措施沒意見。理論上，他們願意多付幾美元來換取更快的行車速度。但後來，在一個車流壅塞的早晨，費用漲到了每十哩將近三十五美元。「真可惡！」一位女士告訴《華盛頓郵報》記者。

但是動態通行費完全發揮了規劃之初被賦予的功能：隨著費用的高漲，許多單人駕駛者離開了66號州際公路，因而疏解了交通。平均時速從三十七英里提高到五十七英里。對那些願意付費來加快通勤速度的人而言，這是一趟平順的車程——也許這些人和那些雇人排隊搶佔國會旁聽席，以及參加迪士尼私人VIP行程的人一樣，同屬百分之一人口。但也可能他們只是趕著進城的普通上班族。

就像杜克大學和迪士尼，維吉尼亞州掌握了所有權設計。先來後到的老規矩讓他們承受了塞車和空污的代價。動態收費迫使人們在時間和金錢之間作出抉擇。總的來說，也許有了動態收費的共乘車道會讓世界變得更加乾淨、健康，也許州政府會把這筆新的收入拿來補貼巴士路線，因而讓更多汽車離開公路。也可能這只是有錢人擠掉其他人的又一個場所。

想洞悉先來後到原則作為一種社會工程工具是如何運作的，不妨想想目前關於餐車和攤車該停哪裡的爭論。潮人（Hipster）快餐車一直是國內食品經濟中極具創新精神的一個部門，經常推出後來成為主流的新餐點。二〇〇八年，崔洛伊（Roy Choi）在洛杉磯的Kogi燒烤餐車將韓式燒烤和墨西哥玉米餅加以融合。所產生的出色玉米餅及多種口味從此躍上高級餐廳的菜單。

比起他們對美食文化的貢獻，更重要的是，餐車和攤車一直是移民創業者在美國尋求安身立命的重要途徑。傳統的實體餐館對於流動美食攤的迅速崛起十分惶恐。餐館必須支付租金和水電費等，同時遵守較嚴格的食安規定。果不其然，由於較高的營業成本，許多餐館把越來越多停在他們店外的餐車和攤車視為不公平的競爭形式。但這跟所有權有什麼關係？

事實證明，關係可大了。餐館針對停車的先來後到問題展開了辯論。他們一直在遊說當地官員，想杜絕競爭對手在現有餐館附近停車。他們認為，餐館是先來的，所以餐車和攤車不能在那裡。附近的停車位仍應照著先來後到原則分配，可是所謂先來，應該要排除他們的餐飲競爭對手。

巴爾的摩郡被說服了，禁止餐車停在距離餐館兩百呎範圍內，有效地將競爭者逐出熱鬧的市中心。芝加哥採取了相同措施，方法是強制餐車使用全市監控的 GPS 系統。芝加哥只有七十輛餐車，而只有它四分之一大小、沒有這類停車限制的奧勒岡州波特蘭市卻有五百多輛，也絕非偶然。可想而知，兩地的飲食景觀也大不相同。乍看下，從你對這類停車限制的態度，大致能看出你是偏愛老式餐館，或者混合風玉米餅餐車。

但問題不只這樣。限制性規定或許能保護現存的餐館，維護城市的稅基。但它們扼殺了烹飪創新，限制了新的就業機會，而且切斷了移民創業者的出路。這是人們爭辯誰或什麼有權先使用停車空間的重要爭議點。這時約翰遜訴密托施案的判決又出現了（「土地邊界由征服者自定」，新來者對上本地人）。只是這次，新來者輸了。

要記住一個重點，就是每個對於先來後到原則的定義都是一種社會工程，用來推動一些通常不為人知的目標。無論是誰控制了所有權設計，都可以通過精心裁製的方式來改變人們的行為，以符合所有者的利益，例如挑選一群把臉塗成藍色的特殊粉絲（杜克大學），或者把利潤最大化（迪士尼），或者發起有助環保的通行付費行為（維吉尼亞州）。對這些主事者來說，獎勵那些耐心排隊等候的人損失太大。先來後到原則是老派做法，不划算。

有何利害得失？

每天總有百來次，我們必須不假思索地精準看出，是哪一種所有權設計在掌控我們想要的資源。不管是在酒吧裡擠出空間去買飲料，或者在海灘上找地方鋪毛巾，我們都會不自覺地問自己：**該怎麼把它變成我的？**要成為高度社會化的成人，條件之一就是要對哪一種所有權規則適用於哪一種情境有細微的理解。

很多時候，先來後到原則仍然是我們的首選。這是我們開車到超市停車場的預設規則，我們可以挑任何一個自己中意的空車位。如果要實施別的方案，停車場業主必須清楚告知替代規則。有時他們會在人行道噴上名字，或者立一塊寫著「**身障專用車位**」的牌子。在海灘上、電影院、熟食店，或者排隊等著進最高法院旁聽，也都是一樣的。

下次你排隊的時候，除了胡亂想著前面那些人是不是受雇來排隊的來打發時間；不妨也想想，排隊的設計中還包含了哪些選擇。握有珍貴資源的所有者必須決定用排隊而不是其他可用的選項，來分配資源的使用。他們必須決定是否要設計一種能營造出某種特定體驗的混合方式。歸結起來，先來後到原則是資源所有者為了達成他們不為人知的目標——不管是要榨取你的錢、增加共乘車、排除競爭對手或者讓你把臉塗成藍色……所作的一種技術性、道德性的選擇。

明白了這點，你可能會問自己，**我要如何利用所有權設計，來讓別人照我的意願行事？**別以為老式的先來後到原則能讓你獲致最大利益。身為父母或老師，你會獎勵那個率先發言、排在隊伍前面的孩子，還是會改而獎勵其他行為？身為 Airbnb 度假屋房東，你該租給最早詢問的人，只接受優質房客，或者當個勤奮的好房東？

先來後到原則有許多優點，它便於管理，而且符合我們對公正平等的直覺概念。它從聖經時代流傳至今是有原因的。但它是一種粗糙的工具，容易被奪取、轉換。它可能會造成利益的損失，可能會把錯誤的顧客引進門。這也促使業主們改變自己的東西被人擁有的預設方式。

有時候，排隊代理人之類的中間人會藉由壟斷資源，並把它轉售給不耐等的富有買家來獲取利益。有時候業主自己會發起這種轉變。他們不是以同樣價格賣給每個人，而是為少數人創造一種優質體驗。透過混合方式的有效運用，業主可以從有限的稀缺資源池中汲取更多價值。

這種所有權煉金術不光是把買票人的錢轉到黃牛手中那麼簡單。像 SOLD 這類代客排隊初創公司正引領我們進入一場社會革命，寧靜，但仍是一場革命，因為創業者們意識到，他們可以把時間轉換成金錢，從中獲利。

儘管人們很少這樣理解，但先來後到原則的命運其實是一場進行中的關於社會核心價值論戰的一部分。排隊是問題還是解決辦法？普通公民是否能進入最高法院去旁聽議事，而不必和排隊代理人競爭，還是說，這些席位如果留給那些積極支付數千美元的律師和說客，對社會將更有價值？也許最高法院該為學生群保留一些席位，或者拍賣座位，把收入用於導覽高中團體參觀它的堂皇建築。或者，這是我們的觀點——法院應該實施一種截然不同的開放方式，例如現場直播辯論庭，讓每個人都能在線上觀看。在 COVID-19 封城期間，法院已經用音訊直播朝這方向邁進，而我們的司法監督並未明顯動搖。

換言之，每一個讓東西變成「**我的**」的規則，都獎勵了一種關於該珍視什麼的不同概念，例如我們在引言中提到的處理搖椅的選項。先來後到的老規矩獎勵那些有空先到達，並且耐心等待的人——類似一種人人等值持有的貨幣。你的一天有二十四小時，就跟所有人一樣。相較下，**先到後贏**獎勵的往往是有錢人。它有利於那些或許空閒不多，但有能力花錢，或者花錢買別人的時間的人。

明白了這點，我們便能開始解讀許多全球頂尖企業的客服實務，像是星巴克的免排隊 app，聯合航空實施的忠誠老顧客提早登機，還有 Walmart 超市的「二十件商品以下」快速結帳通道。經久不衰的企業善於微調大家對先來後到原則的傳統理解，讓客戶願意、甚至樂意放棄他們的時間、金錢，或兩者。

設計所有權可不像在巧克力和香草冰淇淋之間作選擇。我們是要付出重大代價的。在各種經濟活動中，業主們正把許多幕後規則從**先到先贏**悄悄改成**先到後贏**，從**時間**轉成**金錢**，從**平等**轉成**特權**，一切都為了增進他們自己的利益，而不見得是你的利益。這些選擇既非恆久不變，也並非不可避免。然而，它們確實可以界定我們在爭取一些現代生活必需品的互動中，會成為什麼樣的消費者和公民。

Chapter 2

現實佔有，勝算十之一二

停車椅

如果你生長在美國的多雪都會區，肯定會懂。暴風雪過後，你在外面跋涉，認出雪堆下的愛車，然後開始剷雪。辛苦了半天，你救回車子，並開著去上班。但是問題來了：後面來的駕駛人會感激地佔據那個位子。稍晚你回家後要把車停在哪？街道有一大半都還覆蓋在雪中。這時停車椅上場了。

長久以來，波士頓人一直使用這種「車位救星」來保留他們在大雪後清出的停車位。在芝加哥這叫「保留權」（dibs），在費城叫「佔車位」（savesies），在賓州其他地方，這叫「匹茲堡停車椅」。在這些地方，會有椅子霸佔車位，直到街道上的積雪消失，一切回到常軌。在幾天當中，居民理直氣壯佔用停車位，而市府官員也縱容。當地人很為這種非正規的做法感到自豪。所有人都知道這種不成文規定，也都不會找麻煩：多數人都會尊重一個橘色三角錐、一個吸塵器、一塊破熨衣板，甚至一盒家樂氏香果圈——重點是和其他駕駛人有效溝通，「這位子是我的」。

較年長的居民把這種擺放停車椅風氣的興起追溯到汽車數量開始超過市街停車位的那一刻。在波士頓南部住了一輩子的布萊恩・馬洪尼說，在他小時候，「大家不需要在路上擺東西，因為每個人都知道那是誰的停車位。我們都是世世代代住在那裡的，認識街上的每個人。」南波士頓的鄰居會互相幫忙剷雪、看守街道、驅趕闖入者，不必用椅子來表明哪個車位是誰的。

然而，從一九七〇年代末開始，公寓逐漸取代老式三層樓房，新住民大量湧入，更多車子必須輪流使用數量固定的停車位。有人說一九七八年的冬季大風暴（Great Blizzard of 1978）是轉捩點。大家就是從那時候開始用車位救星這種簡單手法，來傳達自己的所有權，而多數情況下鄰居們也都懂得這信號，輕忽它的人則會遭到破壞或攻擊。

儘管停車位短缺問題日趨嚴重，波士頓官方卻視而不見。商家很不滿，因為他們的顧客找不到地方可安心停車，客服人員閃得遠遠地，家庭訪客只能開著車兜圈子。放了停車椅的車位空蕩蕩，閒置一整天，等著「主人」歸來。二〇〇五年，在日漸增加的抱怨聲中，波士頓推出一項規定，把暴風雪過後的椅子停放時間限制在四十八小時內。反應很迅速。南波士頓市議員凱利（James Kelly）誓言反抗市長，說：「這問題說明了我們身為美國人的基本原則……和淘金人、拓荒者一樣，居民也有權立樁圈地。」一開始南波士頓人無視四十八小時的限制，但過去十年，這個規定逐漸被接受。南端（South End）（隔著93號州際公路和南波士頓對望的較富裕社區）採取了不同做法。二〇一五年，為了回應當地社區協會聯合陣線的壓力，市議會宣布南端為「無車位救星示範社區」。這項試辦計畫允許南端居民給市府打電話，讓垃圾清運人員馬上過來將「廢棄家具」搬走，不需要等四十八小時。市長華許（Marty Walsh）支持此一變革：「車位不是你的。你辛苦挖出車子……但那是大馬路。」市長說得有道理。畢竟，多數人剷雪弄出車子是因為他們必須到別的地方去。憑什麼因為你花了力氣，就有資格獨佔這個公共空間？

回想這段衝突，波士頓本地人亞當．萊斯考把這種用椅子霸佔車位的風氣歸因於居民對社區變化的抗爭的一部分。他說：「宏觀的來看，我認為這也是『保守派』（old guard）試圖抓住某種鄰里情感的一種方式。」他說：「這也是本地居民，他們眼看一些老鄰居因為負擔不起高房價而紛紛離開，亟欲守住的又一樣東西。」

布魯克．吉爾登夾在新規定和鄰里習慣之間左右為難。二〇一五年，她從紐約搬到南波士頓。在紐約，如果你清出一個車位然後放上一把椅子，你的車位和椅子會一起被拿走。因此，挖出車子之後，她按照紐約的慣例，把車位留給下一個駕駛人。基本上，停車時，她會盡量做個好鄰居，專找沒放椅子的空位。但有一天她很晚才回到家，把車停進一個放有三角錐的位子，那是幾天前一場大雪過後留下的。次日早晨，她的擋風玻璃被人用紅色油性簽字筆寫了這麼一行字：「我的三角錐呢？妳也拿走了？」

吉爾登向警局報案，但得知波士頓警方不會介入停車椅紛爭。她沒有退縮，而且幾天後，又從同一個車位移走一個三角錐。「說什麼都不該塗污別人的財物。」她說。吉爾登輕易逃過了懲罰。停車糾紛很容易升高，有些不尊重三角錐或椅子的人回來後發現他們的車門被撬開、車窗被砸破，或者輪胎被劃破。只有當車位救星的主人襲擊停車者，或者朝他們開槍——有時確實會發生，警方才會介入。

處理停車椅的決策卡在幾個問題上：對當地習俗的尊重、新來者和商人的要求，以及公眾對暴力越來越難以容忍。對一些南波士頓老居民來說，停車椅傳達了一種佔有權主張。其他人，例如吉爾登，則堅守先來後到原則。在羅徹斯特、水牛城這兩個比波士頓更常下雪的北紐約州城市，椅子從來就派不上用場。在更遠的南部，費城發起一場「不佔車位」（NoSavesies）運動，嘗試展開類似南端「無停車救星」地區的措施。在許多城市，所有權規則仍然懸在那兒。你敢移走一把停車椅，風險自擔。那麼，大街上的一把椅子究竟意謂著什麼？

沒有標準答案。

佔有權形成一種秘密語言，一種我們從小就學會、標示著我們是社會化成人的語言。和任何語言一樣，佔有權是不斷變化的，人、企業和政府競相重塑它的用語，遠遠超越停車椅的範疇。每天不下數百次，我們在停車場、自助餐廳、電梯、遊樂場和任何地方不自覺地評估佔有權主張。這些主張主要是透過無聲信號、順從和慣例傳達的。我們對它們的理解決定了我們如何坐、站和行動，以及我們和日常生活中的許多珍貴資源的相互作用。本章正是為了幫助你解碼這些信號。

在小範圍內，鄰居、企業家和政府運用許多佔有權符號，以我們幾乎察覺不到的方式擺布我們。在較大範圍內，政治領導人利用我們佔有的本能，來正當化戰爭和征服行為。最終，所有權成為一種將現實塑造成所有者想要的樣貌的強大工具。這些佔有權規則往往不是法律——它們比法律更有強制力。

遊戲沙坑和購物車

為什麼南波士頓人覺得劃破別人的輪胎很正當？他們的反應顯示的不僅是和外來者之間偶發的爭端。他們的主張可能一部分根據的是先來後到原則（第一章）或生產性勞動（第三章），但確立所有權的是佔有。正如著名財產法學者羅斯（Carol Rose）所寫，「剷雪行為的效用並不像用物品擋住去路那般明確。」

想想，當有人在教堂長椅上或健身教室佔走「你的」老位子。你或許不至於抓狂，但回想一下當時的感受。

以實體佔有一樣東西為基礎的權利主張「**這是我的，因為它在我手上**」觸發了我們對所有權最原始的理解。沒錯，這裡的形容詞原始（primitive）指的就是它字面上的意思。佔有是一種根植於動物行為、我們與生俱來的原始本能。它證明了我們在日常生活中聲稱屬於自己的許多東西的合理性。

實體佔有的驅動力是人類心理學的核心部分，而且早在孩童發展的初期就萌芽了。快滿一歲時，每個文化背景下的幼兒都會開始對特定物品表現出強烈的佔有感，像是毯子。這些「過渡性客體」（transitional object）在嬰兒逐漸在實體上和母親分離、開始爬行時提供了安全感。對嬰兒來說，這些物品是他們自身的延伸。到了一歲半，「我的」已成為孩童語彙中的重要部分。伴隨著所謂「兩歲貓狗嫌」（terrible two）階段的鬧脾氣現象，有很多都和爭奪東西有關。

發出實際掌控某樣物品的信號，對於自我感和獨立感的萌生至關重要。如果一個娃娃或小卡車是我的，那它就不是你的或其他人的。牙牙學語的幼兒為了得到自己要的東西會抗爭到底。透過這些童年戰爭，人也在逐漸理解、順從他人的同時，開始學習維護、捍衛自己的東西。

佔有的強烈慾望超越了兒童發展階段。它也是成人行為的核心。諾貝爾經濟學獎得主康納曼（Daniel Kahneman）和塞勒（Richard Thaler）讓我們了解到，「東西在我手上」的力量是如何影響人們賦予平凡物品的價值。在一項如今已成經典的實驗中，他們給一組學生一些不起眼的咖啡杯，問他們想要多少現金來交換它們。然後他們給另一組學生一些現金，問他們願意花多少錢來得到同樣的杯子。照理說兩邊的估價應該差不多。畢竟，那只杯子沒什麼特別。在本實驗中，不管你一開始拿的是杯子或現金，應該不重要。

但事實並非如此。一次又一次，賣家給這只杯子的價格超過買家願意支付的兩倍，五點七八對上二點二一美元。已經有數百個巧妙的實驗用巧克力棒、籃賽座位、彩票、音樂專輯等東西證明了這種差異，而且連黑猩猩和捲尾猴也表現出這種行為。

這一切全都顯示出相同的基本心理：一旦你實際持有某樣東西，它馬上變得比之前更有價值。你的依戀改變了它的價值，你出讓它的索價高過當初你付出的。現在不單是賣一只咖啡杯了。你賣的是你的杯子，你在放棄自己的一部分，當然要出高價了。塞勒稱之為「捐贈效應」（endowment effect）。

捐贈效應塑造了許多日常行為。回想一下上次你推著購物車在超市排隊結帳的時候。想像有個陌生人走來，盯著你的購物車，拿出早餐穀片盒，然後又看一眼，抓起盒裝牛奶。聽來瘋狂，也從未發生過（儘管我們在慌亂的 COVID-19 疫情初期確實見過一個例子：偷衛生紙）。你或許會對那人大吼：「喂！你這是幹嘛？那是我的！」可是，憑什麼說穀片和牛奶是你的？你都還沒付帳呢。是什麼讓你如此自信，即使你的實體佔有並不是合法所有權？

零售商一向理解並且充分利用這種佔有本能，創造出各種讓顧客對待售產品產生依戀的情境。Apple 直營店的寬敞樓面布置和有秩序的混亂（managed chaos）絕非偶然。工作人員奉令要讓顧客感覺受歡迎，讓他們盡情待在那裡把玩 iPhone、iPad 和各種酷炫產品。隨著實體連結的加深，消費者產生佔有感，他們對 iPad 價值的評估也提高了。「那台 iPad」變成「我的 iPad」，而它的要價也不再讓人感覺高不可攀。

佔有心理也是服裝店鼓勵顧客使用試衣間、汽車經銷商鼓勵試車的部分原因。一旦穿上新衣服或開了新車，你會更容易想像它們是你的。這是為什麼 Zappos 讓你輕鬆試穿各種尺寸的鞋子，床墊銷售商給你六個月免費鑑賞期。這也是為什麼有些公司允許到貨後付款。如果感覺是你的，那麼分開就變得更難了。首先你產生實體的依附，接著你會更珍視物品。

可能的話，法律通常會利用我們對實體佔有的本能。想想你每天隨身攜帶的東西：錢包、手機或背包，你的衣服或梳子，你隨手放在咖啡館桌上的書。如果有人把它拿走，你要如何證明它是你的？也許很令人意外，但答案通常是回到實體佔有。就這麼簡單。如果我拿走你的書，法律會推定你的所有權，僅僅根據你比我先持有這本書。就算書是你偷來的也一樣。你的居先佔有（prior possession）贏了我。

這規則還推動了另一種重要的經濟關係，想想當你把衣物送到乾洗店，或者把車鑰匙交給泊車小弟。你憑什麼有自信可以拿回衣服或車子？答案是：就憑你居先的實體佔有。你不必依賴契約、單據或法庭紀錄來證明你真的是合法物主。你只需要一張取件單，它顯示的只是，你交付東西之前是它的持有人。律師稱這叫委託——你保有某樣東西的所有權，但為了某個特定目的，在有限時間內轉移了對它的實體佔有。我們不假思索地把貴重的東西交給陌生人，把我們的物品託付給他們，之後他們二話不說將它們歸還。

對實體佔有含義的信心能促成大量有益的經濟活動。這表示我們不需要帶著滿口袋我們買書、太陽眼鏡和其他東西的收據到處跑。這也是為什麼扒手無法擁有他從你褲袋扒走的皮夾，侵入者不會一踏上你的土地就擁有它，你的手錶也不會在掉落、被路人撿走之後歸他所有。「誰撿到歸誰，誰丟誰倒霉。」（Finders keepers, losers weepers.）唸起來很順口，但法律和實務恰好相反。真正的規則是「誰撿到誰歸還」，這是所有人在生活中都遇過多次的經歷。一般來說，多數人都會試圖把東西還給先前的物主。

實體佔有提供了一種超簡單、禁得起時間考驗、低成本又容易驗證的解決衝突方法。其他條件不變，較早持有物品的人通常會戰勝後來的持有者。但也不盡然。

後院強盜

一九八〇年代，唐和蘇西・柯林夫婦在科羅拉多州波德（Boulder）市的哈茲克拉柏快車道沿線買了幾塊相鄰的土地，這裡可以一覽附近落磯山脈前緣的壯麗景觀。他們謹慎籌劃，留著這些土地沒開發，打算以後賣掉來資助退休生活。在土地增值到一百萬美元之後，這似乎是一次精明投資。起碼柯林夫婦是這麼想的。

前波德市長、郡法官麥克林（Richard McLean）和妻子伊蒂・史提文斯就住在那片空地的隔壁。二十年來，他們公然使用柯林家的三分之一土地，把它當自家後院。他們定期在那裡舉行聚會，存放木柴，並在空地上留了條「伊蒂小徑」。在外界看來，麥克林對這片土地的實體佔有看來就像一般的所有權。任何不清楚實際地皮界線的人都會以為這塊地屬於麥克林和史提文斯。

二〇〇七年，他們試圖消除所有疑惑，提起要求「他們的後院」所有權的訴訟。柯林夫婦震驚極了。麥克林夫婦是他們土地的侵入者，竟敢提出所有權要求？而當法官站在麥克林和史提文斯這一邊，他們更加震驚了。但忿忿不平的不只柯林夫婦。判決過後不久，麥克林夫婦收到一只匿名包裹，裡頭有一顆子彈和一張威脅紙條，「在舊西部時代，我們有法子對付你們這種人。」

但這話可能有誤。在舊西部時代，實體佔有權的主張比今天更強烈、更頻繁，當時在土地上定居、耕作的屯墾者不時會朝那些根據古早、不可靠官方紀錄提出權利要求的不在場地主（absentee owner）開槍。驚人的是，美國有很多土地所有權可以回溯到十九世紀的非法佔住者，那些人聯合起來成立「產權俱樂部」（Claims Club），成功推動了地方及早期州立法機構批准他們的土地佔用。在當今世界的許多地方，這仍然是標準做法。

麥克林夫婦依仗的是「逆向佔有」（adverse possession）法則。這是一條老規矩，出現在四千年前的《漢摩拉比法典》（*Code of Hammurabi*），實際可能更早。決定本章內容的所有權諺語——「**現實佔有，勝算十之八九**」，便可追溯到這條古老法律。

當時的規則和今天差不多。如果有人擅自進入你的土地，然後公然並持續擁有它夠長的時間（在科羅拉多是十八年），他們便能主張那是他們的土地；不足十八年，他們是侵入者，你可以把他們趕走——畢竟，家是你的堡壘。一些有「就地防衛法」（stand-your- ground law）的州甚至允許你在土地被陌生人不當進入時採用致命性武力，就算你並未面臨生命危險而且有機會撤退。但如果侵入者成功進入你的土地，而且在那裡住了下來，那麼規則就改變了。你不能再使用武力，而必須打官司驅逐佔有人，過程可能十分漫長而昂貴。如果你沒能採取行動，時間一久，侵入者就自動成為新地主。像柯林夫婦面臨的這類訴訟案只是當場證明了一個事實：實體佔有已發展成了合法所有權。

這條規則說明了，全美各大城市的廣場和寬敞人行道上寫著「私人物業」、「請勿擅入」等含糊訊息的小銅牌，隨時都可能撤銷。透過給予明確的許可，業主可以確保行人的人行道使用不會「逆向」。將來，業主才可能收回該土地，變更它的用途。

本書共同作者海勒任教的哥倫比亞大學則更進一步，它在夏天的某個寧靜週日早上關閉了學院步道的大門，不是為了校園維護，而是為了證明，它能把你關在門外，也能准許你進入。洛克菲勒中心也用同樣方式關閉它的廣場，還有許多其他試圖保護看似公共空間的私人物業的機構也一樣。比告示牌作用更大，有能力關閉大門的人是在向世人宣告，**其實這是我的**。堅守實體的掌控有助於打破以大眾逆向使用作為依據的權利要求。

每年我們的學生讀到逆向佔有原則，總是很詫異。這太不公平了，看來像偷竊，聽起來也很原始。柯林夫婦肯定覺得受到了羞辱。但接著，有些學生（大約每百名中有十幾名）會逐漸了解到，他們的親人也在現實中不情願地直接捲入逆向佔有情節。鄰居小孩有沒有闢一條小徑通過你家院子？誰在照料你家旁邊的玫瑰花叢？房契上關於那條共用車道是怎麼說的？你的籬笆真的是沿著房產界線搭的？儘管這類爭端很少鬧上法庭，多數鄰居都不是怪胎，但這問題並不罕見。

逆向佔有反映了實體連結的力量，一股根植於人類心理的衝動。正如備受尊敬的最高法院大法官霍姆斯（Oliver Wendell Holmes，Jr.）在一八九七年所寫：

> 一件被你視為己物長久享有、使用的東西，無論是財物或想法，都已在你生命中牢牢扎根，無法被奪走而不引起你對現實的憤慨，同時試圖為自己辯護，無論你是如何得到它。法律無法尋求比人類最深本能更好的正當理由。

大體上，這正是麥克林夫婦的爭論核心。他們已經對他們擴張的後院產生依戀。他們表現得像地主，在外人眼中，他們看起來就像地主。相較下，柯林夫婦的所有權顯得相對遙遠而抽象。

儘管我們珍視所有權，但我們的社會往往更鼓勵積極的實體佔有。而且理由很充分。一般來說，比起不在場地主，逆向佔有者往往更激烈地捍衛自己的權利主張，更容易獲得認同，而且把土地用在我們文化尊重的開發用途。環保人士贏不了逆向佔有權主張——讓土地保持在自然狀態是說不通的。在美國，透過實體佔有來改造土地可以贏過書面契約、法庭紀錄和耐心投資者的退休計畫。

實體佔有很重要，但並非唯一重要的事。今天我們比漢摩拉比或舊西部時代的人擁有更多準確且能便宜獲取的官方所有權紀錄。而且今天，比起像麥克林夫婦的後花園那樣的積極利用，美國整個社會對於土地的消極使用（以環保或投資為目的）幾乎同樣重視。事實上，大眾對柯林夫婦損失的義憤，促使科羅拉多州議會讓逆向佔有案件更難勝訴。如今，該州賦予法官自由裁量權，可以要求逆向佔有者為他們獲得的土地支付市價金額，此一轉變也讓佔有者一開始便降低提出權利要求的動機。

就連麥克林夫婦都在勝訴後踩了煞車。在本案上訴期間，他們和柯林夫婦達成和解，只保留了他們房子旁邊的伊蒂小徑，大約是法官判給他們的土地的三分之一。他們為何放棄了剩下的？唐・柯林推測，「他們的朋友都棄他們而去，他們想試著回復一點自己在社區中的地位。」回想一下，收到子彈郵包的是麥克林家，不是柯林夫婦。

實體佔有或許有本能的根源，但如果你過度擴張佔有界限，社區就會反彈，鄰居開始八卦「真沒規矩！」法律很重要，但名聲往往更重要。所以今天，就算逆向佔有者有好的權利主張，也很少在法庭上強推，更很少勝訴，不只在科羅拉多州，而是全國。結果，在當今的美國實務上，逆向佔有原則已被控制在遠低於勝算十之八九的水平了。

血淚之路

哈茲克拉柏快車道土地糾紛只是更大爭鬥的一個小案例。如果說人類歷史就是一連串顯而易見的逆向佔有衝突，也毫不誇張。征服、種族滅絕、歷史不正義、財產沒收創造了新的土地產權要求。久而久之，這些野蠻、極具破壞性的事件成了所有權的基礎。不光彩，也不公平，但它無處不在。

當你買一棟房子，你的所有權可以沿著產權鏈（chain of title）——和這塊土地有關的所有賣家和買家的紀錄，一路追溯到所有權的源頭。這條鏈通常開始於美國政府或州政府在原住民族被征服之後的一項土地授與。而原住民的所有權就從紀錄中被刪除了。舉個例子，一八三〇年印第安人遷移法案（Indian Removal Act）頒布後，聯邦士兵強迫切羅基人、塞米諾人和其他東南方部落的美洲原住民離開祖傳土地，移居到奧克拉荷馬州。這趟野蠻的旅程沿途死了許多人，後來被稱為「血淚之路」（Trail of Tears）。為什麼那些原住民倖存者的後代無法對當初他們族人被迫離開的北卡羅萊納州土地提出權利要求？

令人不滿的答案是，目前那片土地的所有權是根據一百七十多年的佔用，最早就是那些在士兵強行遷走美洲原住民之後取得產權的白人移居者。最終，這種權利主張深植於逆向佔有之類的說法，並且隨著時間的流逝而被正當化。不只北卡羅萊納州，全世界的每一片土地幾乎都是如此。

當柏林圍牆倒塌，共產主義國家重新引入市場經濟之後，實體佔有的影響之大，成為最具爭議的問題之一。一九〇〇年代初，海勒在該地區工作，向一些後社會主義的政府提供為私人產業建立法律框架的建議。主政者必須在那些要求歸還被沒收財產的前共產時期業主（及其繼承人），和想要留在家園的現有住戶之間作出抉擇。該如何回應一個說「共產黨殺了我的家人，讓他們的親信住進我們在布達佩斯的家」的住在海外的匈牙利人？又該如何回答一個手裡拿著褪色房契，說「納粹在一九四二年從我們一家手中奪走了這間華沙公寓」的年老猶太索賠人？我們不是被迫必須改正共產主義和納粹主義的錯誤？

這是一場觸動人心的爭論。但正如我們所見，所有權向來是在國家強制力支持下的許多互相衝突的敘事中產生的選擇。實施財產充公後的幾十年裡，一代又一代匈牙利人、波蘭人、捷克人和俄羅斯人在這些公寓裡養兒育女，和今天的北卡羅萊納州人沒有根本上的差異。這些住戶大都只是普通家庭，他們並未親自剝奪前屋主的財產。他們通常是承租人，受共產黨政府指示住在那裡的。當然，他們幾十年的實際實體佔有，連同他們自己在共產黨統治下的苦難，他們和這些房子的緊密關係，以及他們無處可去的事實，都應該足以對抗遠方繼承人手上的褪色房契。

面對這種困境，後社會主義的政府大都讓現有的住戶留在原地，偏袒他們的權利主張甚過前屋主的。為什麼？他們的決定多少符合霍姆斯法官的告誡：長久的佔有「在你生命中牢牢扎根，無法被奪走而不引起你對現實的憤慨，同時試圖為自己辯護」。藉由將單純的實體佔有轉化為完全的所有權，新興政府將千千萬萬個公寓居民轉變為市場轉型的現成鼓吹者。即便是那些經常替自己搶奪高級公寓的共產黨官員（政黨官僚），也突然在資本主義的成功中獲得了物質利益。

讓現有的住戶留在原地並不表示前屋主就被完全驅逐了。所有權設計很少需要作出贏者全拿的抉擇。在中歐和東歐，各國政府為那些被徵收財產提供了一系列補償——現金、代幣券、公司股份，有時就只是公開道歉。每個政府根據地方的能力和價值觀選擇自己的獨特方式。重點是要活絡市場，而不是讓法院忙於替每個前屋主的繼承人討回公道。驅逐現有住戶會讓新生的房地產市場停滯，保證引起大眾反對。

地球有多大，時間有多老，關於土地佔有的衝突清單就有多長。想想當今在耶路撒冷的以色列人和巴勒斯坦人之間；在哈瓦那的現有居民和邁阿密流亡者之間；在喀什米爾的印度人和巴基斯坦人之間；在克里米亞的俄羅斯人和烏克蘭人之間的權利衝突。實體佔有很強大，但不見得符合歷史正義和道德的抽象理念。

逆向佔有的陰影也籠罩著歷史文物。伊拉克有沒有理由要求紐約大都會博物館歸還巴比倫雕塑？埃及是否可以要求遠方的收藏家歸還木乃伊和雕像？中國、高棉、希臘、秘魯和貝南也都可以針對他們遭到掠奪的古文明珍寶提出權利要求。難道說納粹大屠殺受害者被奪走的藝術品必須歸還，只是因為這些受害者是有名有姓的？

現代國際法的故事，包括國際聯盟，接著是聯合國的成立，大體上是圍繞著一開始就阻止國家和人攫取實體佔有的各種努力而展開的。根據國際法，佔領和沒收財產在今天無疑是非法的。但軍隊和掠奪者不見得會遵從，而時間對他們很有利。

我們沒有簡單明瞭的答案可以解決**強權即公理**。我們唯一能做的就是謹記，一個愚蠢的公式往往支配著稀缺資源的爭奪：**佔有 + 時間 = 所有權**。

抱歉，這位子有人

多數佔有權主張實際上並非取決於實體控制。不可能，原因很簡單，人沒辦法同時緊抓住自己想要的一切，雖說小孩子會嘗試。我們需要一些方法來傳達：**別碰，這是我的東西**。這需要在實體的佔有權主張之外加上象徵性的主張，而這個挑戰將把我們帶回停車椅的話題，以及在那之前，先要談談動物領地的基礎。在這個領域，佔有權從勝算十之八九進一步下降。正如財產法學者羅斯所說，這「等於是對所有可能會了解的人大聲吶喊，而第一個以眾人明白的方式說出『這是我的』的人，就得到戰利品。」

這不僅適用於人類。帶給許多春季健行者喜悅的啁啾婉轉的鳥鳴，其實傳達了和它的目標聆賞者感受到的截然不同的東西。有時鳥發出叫聲是為了指出食物來源，就如二〇〇三年電影《海底總動員》（*Finding Nemo*）的情節，一群囂張的海鷗想吃掉馬林和多莉，圍著前來救援的鵜鶘祖哥呱呱大叫：「我的！我的！我的！我的！」不過，科學家們更常發現，鳥鳴是為了標示地盤和吸引配偶（而且是帶有區域口音的）。紅胸知更鳥的啼聲聽來十分悅耳，然而對牠的知更鳥同伴來說，牠是在大吼——想像一下南波士頓人的口音：「喂，老兄，閃開！這是本大爺的地盤。滾遠一點，不然要你好看！」鳥類想掌控比牠們所能實體佔領的更多的資源，於是牠們啼叫。

狗散步時，似乎總是花很長時間去選擇要在哪棵樹或柱子上撒尿，牠們是在象徵性地宣告自己的領地，並解除別人的領地。土狼也會撒尿來標示自己的領地，犀牛用糞便來標示，蜜蜂用牠們的臭腺，熊在樹幹上摩擦來做視覺標記。但時間一久，這些符號消褪了，變得不明確。在叢林法則中，準確地放置、解除佔有記號是生死攸關的事。這氣味或標記新鮮嗎？它來自某個食物鏈更高的動物？萬一猜錯，會不會被吃掉？

回到人類世界，這種沒說出口的語言有個簡單的三段語法。想像你在一間擁擠的電影院裡，片子即將開始，你看見剩餘空位當中的一張椅子上放了一條餐巾。這時你的內心小劇場也許就像這樣：（1）辨認：**我知道可以用外套佔位子，但餐巾行嗎？**（2）評估：**就算餐巾是一種信號，也不能用來保留最後幾個空位啊**。（3）行動：**沒人會介意我坐這裡的**，又或者，**哇！你好壯，抱歉，你請坐**。在南波士頓，布魯克・吉爾登經歷了這種佔有對話：她看見三角錐，明白它的意圖，但選擇忽略它，結果擋風玻璃被塗污。

理解象徵性佔有的一個挑戰是，語言中有各種方言，而且在三階段都有所不同。在紐約市的一些酒吧，酒杯上的餐巾是向其他酒客示意你會回座位，同時告訴酒保別把你的飲料收走。在威斯康辛州和部分賓州地區，同樣的餐巾放法意味著你的位子和飲料都使用完畢了。在歐洲某些地方，它的意思是「除非我要求，否則不必再給我送啤酒」。萬一用錯了關於佔有的方言，懲罰可能是一張灌水帳單、座位丟了，或者一場酒吧鬥毆。

酒吧只是佔位子的數十種場所之一。每個人都需要佔位子——電影院、教堂、匿名戒酒會、火車上、迪士尼夜間遊行或者棒球賽看台。每年的國情咨文演講，一些國會議員都會提前幾小時到達，佔據可見度高的通道座位，這樣他們和總統擊掌招呼的畫面就會出現在電視上。

人會根據環境需要來調整信號。說「這位子有人」的時候，在電影院可能會用一大盒爆米花，在教室可能會用一只繡花靠墊。在費西（Phish）樂團的演唱會上，大家會用彩色防水布標出位置。佔位子通常不會遇到阻力。但有時候，隨著資源越來越稀缺，衝突便會爆發——例如在相對成熟的 Phish 粉絲之間，當防水布太大的時候。

你肯定曾經處在佔位子紛爭的兩方。你什麼時候會尊重夾克、靠墊或防水布？目前西南航空和它的開放座位政策引發了一場激烈辯論。根據這項政策，乘客會分成 A、B 或 C 組登機（通常取決於你在搭機前辦理登機的速度，或者有沒有支付額外費用來確保進入 A 組）。登機後，他們可以坐任何一個空位。A 組旅客比 C 組的人擁有更多選擇，因為 C 組旅客是最後登機，通常只能選擇中間或後面的座位。

但有時候，較早登機的人會想替排在後面的 B 或 C 組的親友佔位子。因此產生的衝突之激烈，連《今日心理學》雜誌都刊出一篇題為〈佛陀若在西南航班上會怎麼做？〉的報導。你或許不會覺得意外，根據該文作者卡門（Allison Carmen）的說法，佛陀既不會佔位子，也不會批判那些佔位子的人：「我不相信他會操心自己坐在什麼位置。他說不定還會祝福那些為朋友佔位子的乘客。」

無論如何，史都・溫尚克不是佛陀。他身高六呎二吋，是一名銷售員，飛行常客，實體佔有的擁護者。他付給西南航空十五到二十五美元不等的早鳥優惠費用，這讓他可以隨著排在隊伍前面的 A 組提早登機。在一次飛往拉斯維加斯的班機上，他和妻子發現他們最愛的位置——緊急出口排，彼此相對的兩個走道位沒人坐。好極了。只是其中一個座位上放了一台 iPad。是一名坐在中間座位的乘客放的，她對溫尚克說，位子是留給她男友的。而她男友在百來個乘客後面隨著 C 組烏合之眾一起登機。

溫尚克解釋了西南航空正實施開放座位政策，禮貌地把 iPad 遞給那位女士，建議她去找個靠窗的空位，然後坐了下來。根據《今日美國》對這次衝突的報導，當她的男友在幾分鐘後登機，這名拿 iPad 的女人哭了起來，說她的鄰座恐嚇她。藉由把 iPad 放在座位上，這個女人象徵性地標示了她的佔有。溫尚克完全理解她的信號，而藉由移動 iPad 然後坐下，他拒絕了這信號。

那麼誰是混蛋？佔位者還是坐位者？西南航空班機上的座位規則是象徵性佔有（iPad），還是實體佔有（屁股入座）？

關於這場紛爭的辯論異常激烈。支持坐位者的網友約佔一半，批評對方「騙位子」、「暗藏座位」和「吝嗇」。最尖酸的批評是衝著 A 組的登機人，說他們企圖為 C 組的旅伴保留整排座位，尤其是第一排緊急出口的位子。另一半網友則是勸同情溫尚克的人「冷靜」，「找別的空位」，「如果覺得煩，改搭其他航空」。還有「沒事找事，無病呻吟」。換句話說，學學佛陀吧。

你對佔有權的態度可能取決於你坐哪。

奇怪的是，少有乘客把怒火指向西南航空。該公司素來保有友好航空公司的美譽，卻設計了開放座位政策，導致乘客們反目相向。西南航空高度警覺地不承認它允許乘客佔位子，卻也同等謹慎地不明說禁止這種做法。這家公司是懂得在佔有遊戲中左右逢源的高手。西南航空可以在一分鐘內解決衝突：它可以宣布一項「禁止佔位」規則、或者「禁止佔緊急出口排座位」、或者「禁止佔機艙前半段座位」、或者只佔一個座位沒關係、或者佔一排也沒關係，或者它可以拒絕象徵性和實體佔有，改而像其他航空公司一樣採用劃位的方式。西南航空可以採用任何它想要的座位規則，但它選擇不這麼做，為什麼？

一方面，西南航空得利於開放座位政策，因為乘客登機速度比劃定座位來得快，也因此飛機在停機坪的時間變短了。它還從像溫尚克這類願意為了隨 A 組一起登機而付錢的早鳥旅客那裡獲利。再者——這也是關鍵，對於佔空位這件事的戰略模糊，使得西南航空同時達成了三個企業目標：傳達出獨特、隨和的品牌聲譽（座位由你選）、讓常客相當滿意（佔位）和最大化收益（縮短飛機停在地面的時間）。佔位子的人覺得自己佔到了便宜，用「廉價座位」換到超值優惠。就好像西南航空研究了咖啡杯實驗，然後設計出登機流程，讓許多乘客在抵達自己的座位然後佔據另一個的時候，感覺自己獲得了一種附帶了更高價值的特殊贈與——就像一個只有賣家、沒有買家的世界。

西南航空的戰略也讓人想起護膝神器事件。在該事件中，我們看到航空公司把座椅的楔形傾斜空間賣出兩次，任由前後座的旅客自己去解決衝突。西南航空也製造了一種類似的**我的**對**我的**之爭，iPad 入座對上屁股入座，也就是象徵性佔有對上實體佔有。

實際上，用 iPad 佔位通常是可行的。較晚登機的人都明白這種心照不宣的佔有語言，也多半會表示尊重。但是，搭乘西南航空班機可能藏有令人不快的潛規則：男性是否較常佔位子、霸佔扶手，女性則較常退讓？佔位是不是一種挑選鄰座旅客的工具，同時也是對歧視的掩護？在一個幾乎沒人知道實際規則的環境中，乘客會把對座位的焦慮當成個人的挫敗。多數人都希望能展現風度，因此「較友善」或特權較少的一方會繼續退往後面的較差座位，也許熱門的緊急出口排是例外，在那裡，乘客間的沉默談判可能會破裂。

開放座位是西南航空的空中版叢林法則，只是 iPad 和外套取代了樹幹上的臭跡和爪痕。正如一位飛機乘客在西南航空社群留言板上扼要指出的：「如果你想在西南航空班機上佔個座位，你就說『這位子有人』。如果有人想坐在那裡，那麼你也沒辦法阻止他，你佔的位子也就沒了。」但無論結局如何，都是西南航空為自身利益所制定的所有權戰略的結果。刻意的模糊對西南航空有利；乘客間不計其數的小協商解決了大部分爭端。

但不是全部。實際上，西南航空把一些劇烈衝突的排解工作推給機組人員。西南航空空服員工會主席史東（Audrey Stone）說：「這種事有時會讓我們的空服員相當為難。」每個航班上都會出現佔位子的衝突，這種時候，西南航空空服員的回應往往是，對所有人友善，但不幫任何人。他們不會介入協助聲稱一件外套可以佔位子的乘客，也不會斥責移走外套，坐在「被佔」座位上的乘客。空服員將自己的職責限定在控管佔有權對話的懲罰步驟，確保怒火和尖酸言語不會升級為公開暴力。

要記住，機位歸西南航空，而不是溫尚克或其他 A 組乘客所有。該航空公司將繼續依賴刻意模糊的所有權設計，除非它變得太耗成本。例如，太多顧客受夠了而更換航空公司，或者空服員上演怠工。這時西南航空或許會逐步限制象徵性佔有（「早鳥登機者只能多佔一個空位」）。

如果鬥毆事件增多，西南航空仍選擇不採取行動，聯邦監管機構便可介入，命令西南航空解決問題，或許透過劃位的方式。而且不只航空公司，聯邦航空局（FAA）同樣可以隨時忽略象徵性佔有，或者把它徹底取消，以其他符合需求的規則替代。就像波士頓的停車椅，我們往往能找到層層的所有權規則。面對企業和政府從上面施加各種越來越刻板的法律規則，人們也在彼此間創造許多象徵性佔有語言——就像一層層越縮越小的俄羅斯套疊娃娃。

秘密霸佔者

通常你會知道是誰在企圖傳達「**閃開，這是我的**」，就像西南航空那名佔據走道位子的女乘客。但是佔有信號往往是匿名安排的，而提出要求的人很可能出乎你的意料。

想想你上次在游泳池或海灘度假的情景。當你想找一張折疊躺椅，很多可能都被佔走了，上面散落著雜誌和毛巾，但是沒看見半個人。你走過那裡，很沮喪，但還不想冒著起衝突的風險，移開毛巾，給自己佔一張椅子。但如果你知道這種象徵性佔有的場景極可能是虛晃一招，會不會改變主意呢？

度假場所的椅子服務員有時會和熟客做些秘密交易。例如說，付給服務員一張躺椅二十美元的費用，第二天一早他們就會悄悄為你保留椅子，用舊雜誌、花俏的夏季小說和游泳池玩具創造逼真的畫面。這些物品向度假人群發出信號：**這椅子是其他客人的，**同時——這很重要，也讓旅館經理安心，**這裡沒問題，只是我們的貴賓在自行分配椅子。**

當業主沒留意時，那些自己派任的中間「所有人」的獲利機會就來了。環顧四周，你會注意到一些小承包商（就像泳池服務員）忙著招攬業務，憑的就只是密切留意那些象徵性佔有，而不是實際所有權的信號。泳池服務員把「**現實佔有，勝算十之八九**」這句俗話轉換成金錢，安排它的信號來收取費用。

經營度假村的人很清楚暗藏座椅的現象，不管是泳池邊的承包人或客人都有份，但無論如何，他們的顧客總是抱怨沒地方坐。這問題跨越了國界：如果國際小報的報導可信的話，在西班牙的英國度假客認為德國遊客暗藏躺椅，德國人也反過來指控他們。根據郵輪評論網站 CruiseCritic.com 主編布朗（Carolyn Spencer Brown）所說，在郵輪上，霸佔椅子是「僅次於帶酒上船的最熱門問題」。「大家真的很抓狂。他們花錢度假，卻有人破壞秩序，這對誰都不公平。」

由於假期時間寶貴，度假勝地和船上的人都很認真看待水畔躺椅。這是有數字依據的：旅遊平台 TripAdvisor 所做「海灘與泳池禮儀調查」，有八成四受訪者表示，看見別人把隨身物品留在沙灘或游泳池椅子上，會讓他們感到焦慮。八成六的人認為，佔據椅子超過一小時就算過分了。但只有三成七的人認為佔位子應該有半小時的時間限制。度假者的耐心最多能撐一個半小時。

有了數據，面對一堆空椅子，嘉年華郵輪公司怎麼做？它讓泳池服務員給那些被佔走的空躺椅貼上蓋有時間戳印的通知單，藉此縮短象徵性佔有的時間。過了四十分鐘，員工會抓起人們的毛巾、雜誌和其他象徵性佔有的雜物，把椅子清乾淨。嘉年華公司表示，來自付費顧客的反應「好到爆」。挪威郵輪公司實施一種藍點追蹤制，把一張標示了藍點的椅子的閒置時間限制在四十五分鐘。大西洋城波哥大（Borgata）飯店的水上俱樂部則更進一步：讓服務員為那些被佔的躺椅制定一張等候名單，三十分鐘後移走雜物，並給下一位排隊客人發簡訊，通知他有空躺椅了。

這種對象徵性佔有的重新設計在度假村管理上算是大新聞，可是在那些有事業心的員工看來卻很可怕。獲得最少授權、薪水最低的員工面臨更大的工作量，有些人甚至就此失去他們的秘密生財管道。他們和客人的友善閒聊變少了，從那些被擠掉的椅子佔有者聽到的抱怨變多了。他們不再參與有小費可拿的交流，而是拿著夾板走來走去，記錄時間、收拾雜物。

每一種所有權制度都會有利弊得失。對那些常有客人抱怨的擁擠度假村的業主來說，減少象徵性佔有很可能是一次勝利。他們將椅子從消極使用者轉移給積極使用者，透過更滿意、快速循環的客人獲取更多價值，但前提是，他們必須把新的所有權計謀拿捏得恰到好處。時間限制使得顧客把挫敗感投注在度假村的規則和負責執行的員工身上。對業主來說，象徵性佔有的「非我們能掌控」特性對他們有利，也因此需要相當高度的客戶不滿，才能催化出變革。和西南航空不同的是，嘉年華公司決定他們不能再把解決細瑣紛爭的責任推給客人。

即使業主沒有介入，佔有的語言也會繼續展開。為什麼？因為所有象徵性佔有都多少帶有實體的成分——外套、雜誌或毯子。某樣「物品」。但物品不會開口說話，它們需要被解釋，它們的含意也總是可以修改的。波士頓的停車椅佔了個位子，但它們可以在暴風雪過後佔位一天或一週？在西南航空，一名乘客能不能佔有一整排緊急出口排的座位？人就像鳥和獅子，常會擴張佔有的界限，其他人則會反彈。

在擁擠的紐約地鐵，長久以來乘客常用背包來佔據好幾個座位。有些拉吊環的人會客氣地問：「你是替別人留位子嗎？」較沉穩的人會直接移開背包，坐下，隨口說一句：「不好意思」。有一種情況是「大爺式佔位」（manspreading），通常是男乘客，坐時兩腿張得開開的，佔去兩、三個座位。地鐵公司的回應是張貼了附有嚴厲罰款和拘捕規定的大爺式佔位圖卡。可是你很少看到地鐵警察執行這些規定。當佔有者突破界限，真正的懲罰往往只停留在嘲笑嘆息的層次。

最近，紐澤西州海灘出現一種新版的大爺式佔位——海灘佔位。海灘客努力擴大自己的足跡範圍，用各式各樣的海灘用具做記號，從帳篷、冷藏箱到毛巾和烤架不等。一個派對成員會先來，佔據一個好位子，把東西擺開來，然後離開。最後，一群人跑過來接收營地。這些工具小島間隔太近了，使得零散的海灘客很難坐在靠近海岸線的地方。他們能不能擠在冷藏箱和沙灘椅之間？很難說。隨著這些沙灘霸王（beach-spreader）不斷擴張佔有界限，海平面上升導致紐澤西的海灘縮小，衝突也越演越烈。當地居民原本就得支付救生員和海灘維護費用，而當沙灘霸王害他們無法戲水，他們怒了。

在新冠疫情期間，海灘佔有符號的地區性差異尤其重要。也因此白宮冠狀病毒顧問柏克斯（Deborah Birx）敦促海灘客守住自己遮陽傘周圍的沙地：「記住那是你的空間，也是你要保護的空間。」她極力主張全國實施統一的海灘間距。然而不良的所有權設計可能會在紐澤西、佛羅里達等地產生嚴重後果。

如同我們在嘉年華遊輪上看到的，業主可以藉由改變符號的含意來縮減所有權。一個方法是施加時間限制，可是這需要持續的執行。當波士頓試圖把停車椅放置時間限制在暴風雨過後兩天，南波士頓人大都無視這項新規定。椅子不會過了四十八小時就自動收起來。要讓人們將信號（停車椅）和限制（風暴過後四十八小時內）連結起來，市府勢必得安排清潔人員對椅子進行計時，然後大費周章地把椅子統統收走。

第二種方法是限制可容許的佔有符號種類。這也是新澤西州一些城市面對海灘佔位現象一直在嘗試的做法。海邊高地（Seaside Heights）自治市禁止使用大型帳篷。但檢查帳篷尺寸很花錢，於是有些城鎮採用了更容易執行的方法，例如完全禁止某些佔有符號。貝爾馬（Belmar）鎮引入了禁用所有沙灘帳篷的法規。「那場面簡直像在大都會人壽體育場開車尾派對，」該鎮鎮長多爾蒂（Matt Doherty）說：「我喜歡在大都會體育場開車尾派對，真的，但那實在不是我們希望在海灘上看到的景象。」馬納斯坎（Manasquan）鎮更進一步，連烤肉架也一併禁用。海邊高地禁用「托盤、加熱板、湯鍋炒鍋」和其他烹飪「裝置」。

不過，每次業主削弱現有的佔有符號，總會讓一些別的所有權規則的角色更加突顯，有時帶來的後果也相當驚人。

衝浪地盤之爭

持久的佔有系統往往也是人們頑抗得最厲害的。如果你在海邊度假時讀本書，你或許會看見周遭一些親子愜意地爭奪沙子。但是，看看遠處浪花翻滾的地方。在那裡，佔有權的爭奪或許就沒那麼斯文了。

在加州沿岸，衝浪手享有溫柔熟男的美名，但現實可差得遠了。有些衝浪手佔據了當地衝浪團體最愛的海灘。對當地人來說，其他人都是「troll」（外人）或「kook」（菜鳥）。在洛杉磯南部的盧納達灣海灘（Lunada Bay Beach），一群「海灣男孩」（Lunada Bay Boys）——全是中年男子，批評者口中的「養尊處優的信託基金寶寶」，已經實際獨佔了海灘幾十年。那裡的海浪又大又寬又誘人，但如果你身為外來者，進入水中你將被包圍、騷擾，甚至被攻擊。當你試圖從海灘爬上岸，衝浪手的朋友說不定會把土塊滾下懸崖。你的車可能被人用衝浪板蠟和沙子惡搞。為了調度他們的進攻行動，「海灣男孩」在海灘上方的斷崖上搭建了自己的石頭碉堡，放了一只冷藏箱，桌上刻著標語：**來者自重**。

早在一九九一年，《洛杉磯時報》就曾報導，「這一帶是出了名的玩家必爭之地。」當地衝浪手毫無愧色地捍衛自己的領地：「太多衝浪手，海浪不夠。要是我們讓每個哥兒們都來衝浪，這裡就滿坑滿谷的人了，得要盡早提防才行。這裡沒有擠爆，是因為大家保護得緊。」另一人說：「你衝一次，我們擋一次。」

喬丹・萊特試圖由他擔任洛杉磯郡警的父親保護，到盧納達灣衝浪，但被趕走了。「根本是組織犯罪或詐騙集團的運作方式！」萊特說。衝浪手柯里・史賓塞說：「我曾在洛杉磯警局中南部分局待過，但我也是鼓足了勇氣才敢到盧納達灣去。」衝第二波浪時，一個海灣男孩襲擊了他。「他在我後面七十五碼的地方，空間大得很，可是他企圖用他的衝浪板撞我……結果在我手上留下一小條割傷。」史賓塞說。據衝浪手強尼・洛克伍德的說法，馬里布的情況也很險惡。「我曾夢想來加州，不知會有多美妙。可是這裡有一種冷不防出現的恐怖主義，感覺像在跟軍閥打交道。」

外來衝浪手展開抗爭，將盧納達灣改名為阿羅哈海灘，並且藉由集體衝浪的方式互相保護。他們堅持自己也有權主張他們是制定規則的衝浪團體，能執行他們的所有權規則。結果實施了一天，就被海灣男孩重新拿回絕對控制權。據當地一名警官說：「對他們來說，這就像校園操場裡的玩具，他們不想讓你玩他們的鞦韆。」當現有的佔有者逞兇鬥狠，就很難把一堆外人和菜鳥也納入社群裡頭。

多年來，警方和地方政府透過一系列不斷升級的策略、網路監視器、訴訟、罰款和拘捕，試圖開放盧納達灣、馬里布和其他衝浪海灘。最近，一股主張公共管制以及建立一個新的、更具包容性的衝浪手社群的勢頭似乎逐漸高漲。盧納達灣新任警察局長在一年內派出四百次巡警前往海崖。一個作風明快的州監管機構，加州海岸委員會，迫使海灣男孩拆除了他們的石頭碉堡。

但顯然海灣男孩後來把它重建了。針對他們的官司仍在進行。佔有者努力維護利己的規則是合理的，但為什麼政府容忍現有的規則這麼久？這說法也不全然正確。所有權設計的關鍵問題始終是，和什麼相比？如果政府破壞了地方法規，他們必須投入資源來制定、強行實施一個和公眾相關的所有權方案，否則最後我們可能會得到一個全面開放的東西。最終結果可能是海中塞滿外人和菜鳥，大家推來擠去，沒人能自在地衝浪。佔有或許是一種猛烈、不經濟的策略，但它對於管理稀缺資源是有幫助的。

為了說明這最後一點，想想緬因州龍蝦。你可曾想過，餐館是如何年復一年穩定供應龍蝦捲的？感覺上似乎任何人都可以在海岸設置捕蝦器，但如果大家都這麼做，肯定會有過度捕撈的問題，緬因州也將成為龍蝦沙漠。然而，該州的近海水域被認為是全國管理最佳的漁場之一。為什麼？

就像加州的衝浪海灘，緬因州的許多港口都有當地的「龍蝦幫」——在該州，就是一組互有聯繫的多世代家族和同夥，他們積極保衛著他們自己劃定的、分布著帶有獨特浮標的龍蝦捕籠的海域。龍蝦幫協調一切事務：捕撈季何時開始、捕撈限制、港口設施和銷售，還有船隻在海面故障時的互助方式。當內部和幫派間的糾紛出現，他們會在當地酒吧、教堂或家中解決。他們全都一起協力排除外人。如果有外人設置捕籠，他會接到口頭警告。要是他堅持，他的捕籠和繩索可能會被破壞、割斷——算是一種匿名且相對溫和的警告訊息，就像南波士頓人在車子擋風玻璃上留言。如果新來者沒弄懂信息，這些龍蝦漁夫（幾乎全是男人）可能會升高他們的反應，甚至把船弄沉，朝對手開槍。

這些龍蝦幫在法律之外運作，但他們實施的制裁有個好處：他們長期以來確保了龍蝦的穩固供應，因為他們限制了陌生人的捕獲量。如果你是業內人士，或者消費龍蝦是你首要關心的事，會認為他們的規則非常有效。這些集團支撐了當地的漁業經濟，還確保了好幾代人的就業，因為這是父傳子的事業。難道這不值得嘉許？另一方面，外來者和新來者無法加入。然而龍蝦幫設定的捕撈限制完全是為了自身的利益，他們考慮的不是龍蝦如何跟其他海洋物種相互作用，如何影響更大的生態系統。趕走了那些能夠和有利可圖的龍蝦競爭的底棲魚類，龍蝦業者可能已創造了一種脆弱的單一水產養殖。

幾十年來，緬因州一直任由龍蝦幫自行其是，州法規也並未觸及他們對地方的控制。試圖降低他們的佔有權要求將得付出許多代價。首先要派出大量警力解散幫派，並且防止外人在公海設置捕籠。如果夠努力，緬因州或許可以把幫派佔有權降到十分之一。然後呢？

取代幫派獨佔也許是值得追求的目標——更公平（對外人來說），或許也更有成效（在大幅提升整體生態系健全的方面）。但沒人能保證對策會比問題更高明。如果監管機構成功瓦解了幫派，卻無法對捕籠數量加以管制，那麼新來者可能會一湧而至，進行濫捕。也許暴力消失，但龍蝦也沒了。

在盧納達灣也是類似的挑戰，但風險不同。海灣男孩對海灣的最佳運用有著強烈的願景：稀少的衝浪手、宏偉的乘浪體驗、美妙的拍照時機。如果加州當局成功把海浪對所有人開放，對新來者也許是較為公平的結果，但很可能也意謂著會有一堆菜鳥撞來撞去，大批衝浪手，低劣的乘浪品質。如果你想從這些極端狀況中得到不同結果，很好。問題是，什麼樣的所有權路徑能讓你達成目標？

老實閒話

資源所有者會容忍私自設定的佔有信號，只要它們符合他們的目標。一旦不符合，他們便會削弱那些信號。這些故事都有著相似的軌跡。

情勢大好時，佔有者的口頭禪是「這是咱們這兒的規矩」。接近資源的人會發展出許多能夠確實發出控制信號、解決衝突的精心裁製的提示。當地人懂得這種語言，即使沒有法律壓制，他們通常也會十分積極地尊重彼此的權利要求。壘球賽、教堂或酒吧裡的那句老實的閒話：「真沒規矩！」——結果證明是人類設計的最強大紀律力量之一，往往比法律本身更具約束力。

可是，隨著觀眾越來越多，越來越多元，老實閒話和羞辱也就失去了作用。然而，並沒有全部失去。信號或許變得更簡單了，例如在電影院椅子上放一件外套，在西南航空班機座位上放一台 iPad，汽車擋風玻璃上的一句恐嚇留言，或者把龍蝦捕籠清空。發生糾紛時，陌生人通常可以繼續使用一組縮減的佔有信號來解決問題，不太會升高為暴力或訴訟。總之，在相當多環境中，光憑著象徵性佔有，就能提供一種容易變通、低成本、由下而上的解決資源衝突的有效工具。

然而，時間久了，佔有系統往往會逐漸失去作用。我們已說明了系統崩潰的許多內部原因——像泳池服務員之類的越權中間人；像沙灘霸王之類的邊界擴張者；像海灣男孩衝浪手之類的偏激團體；還有龍蝦幫的日漸高漲的暴力。

此外，有三個外部趨勢會為佔有信號帶來壓力：越來越多的人，越來越少的資源，以及新技術。人口不斷流動、成長。身為紐約移居者，吉爾登了解南波士頓人的信號，但她不懂為何要在意。老實的閒話可能約束不了新來者——他們不會和當地人一起玩耍、禱告或喝酒。到頭來，政府可能會介入，將在地化的佔有權方言整個移除。發展中的城市對地方習俗向來不是特別尊重。

其次，經濟成長往往使得現有資源更顯珍貴。反之，嚴重匱乏又使得對佔有權規則的抗拒變得更值得一試。花十分鐘找停車位很煩人，但在繞了一小時後，你終於不顧危險，把討厭的三角錐移走。在波士頓，許多公司和服務業者加入了新住民的反停車椅聯盟。最後，公共辯論從讚揚鄰里控制轉向了促進全市經濟繁榮。市府官員開始把停車椅看成一種以排除性工具呈現的不合時宜的暴力物品，而不是像歷史悠久的後灣排屋那樣值得保留的迷人特色。

最後，所有權主張是一種法律技術形式。意思是，它可以被更好的技術取代。許多創業者一直試圖引入停車應用程式，把實體佔有貨幣化，就像排隊公司靠著排隊搶第一向人收費。有了停車應用程式，當你準備離開停車位，應用程式會把佔有權賣給附近一個找車位的人，並且給你折扣。許多城市不喜歡這類型的創新。波士頓、洛杉磯和舊金山等城市已經禁止這類應用程式。既然停車位有利可圖，這些城市也想賺錢。有些城市的對應方式是提高停車費用，減少車位競爭，同時直接獲取部分利潤。舊金山一直在試驗動態停車計費錶定價策略——這是一項技術創新，類似我們在第一章提到的高速公路動態收費。使用動態停車計費錶，價格會在尖峰時段上漲，在離峰時段下降，讓有能力付費的人隨時有車位可停車。

拍賣給出價最高者可以取代佔有權戰爭——市政府得到收入，當地企業贏得客戶，有錢的車主可以把車直接開進空車位。一旦人們花較少時間繞著街區尋找停車位，即使環境都能受惠。可以取代簡單佔有的所有權技術可以賺錢，只是當地居民和較不富裕的人輸掉了。他們該在哪停車？

再過不久，在電影院佔位子的經歷將變成歷史奇聞。洛杉磯的弧光電影院（ArcLight Cinema）長期以來一直採用全劃位售票系統；大型連鎖劇院 AMC 也正朝這方向發展。既然劃定座位的管理成本變低了，為何業主還要把開放座位的煩擾強加給顧客？電影院必須競相吸引人們遠離「約炮」（Netflix and chill），因此，隨著電影業紛紛轉而銷售超值體驗，電影院座位越來越寬大、舒適，還附上高級美食和飲料。和飛行相反，飛機本身從來就不是目的地，座位只會不斷縮小。

所有權技術逐漸進化為提供成本更低、更細緻的資源控制。事實上，新規則可以複製所有權的許多優點，但是對那些試圖獲取價值的業主來說，暴力更少，彈性更大。相較下，象徵性佔有越來越像是一種魯莽的工具，出現在業主沒留意或者沒能力施加理想所有權設計的地方。總有一天，用外套佔位子會像滿書櫃的《大英百科全書》（一七六八至二〇一二年印行）和電話簿（一八八三至二〇一九年）一樣，成為過時的技術。

佔有是所有權的一個根深蒂固而強大的基礎。它不會很快消失，但「**這是我的，因為它在我手上**」的主張很容易被誤解，對新來者和外人不公平，而且在變化快速的時代中很容易帶來衝突。

百萬棒球

二〇〇一年末，舊金山巨人隊重炮手邦茲（Barry Bonds）追求賽季全壘打紀錄的壯舉成為全國大新聞。他在該賽季的最後一顆全壘打球將價值不菲。

波波夫很想接住那顆球。他研究了邦茲過去的全壘打球路，買了一張最有可能是全壘打球落點的門票，並且戴著壘球手套坐在那兒等著。他猜對了。邦茲筆直朝著波波夫的座位區轟出他的第七十三支全壘打。球呼呼落下，正好掉進他的手套——就那麼一瞬間，一夥人立馬一擁而上，把球撞飛了出去。球一陣彈跳，直到幸運的派崔克・林（原本只是來觀賞比賽的球迷）把它從地上抓起。林帶著那顆據估計值一百萬美元的創紀錄的球離開了。

這事本該就這麼結束的。那顆球由林實體佔有了，可是球該歸他嗎？波波夫迫不及待提起訴訟，聲稱球該歸他。當球短暫落入他的手套，他便取得了所有權，他之所以失手，完全是因為人群襲擊他。在波波夫看來，林是個賊，而賊的佔有，在法律上的勝算根本是零。（事實上應該有十之一二：就我們看到的，賊只敗給真正的物主，但完勝所有人。）

林反駁說，歷代棒球迷都遵循一個簡單的佔有規則：擁有者是爭奪結束後握有球的那名球迷，而不是那些在爭奪過程中僥倖碰觸到球的人。林的最後佔有應該得到重視——比較像是捕獲狐狸的皮爾森，而不是一路追逐的波斯特。

結果發現，法律對這問題沒有答案。沒有任何現行法規或者案例可據以判定結果，不過可應用的規則倒是不少。一些我們在引言的搖椅糾紛中討論過的選項，例如擲硬幣、輪流持有、把球切成兩半或者把它毀了，在這裡也用得上，還有一些別的：

©巨人隊贏，他們是先前的擁有者。

©邦茲贏，因為他的勞動創造了價值。

©林贏，他是最後持有者。

©波波夫贏，他是被襲擊的第一個持有者。

©把球拍賣，平分所得金額。

你的決定方式多少揭露了你在各種所有權矛盾觀點上的立場——也可能只顯示你花了很多時間在棒球看台上。回到現實面：球迷通常會站在林這一邊；法官則是判定把球拍賣，並將所得平分；我們則會同情波波夫。

讓我們從上列清單的前兩個選項開始。之前的擁有者，巨人隊？是巨人隊買了那顆Rawlings棒球，而且把它帶到比賽中。（大聯盟球隊每場比賽要使用約一百顆球，每個賽季使用超過二十萬顆。）邦茲擊球的前一刻，該球隊確確實實擁有那顆球，擊球後為何不能？

足球、橄欖球和籃球隊都會要求把飛入看台的球收回，並且嚴格要求球迷遵從，但棒球隊卻沒這麼做。從一九二〇年代開始，他們便決定放棄離開球場的每一顆球的所有權。法律規定，被遺棄的財物屬於下一個持有者所有。巨人隊可以在，例如，球迷暴力失控時改變立場，收回所有權。但是他們有充分的商業理由繼續現行的所有權計策。棒球很便宜，把它們送給球迷會讓球迷開心。每個孩子都知道，當你買了一張棒球賽門票，你就有機會帶著一顆比賽球回家。

邦茲是我們的下一個潛在所有人，基於他付出的驚人勞力——也是下一章將探討的取得所有權的核心理由。邦茲（很可能）因類固醇而增強的轟擊實質上創造了球的價值。這顆球之所以引發爭議，正因為這是他擊出全壘打牆外的第七十三個球。事實上，在許多球場，球迷向來都了解，重砲手的勞動是所有權、而非佔有權的基礎。他們會把價值數千（甚至數十萬）美元的球無償交還給擊出該球的球員——頂多換來一次拍照機會或者一件簽名球衣。當洛杉磯天使隊的重砲手普荷斯（Albert Pujols）轟出他的第六百支全壘打，接住球的球迷史特菲爾把球還了回去，說：「這球不是我的，是他的。」但在我們的例子中，邦茲沒有提出要求，林和波波夫也沒有把球獻上。

球迷的看法呢？我們詢問過的嚴肅棒球迷說，這案子相當單純。在大部分球場，露天看台的規則是站在林這一邊的。搶球大戰是君子之爭，最後誰把球搶到手，球就歸誰所有。世界共通的信號是：一手把球高高舉起，笑盈盈出現在巨大的電視牆上，然後左右轉身向周圍的球迷致意。這項規則的優點是簡單且易於管理，沒必要進行價值辯論或者告上法院。球迷遵循的是第一章描述的獵狐案件的規則，而這項規則尊重實體佔有在大半人類歷史中扮演的角色，叢林法則——或許很原始，但是經過時間淬鍊的。

麥卡錫（Kevin McCarthy）法官認為他可以做得更好。對他來說，這場爭論的問題就在佔有的意義。當球短暫落入波波夫伸出的手套，它還沒被抓住，也還沒落下。法官說，就在那一刻，波波夫「被一幫暴徒襲擊，他們把球從他手中奪走」。林也是「這幫惡徒」的無辜受害者，在拿著球冒出來之前被推來擠去。在法官看來，「兩人對球提出權利要求的資格高於任何人，兩人也都享有和對方同等的尊嚴。」麥卡錫法官並沒有判定把球輪流由兩人持有（像亞瑟和蜜德里搖椅案），而是決定把它拍賣，將收益平分。

這顆球以四十五萬美元的價格賣給了漫畫家麥法蘭（Todd McFarlane）。林支付了他的勝訴分成律師（按比例收取勝訴所得），並趁著這次好運賺了一筆。然而，波波夫最終卻破產，欠了他的計時收費律師好幾十萬。這給了我們一個教訓：如果你想請律師，先仔細考慮要如何支付費用——你的律師肯定會的。而且千萬別忘了：所有權糾紛多半不值得打官司。

總的來說，我們對麥卡錫法官的平分規則持懷疑態度，但我們也不贊同球迷對最終佔有的馬虎認定。

暫且從本案的細節退開，對球賽進行全盤考慮。每年約有一千七百五十名球迷在棒球看台上受傷，其中許多人是被強勁的界外球或隨後混戰中的激烈手肘撞擊所傷。有些球迷（也許不是巧合，是那些買了最高價門票的）被安全網保護著。至於普通球迷，我們最好的保護就是附近能有個接球技巧絕佳的機靈球迷。

球迷的解決方案——最後佔有者取得所有權，對於鼓勵揮舞手套的人保護我們的安全這件事也起不了什麼作用。既然法律支持暴民統治，讓林得勝，那幹嘛還要帶手套去球場？麥卡錫法官的判決也好不到哪裡。戴手套去接球成了一場不確定訴訟樂透的彩券。

在我們看來，法律對棒球所有權的界定應該要能處理球迷的普遍經驗，而不是可以靠拍賣棒球解決的千年一遇的案件。因此，讓我們先確定我們希望球迷們怎麼做，然後用所有權遙控器驅使他們到那裡去。

試想一下這規則：「如果你用手套接住了球，然後被一群暴民攔截，球歸你所有。」

它向未來的波波夫們——以熱切的防守意外地保護了眾人安全的超級球迷發出了正面信息。它在對他們說，**帶你的手套來，保持機靈。如果你保護了我們這些人，法律就會保護你。暴民不會贏的**。它也對暴民說，**退開**（拿運動規則來類比的話，不妨把它想成足球的干擾接球）。要說服球迷不觸犯這條干擾規則或許很難，可是像邦茲全壘打球這樣的知名案例之所以重要，正是因為它們太罕見，可以觸及廣大觀眾。在我們看來，波波夫應該完勝。

你可能會發現，我們的解決方案對現實中的波波夫或林沒有絲毫關注。這是刻意的。基本上我們把他們的所有權糾紛視為改善未來棒球迷安全的一次機會。在這情況下，我們會問，什麼樣的佔有規則能對往後的安全產生最佳影響？這是一種「事前主義」（ex ante）——在「事件發生前」預測未來的所有權設計方法。這種推理依靠的是對未來的事進行隨意、僅憑經驗（即往往是沒有根據的）的預測。它也運用了一種道德框架，關注規則對個別球迷和社會整體造成的後果。我們的規則會不會讓球迷更安全？我們不知道。但未來球迷的安全是我們對此事的目標，也許是因為，比起接住飛球，我們更容易被它擊中。

相較下，請注意麥卡錫法官相當不同的訴求。他主要是想在這兩個特殊的申訴人之間力求公正。雖然他理解司法裁決會影響人們的行為，但他更著重於「事後主義」（ex post）的調查（在「事件發生後」回顧）。法官會問自己一些細微的問題，像是「誰表現得好？」「誰表現不好？」總的來說，我能為法庭上這兩人琢磨出來的最公平結果是什麼？

每一種所有權選擇都可以歸結到這兩種戰略中的一種。根據一位法律評論員的說法，「如果要我為一個法律系新生選擇一種必修的理論工具，那就是事前／事後（ex ante\ex post）主義的區別。」同意，但我們要延伸他的觀點：人人都應該有機會運用這個最強大的所有權工具。

邦茲事件的重點在於，佔有權並不是一種等著法官揭露的事實，也不是法律強推的東西。相反地，佔有權的重要性反映了一種選擇，一種你在各種相互矛盾的所有權事件中，隨著自己的活潑價值觀的不同，所作出的更好或更壞的選擇。

Chapter 3

你播種，我收割

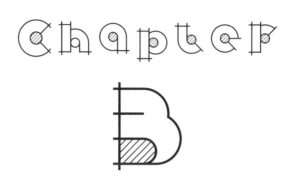

我有一個夢，請先付費

你對馬丁・路德・金恩博士最深刻的印象是什麼？對許多人來說，是他的「我有一個夢」演講。站在面對著二十五萬人的林肯紀念堂台階上，金宣告：「我有一個夢，有一天我的四個孩子將生活在一個不是以他們的膚色、而是以他們的品格來評價他們的國度。」那場演講至今依然是美國史上最著名的演說之一。

一九六三年八月金恩發表演說後不久，幾家公司開始銷售「我有一個夢」的印刷本。一個月後，金的法律顧問瓊斯（Clarence Jones）為這場演講註冊了版權，並要求禁止未經許可、付費的複製行為。當金恩在一九六八年遇刺，他並不富有，但他的財產包括了他的所有版權收益。

金恩的遺產成為一個品牌。他所有的文字、影片、信件和工藝品都成為一家名為金恩公司（King Inc.）的營利性公司的物產。如果你仔細聽杜威內（Ava DuVernay）描述金恩在一九六五年民權遊行中所扮演角色的鼓舞人心的電影《逐夢大道》（*Selma*），你或許會注意到，那些演講聽起來像出自金恩，但並未使用他的真實用語。杜威內說，「我們根本從未要求」那些演說的使用許可。金恩公司已將版權賣給導演史蒂芬・史匹柏了。

如果不付費給金恩公司，就不能引用金恩的大部分談話。當哥倫比亞廣播公司（CBS）在一部紀錄片中包含了他們自己錄製的金恩演說片段，金恩公司提出了告訴。

在金恩紀念碑預計於華盛頓特區的國家廣場興建之前，金恩肖像和文字的使用授權讓金恩公司賺進了八十萬美元。接著，紀念碑完工後，金恩公司禁止籌集興建資金的基金會繼續使用金恩的名字。該基金會變成了「紀念基金會」。金恩公司甚至要求律師瓊斯為他在關於民權運動的書中使用「我有一個夢」演說內容——當初還是他幫忙擬的講稿，付出兩萬美元。

金恩公司已經授權把該演說用於銷售手機、電腦和汽車。二〇一八年，道奇汽車推出一則超級盃電台廣告，當中擷取了金恩的另一段原本是在譴責汽車廣告主的演說內容——「你知道，那些舌粲蓮花的紳士，」他們教導大眾「為了讓你的鄰人羨慕，你必須駕駛這款車子。」金恩公司讓道奇公司把這些不適用的感言從廣告旁白中剪掉。

金恩公司長期以來一直由金恩的小兒子德克斯特（Dexter）控制。他和金恩的其他子女、民權運動領袖和幾乎所有人都有過激烈糾紛和反覆的訴訟。律師瓊斯說：「真讓人難過……他們或許是為了金恩遺產的處置問題而爭鬥，但其實主要還是為了錢、錢、錢。」正如《新聞週刊》的一篇報導對這些紛爭的描述，「家族的友人們努力勸說德克斯特，獲利和牟取暴利之間是有差異的」。金恩對於如何榮耀他的遺產可能會有不同的願景。

讓我們回到一個更基本的問題。當初金恩公司為何會擁有金恩的演講版權？一方面，這些演講是金恩為追求一個族群平等的美國而努力的成果，他應該可以像其他作家和藝術家一樣「一分耕耘，一分收穫」。另一方面，金恩逝世已超過五十年，為何金恩公司還能禁止他的話語出現在紀錄片中，卻又把它賣給車商去打廣告？更廣泛地說，智慧勞力（intellectual labor）所有權該歸誰？

或許很令人意外，美國法律的基準規則是零所有權。法律鼓勵複製，因為人不一定需要所有權才能進行創作。金恩寫這篇標竿性的演講，不是因為他期望獲得金錢利益。他的目標是在美國實現民權的轉型。至於版權，真的就只是律師的事後想法。

然而，多數創作者可不像金恩。他們希望自己的創造性勞動能獲得報酬。既然競爭對手可以任意複製突破性藥物，忽略偽藥，製藥公司為何要投資數十億美元，雇用數千人？這種觀點認為，為了鼓勵生產性創新，我們必須用所有權來獎勵勞動。也許應該任由金恩公司隨心所欲地把金恩的遺產貨幣化——同樣的方式為我們帶來了救命藥物、酷炫科技和熱門文化。

然而，用所有權獎勵勞動並不是一種單一的開關切換選擇。金恩在一九六八年去世，然而金恩公司至今都還掌控著他的遺產的使用權。我們必須決定該獎勵誰、給予什麼樣的所有權以及獎勵期限。我們也必須選擇誰該作出這些決定。是國會或州政府，立法機關或法院？這些問題看似狹隘，但它們的答案決定了人們福祉的每個面向——聽的演講、穿的服裝、享有的娛樂活動，以及賴以維繫生命的藥物。

額上的汗水

勞動者的權利要求「**這是我的，因為我努力爭取**」是所有權的第三個基本理由。簡單明瞭，辛勤工作了一天，我覺得我有權利享受勞動的成果。這種理應得到回報的感覺支撐著我們其他的所有權的直覺。如果我擠到隊伍前面，我就該比你先得到服務。如果我把車從雪堆剷出來，我的停車椅就該佔住這位子。

這種勞動和獎賞之間的緊密連結由來已久。關於一**分耕耘**、一**分收穫**的各種情節在《聖經》中隨處可見。對古代以色列的農業民族來說，這個想法確實有它的道理：多數人都是依靠耕種和收穫維生的。三百多年前，偉大的英國哲學家洛克在著作中將這種連結作為他的所有權理論的核心。他以一種對於自我所有權（self-ownership）的信奉作為起點，也就是「每個男人的**自身**都是他的**財產**」[1]。從這個（涉及性別的）標準開始，洛克繼續說，「我們可以說，他的身體的**勞動**，他的雙手的**勞作**，都是他的財產。」一旦加入我們的勞動力，世上各種無主資源的所有權就隨之而來（帶有重要的警告和附帶條件）。

1 本書註解全為譯註，「Every man has a property in his own person」，出自約翰・洛克（John Locke）一六八九年著《政府論》（*Two Treatises of Civil Government*）下篇。

在洛克看來，美國是無主資源的典型例子，等著透過勞動力轉化為私有財產。他寫道，「一開始，全世界都在瘋美國。」可是當歐洲殖民者初抵美國，美國並不是一個空蕩無人的大陸。數百萬美洲原住民居住在那裡，在土地上勞動。那麼，他們為何不能擁有美國，畢竟他們一直在那裡勞動？

美國建國後不久，法院必須決定誰的勞動重要，哪種型態的勞動有價值。正如我們在第一章提到的，在一八二三年約翰遜訴密托施案中，最高法院斷定，「居住在這國家的印第安部落是兇猛的野蠻人……讓他們擁有自己的土地，就是讓這地方陷入蠻荒。」法院表達的不只是對美洲原住民的偏見——當然這是主要部分。它的含義更為深遠。

法院認為，在美國，所有權是建立在一種生產勞動的特定願景上的。一些美洲原住民的狩獵、採集方式；季節性地追捕野生獵物、魚群和成熟漿果——根本不算數。原住民耕作土地（從事的人很多）的方式也一樣。在法院看來，要取得所有權，需要以特定方式來改善荒野，像是伐木、清理田地和搭建石牆。換句話說，只有讓新英格蘭看起來像殖民者家鄉的舊英格蘭，勞動才能帶來所有權。如果這種推理感覺上很不牢靠，那麼，沒錯，的確是。但它足以讓法院正當化對美洲原住民財產的剝奪。

勞動力——就像**先到先贏**和**佔有**，並不是自我界定的。沒有不偏不倚的方式可以決定誰的勞動有價值。這些都不是憑經驗得來的事實，而是有爭議的結論——殖民者和法院用來粗率地包裝他們關於誰該掌控稀缺資源的選擇的簡略標籤。

這點代表了外行人和法律界對財產的觀點的最大隔閡，對法學院新生來說也是艱難的一課：所有權是一種社會工程選擇，是我們得出的結論，而不是我們發現的事實。首先，我們決定我們希望所有權達成的目標。接著，我們決定哪一種方法最有可能達成該目標。最後，我們將法律術語「所有者」附加到那些隱藏價值判斷以及隨意的經驗主義猜測的總和之上。所有權是分析的終點，而非起點。

最高法院在約翰遜案中的判決選擇了一種反映並強化歐洲農民和商人世界觀的所有權定義。在今天看來這個選擇或許殘酷又武斷，但它是一個連孩子都能理解的選擇——意思是，一個在當時的英美價值觀下長大的孩子。

我們從一個獨特的孩子蘿拉・英格斯・懷德（Laura Ingalls Wilder）那裡得到了印證。她在經典的《小木屋》系列中寫下了自己的故事。蘿拉的第三本書《大草原之家》（*Little House on the Prairie*）的故事背景是她的家人在一八六九年從美洲原住民手中奪取的土地。在那年夏秋之際，一大群白人墾荒者移往當時被稱為「奧塞奇族縮減保留區」（Osage Diminished Reserve）的地方。蘿拉的父親，Pa，書中最同情奧塞奇族的角色，對移居者的土地所有權是這麼說的，「當白人墾荒者來到一個地方，印第安人就得遷走……所以我們才來的，蘿拉。白人將在這整個地區定居下來，而且我們會得到最好的土地，因為我們最先到來，可以挑選。現在妳懂了嗎？」

英格斯一家在堪薩斯州努力的時間不夠長，無法實現他們的主張。土地貧瘠，冬天嚴酷，美洲原住民也有足夠的力量抵抗。於是英格斯一家繼續挺進。在南北達科他州，他們發現了較肥沃而且防禦較不嚴密的原住民土地。經過多年的苦幹，植樹，看著它們失敗，然後又試，英格斯一家的辛勞終於得到了回報。他們根據《公地放領法案》（*Homestead Act*）聲請土地所有權；該法案是一系列將移居者勞動轉化為「固有」（original）所有權的法律之一。確立了自己的主權之後，Pa騎著馬到處晃，邊唱著一首刻劃移居者所有權精神的歌謠：

噢，到這國家來
且勿驚慌
因為山姆大叔夠富饒
可以給每人一座農場！

十九世紀期間，美國的國土面積翻了不只一倍。聯邦政府急於保護這些增加的公共土地，來對抗歐洲人和原住民的佔有。任務是必須能用快速、顯著而低成本的方式，在密西西比河以西的區域進行屯墾。為了實現這目標，政府決定獎勵像Pa這樣的勞動者。如果他到西部去開墾，便能成為地主。最早的《公地放領法案》正式納入這項交易，將一百六十英畝的公有土地授與任何成年公民，只要他住在上頭，並且（這點至關重要）

透過清理田地、建造住屋而且耕作五年以上來進行土地改良。約有兩億七千萬英畝土地——相當於美國陸塊的一成，經由移民屯墾從公有地轉成了私人土地。

一八七二年的《公眾採礦法》（*General Mining Act*）也以類似的方式運作。它允許公民和企業在公有土地上劃地自擁。採礦者必須尋找有價值的礦產，證明其發現，每年投入價值一百美元以上的勞動力或改善措施。只要他們達成這些基本要求（加上另外幾項），並支付每英畝二點五到五美元的費用，他們就能擁有土地底下的礦產，有時還包括地表的土地。自一八七二年以來，採礦費一直不曾更動過。礦業公司仍然每年從公有土地賺取二十到三十億美元，卻幾乎不必為這樣的特權支付任何費用。此外，採礦權造成許多小塊私人產業「公有地內的私有土地」（inholding）遍布在西部公有土地上，如今已阻礙到人們前往偏遠的休閒步道和一些未受破壞的野地。

許多類似的法律也讓公共用水轉成了私人使用，在乾旱的西部地區，其價值往往超過土地或礦產。將河流改道，顯著地將水流用於有益的用途，它就是你的了。毫不誇張地說，今天美國西部的形貌可說直接來自一百多年前政府針對誰的勞動力以及哪些勞動力有資格取得土地、礦產和水的所有權這件事所作出的選擇。

要確立所有權，光是取得還不夠。捷足先登還不夠。佔有還不夠。移居者必須透過特定形式的勞動來改造土地。這時他們才會成為合法所有者。在整段歷史中，法律強化了這種耕耘和收穫之間的緊密關聯，起碼對一些從事某些活動的人是如此。

但每一代人都會重新認定所有權。如今，聯邦土地上不再有屯墾活動。該法律已於一九七六年廢除（阿拉斯加一直延續到一九八六年）。蘿拉的世界已一去不返。那麼當今勞動的意義何在？

非凡日托中心

就拿佛羅里達州哈倫代爾海灘市（Hallandale Beach）的非凡日托中心（Very Important Babies Daycare）為例。長久以來那裡的孩童很喜歡在一幅畫著五呎高米奇米妮、唐老鴨和高飛狗圖像的壁飾下方玩耍。那是一間快活的托兒所。

但是當迪士尼公司的律師群得知那裡有未經授權的米老鼠，他們可不快活。他們派出調查人員前往記錄那些違法的壁畫，然後揚言要控告日托中心。在這同時，迪士尼也向好教母和彌賽亞聖殿（該市另外兩家藏有海盜版米奇壁畫的日托中心）發出威脅信函。

孩子們很不高興。「如果他們把它們從牆上拿下來，我會很難過的。」五歲的克里斯多福說。「真是太不公平了。」七歲的阿曼達說。托兒所主任史高蒂用成年人的話表達了這一點：「我認為這簡直荒唐。」然而，她還是花時間和迪士尼的律師們談判，尋求和解。

哈倫代爾市府也加入了戰火，通過一項支持日托中心的決議。市長史坦（Gil Stein）

說：「很遺憾，也是哈倫代爾市孩童的損失，迪士尼公司作為數一數二的知名企業，藉由自己的才華和對美國兒童一分一角錢的灌注，長成了今天的龐然大物，卻無法展現多一點慈善，多一點寬容。」然而，作為「地表最幸福所在」業主的迪士尼公司是毫不留情的。一位發言人宣布：「這是我們的最終答覆。我們對該市沒什麼可說的了。」

該公司的好鬥性格可以追溯到華特・迪士尼本人。一九二三年，迪士尼創造了他的第一個熱門卡通角色，奧斯華兔（Oswald the Lucky Rabbit），但後來奧斯華兔的控制權被他的電影發行商拿走。迪士尼破產了，不得不捲土重來。他的新角色，莫提默鼠（Mortimer Mouse），於一九二八年推出。這個旋即改名為米奇的角色成為其卡通王國的基礎。迪士尼可不會再吃虧了，從此迪士尼公司一直積極防範著它的米老鼠遭到侵權使用。

幸運的是，非凡日托中心的困境獲得全國媒體的報導。一家主題公園競爭對手，佛羅里達環球影城（Universal Studios Florida）出手救援。在攝影鏡頭前，影城員工在哈倫代爾市幾家日托中心的壁畫上重新漆上他們自己的摩登原始人、史酷比・和瑜伽熊——全部免費。歡呼！撒花！

一些其他的無辜米奇使用者就沒這麼好過了。迪士尼緊追不捨。它的內部法律部門，人稱「迪士惱」（Disnoids）的律師團，每年要提起數百起訴訟，揚言要告的更多。正如一篇文章說的，「兔子愛繁殖，老鼠愛官司。」怎麼會在迪士尼死了五十多年、距離他創造米奇將近一世紀之後，「迪士惱」還可以到處威脅孩子們的快樂？

答案來自一個所有權設計的基本區別。所有權獎勵兩種勞動：體力勞動和智慧勞動；照料蘋果園是靠體力的，發明蘋果派食譜是靠腦力的。

對體力勞動的所有權授予是久經考驗的，也是「一分耕耘，一分收穫」背後的直覺源頭。對生產者來說，所有權促使他們種植更多蘋果，因為種東西有錢賺。消費者也會受益。所有權提供了一種決定誰能得到蘋果的速簡方式：只要付出市價，任何人都吃得到。這裡多吃一顆，那裡就少了一顆。

但這種交易方式並不適用於智慧勞力的消費者。如果我用了你的食譜，你還是可以用它，另外一百個蘋果派迷也都可以用。所有的智慧財產權法都在和這個見解搏鬥：在智慧勞力上，一人播種，萬人皆可收割。

你播種、我收割

湯瑪斯・傑佛遜總統在一八一三年的一封屢被引用的信中，以蠟燭為例解釋了這一點：「從我這裡接收了一個構想的人，他本身會得到教導，卻不會減損我的；就像借用我的蠟燭點燃他的蠟燭的人，接收了光，卻不會令我變得黯淡。」換句話說，我們不需要所有權、價格或市場來決定誰該使用那個食譜。每個人都能使用它，而不會對任何未來的使用者造成損害。在同一封信中，傑佛遜——也是美國第一位專利審查員和第一部專利法的作者，對授予專利品「可能對社會造成更多難處而不是好處的獨佔權」表示懷疑。從消費者福祉的角度來看，人不該擁有智慧勞力所有權。

智慧勞力的既定保護基準之所以一直是零，正是為了顧及消費者。除非有立法特例作出不同規範，自由複製是一般規則。迪士尼創造米奇後，如果我們都能不顧迪士尼公司的反對，自由使用米老鼠，社會應該會變得更美好。金恩發表演講後，如果我們都能免費聆聽——就算這會讓金恩公司關門，我們應該都能受益。一旦某種救命的藥物出現，而且可以用例如一分錢一片的售價複製——有什麼理由要讓任何人因為無法取得而死亡？

對智慧勞力產品的零保護似乎是對消費者最有利的規則。但問題是：我們必須把生產者也考慮進去。如果迪士尼和輝瑞知道自己什麼都得不到，也許我們最終也沒有米奇，沒有救命藥物。如果勞動無法獲得金錢回報，何必麻煩？而這確實會是一種損失——對消費者亦然。

因此我們面臨了一種取捨。這是一個推動著智慧財產權法的百億美元難題：我們該給予創作者多少最低限度的報酬，好讓他們能為消費者帶來相當益處？還有。該由誰來決定？

當制憲者在一七八〇年代創建美國政府，他們已認識到這項挑戰。他們的解決辦法是將其中一部分決策從州議會手中拿走──這裡不講州自治權。憲法指示國會制定一項處理版權（創造性表現）和專利（有益發明）的國家計畫──自由複製規則的主要立法特例。憲法進一步規定，所有權只能在「促進科學及實用藝術之進步」的範圍內授予。最後，這些權利只能在「有限時間」內生效──確保一般民眾能因此受益。

「版權的主要目的不是獎勵作者的勞動，」最高法院表示，「版權保護的準則是原創，而非『汗水』。」在美國，創作者獲得的權利有限，而且僅限於他們貢獻的「進步」。根據一七九〇年的《版權法》（美國最早制定的法律之一）作者被授予最多二十八年的獨佔控制權（最初是十四年，可選擇延展十四年）。期間屆滿後，大眾便可免費享用整個創作。

專利的運作方式大致相同：發明人在有限時間內獲得專利所有權，目前是二十年。作為交換，發明者必須立即披露發明的過程，因而豐富我們的知識庫。專利期結束後，發明本身便成為公共財，任何人都可免費使用。幾世紀以來，這一直是國會和作家、發明者的基本協定。

但創作者往往要求更多。每當米奇版權即將到期，迪士尼公司總會向國會砸入大量資金和說客。該公司不把重點放在它的市場地位，而是講述公司創建人的奮鬥故事、奧斯華兔、米奇以及對創意的正當獎勵。迪士尼真的很愛米奇，還親自為卡通片中的米老鼠配音長達十年。如果讓其他人利用米奇來達到不良目的，豈不是太不尊重他的創造性勞動？當電影預告片中出現頹廢吸毒的木偶，驚嚇的《芝麻街》製片人肯定已意識到了這點。

而迪士尼公司也不是唯一採取遊說策略的公司。詞曲創作者歐文・柏林、喬治和艾拉・蓋希文兄弟、理察・羅傑斯和奧斯卡・漢默斯坦以及《我的情歌簿》（*Great American Songbook*）精選系列的其他歌壇偶像，也都加入了延展版權的行動。遊說努力得到了回報。根據迪士尼創造米奇時實施的法規，米奇應該要在一九八四年成為公共財。隨著期限逼近，國會延長了所有版權條款，將米奇的所有權推至二〇〇三年（布魯托到二〇〇五，高飛狗到二〇〇七，唐老鴨到二〇〇九）。一九九八年，當米奇再度接近版權期限，迪士尼公司和盟友重新動員，說服國會通過了後來被戲稱為「米老鼠保護法」的法案。根據這項最新法案，迪士尼公司可以威嚇並控告像非凡日托中心這樣的米老鼠迷，直到二〇二三年。

原本從一七九〇年開始以二十八年為期限的東西，如今延長到了將近一世紀。

迪士尼公司總共已花費數百萬美元為米奇進行遊說，包括直接提供選舉捐贈給支持一九九八年法案的二十五名國會議員當中的十九位。對迪士尼和它的盟友來說，這筆支出非常划算。根據《富比士》（*Forbes*）雜誌報導，光是二〇〇四年米奇就創造了五十八億美元收益，這也讓它成為全世界「最富有的虛構億萬富翁」，賺的錢超過任何在世或已逝真實名人。

這對迪士尼公司的股東們（以及對柏林和漢默斯坦等音樂人的資產）是件好事，可是這二十年的延期對大眾有什麼好處？沒有。一九二八年的五十六年版權期限已足以激勵迪士尼創作米奇。他於一九六六年去世前一直在收割自己所播種的。把他的舊版權延展到未來並不會激發他創作更多角色，或者激發喬治和艾拉・蓋希文創作更多歌曲。而且也不會驅使今天的年輕動畫師更加賣力工作——版權期限的延展要到他們死後幾十年才開始生效。「米老鼠保護法」怎麼也不可能產生任何公共利益，連一個卡通角色或一首歌都產生不了。純粹只是企業福利。

該法案提供了一個鮮明案例，說明迪士尼公司和相關版權主是如何利用勞動報償的說法來操縱所有權規則，以符合自己的利益，同時耗損公共財，損害我們這些人。蒙受損失的不只是非凡日托中心的孩子阿曼達和克里斯多福。當智慧勞力的所有權期限一次又一次延展，文化便被挾持了。數千件一九二三年的作品原本該在一九九九年成為公共財，但隨後又被封藏了二十多年。終於，從二〇一九年開始，我們得以自由閱讀吳爾芙的《雅各的房間》（*Jacob's Room*）和佛洛斯特詩作《雪晚林邊歇馬》（*Stopping by Woods on a Snowy Evening*）。二〇二〇年我們有了喬治・蓋希文的《藍色狂想曲》（*Rhapsody in Blue*）和湯瑪斯・曼的《魔山》（*The Magic Mountain*）；二〇二一年開放了費茲傑羅的《大亨小傳》（*The Great Gatsby*）和卓別林的電影《淘金記》（*The Gold Rush*）。正如一位觀察者說的，「二十世紀的大部分文化仍受到版權保護——擁有版權但無法取得。」換句話說，其中一大部分是失落的文化。沒人翻印這些書、放映這些電影或播放這些歌曲。

當智慧勞力的所有權延展，消費者會因延遲而蒙受損失，且情況往往出人意料。版權主過世後，他們的所有權通常由多位繼承人均分，有的甚至不知道自己是繼承人。接著，所有權再次均分給繼承人的繼承人，造成我們將在第六章探討的家庭所有權困境。對版權而言，未知權利持有人的激增導致了所謂的「孤兒作品」，仍然有人持有，卻絕版了。沒人敢複製這些文藝作品，這類作品約佔所有可能仍有版權作品的七成——怕有遠房繼承人跳出來提告。

矛盾的是，孤兒作品的問題意謂著，當今我們能買到的二十世紀中期的書比十九世紀末的還要少。為什麼？Google 和圖書館合作，掃描並線上發布了一九二〇年代以前的一億多件版權作品，並免費開放給所有人。Google 也嘗試了較晚的版權作品，並於最終與出版商和作家協會（Authors Guild）達成全面協議。這項協定將允許 Google 提供孤兒作品進行付費下載，並且保留六成三的收入供版權持有人聲索。但後來司法部反壟斷執法人員介入，擔心 Google 會壟斷潛在的孤兒作品市場，一名法官中止了此一努力。結果是：米奇和他的夥伴們仍然阻擋著大眾自由進入一九二〇、三〇、四〇年代的美國文化的繁盛成果——要不是「米老鼠保護法」，那些作品早該成為公共財了。

延長米奇的著作權期限不只壓縮了公共財，阻礙了孤兒作品，同時也傷害了那些本應受到創作版權保護的作者。尤其對短篇小說作家來說，成名往往得靠擺脫著作權。這當中存在的差異可能是被收入選集並被英語101引用，或者被遺忘。透過將作品禁錮一世紀，版權期限的延展幾乎抹去了許多作者的死後聲譽。一位研究者作了總結：過長的版權期限會「讓書消失」，而期限的終止則「讓書活過來」。

科羅拉多州共和黨人布朗（Hank Brown）——唯一投票反對米奇保護法的參議員，對漫長版權期限的危險有貼切的描述，「唯一受到鼓舞的是那些購買版權的企業主，讓他們向國會遊說，再爭取二十年收益。我認為這真是道德敗壞，竟然沒人為公共利益發言。」布朗參議員說得沒錯。由於憲法明定由國會掌管版權法，因此說客只需要左右一小群政客。誰也阻擋不了他們，包括最高法院，因為最高法院遵從了國會的主張，也就是最新延展的版權期限仍然是有限度的，足以滿足憲法的最低要求。

所有權設計終究是人設計出來的。

已故名人滿街跑

州議會議員和法官也可以自由創造版權和專利以外的智慧產權，而且做起來毫不手軟。

一九五〇年代初，Bowman 口香糖公司和一些棒球選手簽訂獨家協定，將他們的頭像印在收藏卡上。但是Topps泡泡糖公司印製了同樣的球員卡。Topps公司辯稱，棒球選手並不擁有自己的肖像，因此無法控制它們的使用。在隨後的訴訟中，法院說明了一項紐約法令，來創造新的東西：形象權（right of publicity）。這種新穎的所有權形式賦予名人專屬權，讓他們可以控制並從他們的外表形象（persona）——名字、肖像甚至聲音的商業價值中獲利。根據這項新的權利，Bowman公司打贏了對Topps的訴訟，但Topps最終還是獲勝了，因為它收購了Bowman公司。合併後的公司利用他們對球員肖像的所有權，在接下來三十年當中壟斷棒球收藏卡。

到了一九七〇年，形象權已擴及七個州，這時它已被半數以上的人口認識。特別是運動形象權，已經從收藏卡發展到電玩，再到職業選手的夢幻運動聯盟。就連全美大學運動聯盟（NCAA）也在數十年的反對之後，允許大學球員授權自己的名字和肖像來賺錢（原因我們將在第五章中探討）。

在承認形象權的幾個州當中，關於它能否在死亡後存在，以及存在多久等規定，有著極大歧異。在田納西州，形象權可在死後持續十年；在維吉尼亞州，二十年；加州，七十年；印第安那州，一百年。紐約州在所有權人死後就把它終止。因此，當身為紐約居民的瑪麗蓮・夢露去世，她的繼承人無法從中獲利。

為何歧異這麼大？加州有很多已故知名人士，他們的繼承人成功推動州政府採行較長的所有權期限，這並不奇怪。倒是紐約讓人有點困惑，有很多已故名人，但沒有權利。

印第安那州呢？為何死後所有權會持續一世紀之久？向錢看。

出身印第安那州的名人寥寥無幾，但柯蒂斯全球授權代理商（CMG Worldwide）的總部設在那裡。該公司代理許多已故名人的商業使用授權許可，包括演員詹姆斯・狄恩和英格麗・褒曼、小說家傑克・凱魯亞克、作曲家艾靈頓公爵、傳奇女飛行員艾爾哈特，甚至黑人民權領袖馬科姆X。迪士尼公司向國會遊說的同時，CMG公司向印第安那州立法機構請求補貼——誰拒絕得了他們？

如今已故名人每年為他們的形象所有權人賺進數十億美元。《富比士》雜誌每年都會公布一份已故名人收入排行名單：麥可・傑克遜吸金六千萬美元；貓王四千萬；就連瑪麗蓮・夢露都帶來一千萬以上收益——CMG和另幾家公司經手她的許多圖文使用授權。

金恩去世時居住的喬治亞州有什麼規定？該州立法機構從未制定形象權，不管是死後還是別的。但金恩公司還是提起了訴訟。它想迫使那些金恩胸像模型的廠商付費。一九八二年，喬治亞州最高法院對金恩公司作出裁決，透過司法審理為喬治亞州已故名人——當然也包括金恩，建立了死後形象權。

形象權的出現揭示了所有權運作的一個重要特徵：在生活的每個領域，都有一個包含少數幾種所有權預設形式的選單——古羅馬人稱為numerus clausus（「封閉數量」）的限制。這種封閉數量是每個法律體系的特點。就智慧勞力而言，歷史上國會掌管了兩個可用形式：版權和專利權。早期，各州發展了第三個領域：商標法。從十九世紀末開始，國會陸續制定聯邦法規，取消了各州的商標法。形象權是我們有限的所有權選單上的最新條目之一。

為何允許這個新項目出現在所有權選單上？所有權和所有技術一樣，是隨著新的資源稀缺性、市場機會和不斷變動的價值觀而演變的。每一種所有權形式都反映出一堆關於自由、社群、效率和正義的微妙價值選擇。婚姻、共有、合作商店、合夥、信託、公司等等……這些所有權形式是社會生活的基石。它們就像語言中的文字，讓我們能夠迅速傳達複雜的信息，有時是對少數人，有時是對全世界，而這正是關鍵所在：為了相互溝通，我們需要多少了解一點每種所有權形式所傳達的東西。

問題是，有時候人有很好的理由去創造新的所有權形式，就像語言中的新用語。它們並不是自己發明的。立法機構、法院、企業甚至個人都會試圖創造它們，但也都有缺失。立法者很容易受到一些運用選舉捐贈的說客的影響，就像米奇的期限延展。法官也會被蒙蔽：多數情況下，他們只是聽取律師對已發生的個人爭議進行辯論，缺乏可以制定全面性所有權形式的工具。（這裡又出現了事前／事後主義的區別。）企業和個人總是以促進自己的私人利益為目標。最終結果就是，在美國，新的所有權形式的創造偏頗地取決於誰採取主動。

法律系學生想辯論法律應該是什麼，但有經驗的律師知道，真正的問題往往是：由誰決定？

在金恩胸像模型的案例中，喬治亞州最高法院不願為它所建立的死後形象權設定一個終止日期，也沒有像對版權法那樣，制定「公平使用」特例，允許在未經所有權人許可或對之付費的情況下，進行教育性使用、評論或模仿改編。法院建立了一種有缺陷、過度擴張的所有權形式，帶來全國性的後果。儘管金恩已過世五十多年，金恩公司還是不斷對那些使用金恩肖像的人提告。

為了改變州法官的規則，並設定終止日期——好讓人們自由分享金恩的遺產，喬治亞州議會必須接管法院的所有權設計，否則國會將不得不接管各州的。一些立法機構勢必要解決喬治亞州最高法院迴避的道德和經濟上的取捨難題。可是，誰來為這件事進行遊說？

別只盯著戰利品

對智慧勞力的過度獎勵還有另一個更大的隱憂。太多現成的所有權可能會讓人創造不出更有價值的新東西。怎麼會呢？

私人所有權通常會創造財富，但過多的所有權卻有反效果，它會造成一種本書共同作者海勒稱為「所有權僵局」（ownership gridlock）的現象。所有權僵局是他幾年前發現的一個悖論。當太多人擁有一樣東西的一小部分，合作就會崩壞，財富就會消失，每個人都會蒙受損失。

回想一下本章開頭提到的，金恩和他的遺產。我們當中很少有人在塞爾瑪大道和他一起遊行或參加他的演講，大部分都是透過他的作品、訪談和影片了解他的。對數百萬美國人來說，金恩在一九八七年的公共電視艾美獎紀錄片《美國民權之路》（*Eyes on the Prize*）中活了過來。為了拍攝這部紀錄片，製片群採訪了數百名認識金恩的人，使用了八十二個檔案裡的錄影片段、兩百七十五張靜態照片和一百二十首歌曲。每一樣材料都必須分別從它的版權所有人那裡取得授權許可，而其中有很多在一九八七年該片首映之後就到期了。因此，這部電影在儲藏室蹲了二十年。

為什麼？所有權僵局。為了重新上映這部片子，製片群必須簽訂數百份授權合約，這一過程被稱為交易中的「權利清算」（rights clearance）。權利清算既花錢又耗時間，就像在一條塞滿了獨立收費站的高速公路上開車，每個收費站都收取自訂的費用。只要眾多收費站經營者當中有一個全盤否決整個方案，就會出現僵局。

如果可以輕易建立所有權收費站，那麼，當有人想把這些權利組合成某種有益的東西——例如一部紀錄片，我們就得相對地付出代價。直到二〇〇六年，該片製作群才把該片所有材料的權利清算完成（或者加以替換），也終於讓《美國民權之路》重新上映，而現在你可以免費上網觀看了。

索羅維基（James Surowiecki）在《紐約客》（*The New Yorker*）一書中的控訴是有

道理的，「文化的開闊原野被越來越多的蛇腹鐵絲網圈了起來。」《美》片只是一個例子。另一方面，僵局徹底改變了嘻哈音樂的聲音。以「全民公敵組合」（Public Enemy）一九八八年經典專輯《雖千萬人吾往矣》（*It Takes a Nation of Millions to Hold Us Back*）為例。這張專輯從數百首他人作品節錄了許多小樣本，組合成一種拼貼樂聲，改變了嘻哈音樂的面貌。以這片聲音之牆為背景，查克・D說唱著：

被逮到了，在法庭上，因我偷了個拍子
這是一項採樣運動。
……
我發現一種寶礦，我叫它節拍，
我付了零元。

這首全民公敵的音樂流行開來之後，各大唱片公司的回應是，即使是最簡短的樣本，也要收取許可費。查克・D說：「全民公敵的音樂比任何人的音樂更受喜愛，是因為我們接收了數千種聲音。如果你把這些聲音分開，它們就什麼都不是了——根本就辨認不出來。所有聲音都拼湊在一起，形成一道音牆了。」

如果你是早期全民公敵音樂的數百萬粉絲之一，同時不解為何今天的嘻哈樂手總是只用一首主要樣本曲子作為說唱背景音樂，原因就在這裡。不見得是音樂品味改變了，而是歌曲所有人把版權當收費站一樣使用。一位樂評家指出，「如果你認真看待嘻哈傳統，你就得承認，當前的情況已扼殺了這種藝術形式的一部分。」

所有權僵局也是本書沒有酷炫照片可作為內文圖說的原因所在——權利清算將涉及太多成本和複雜性，太多的延宕會讓本書難產。（不過我們已設法在 MineTheBook.com 連結到很多我們想要的圖片，例如，如果你想知道護膝神器長什麼樣子。）

藥物研發僵局

你或許不關心嘻哈音樂的健全，也不在乎紀錄片或者本書的插圖。但這裡有個生死攸關的例子，可以說明過多所有權對一般家庭的衝擊。一家大型製藥公司的研究負責人告訴海勒，所有權僵局是如何影響藥物的開發。他回憶說，他的研究人員研發出一種治療阿茲海默症的潛在療法（姑且稱它 X 製劑），卻被生物科技研究夥伴（而非競爭藥廠）阻礙了發展。怎麼會？

一九八〇年以前，所有權僵局對藥品研發者來說不是大問題。科學家們多少可以自由發表自己的研究成果，並且因為付出的辛勞而獲得教職任期、同行認可、演講邀約、獎勵，甚至諾貝爾獎。光是認可（而不是所有權）已足以激發出偉大的二十世紀生物醫學創新，帶來從盤尼西林一直到小兒麻痺疫苗的改變人類的新發現。許多科學家認為，把那些由大學、基金會和政府資助的研究據為己有是不道德的。透過自由分享新發現，科學家們迅速在彼此的創造性勞動之上累積成就，不需要跟所有權收費站交涉。

到了一九八〇年，美國修改專利法。在專利權方面，大藥廠扮演著和迪士尼公司推動版權的類似角色，他們是一群操弄國會的惡棍。大藥廠說服國會，加速藥物研究的方法是改變科學文化：藉由授予科學家所有權來激勵他們更努力工作。於是在一九八〇年，國會開始允許一些發展基礎醫療研究工具和試驗的科學家獲得專利權。其用意是利用所有權來鼓勵醫界把更多資金投入原本是公共和非營利資助領域的基礎研究。

按下所有權遙控器上的這個新按鈕多少起了作用。突然間，科學家也可以尋求專利權，而不光是補助金、任期、獎金和聲譽。在潛在利潤的誘惑和新專利獨佔權的保護下，私人資金湧入基礎醫學研究——引發了生技革命。然而，隨著藥物研究專利開始積累，它們開始產生了和國會預期完全相反的效果。一種專利或許可以刺激創新，但一千種由不同初創公司持有的專利，在通往醫療發現的高速公路上卻有著類似大量收費站的作用。

X製劑可以透過多種路徑影響大腦。生技公司標出了這些途徑，並在一九八〇年之後為它的發現取得專利。每一家初創公司都把自己的狹隘專利看得無比重要——人很容易高估自己的勞動價值（想想第二章的捐贈效應）。每家公司都要求相當的費用，直到需索總額超過藥品的可能利潤。如果藥成功了，忽視任何一個專利收費站都會招致昂貴的訴訟。

結果？這個故事沒有圓滿的結局。沒人出面收拾那些專利，幫 X 製劑開發者取得它們的授權許可。和海勒談話的主管找不到一條可以通過專利叢林的安全路徑。他（和許多其他藥廠主管）只好把研究重心轉移到較不具野心的選項，例如一些公司已控制了相關專利組合的現有藥物的副產品。在一九八〇、九〇年代，製藥公司的研發支出是增加的，但正如海勒和艾森柏格（Rebecca Eisenberg）在《科學》雜誌上所寫，許多實際上可以救命的新藥從未上市。

生技初創公司並非洪水猛獸。它們的經營者都是一些遵照專利制度的指引賣力工作的創新人士。所有權就是這樣運作的——獎勵人們從事特定形式的勞動，而他們會做出回應。就個人而言，生技科學家的行為是理性的。但湊在一起，他們便形成了僵局：對基礎醫學研究工作的獎勵太多，意謂著救命藥物太少。而我們都得承受代價，因為如今人們正死於早就可以被治癒的疾病。然而，沒人抗議。你到哪裡去抱怨有些救命藥物可能存在——**應該存在**，但由於所有權設計不當而不存在？

從海勒發現所有權僵局以來，有千百篇學術文章探討了這一現象。目前有一個經濟學分支學科在記錄並辯論它的影響。最近，一位評論者在《科學》雜誌上指出，當今最顯著的僵局危險可能牽涉到某些基因編輯科技（簡稱 CRISPR 的基因剪輯技術）。使用這些工具的新發明可以拯救你的生命——事實上，第一個被核准用於 COVID- 19 檢測的緊急使用試驗靠的就是 CRISPR。但是多家公司控制著這項科技的各個面向，而且都有動機在藥物開發的途中建立互相牽制的收費站。

透過發明勞動創造財富的方式起了一個被忽視的變化。在專利制度建立之初，每一項專利或多或少都會產生一種產品：約瑟夫・格里登的專利包含了帶刺鐵絲網。可是「一項專利，一項產品」的老規則如今顯得有點怪。如今，財富的創造需要集合許多不同的所有權片段，而不能光憑基本的生物醫學發明。將手機推向市場或者操作ATM網絡都需要同時獲得數千項專利。事實證明，取得所有的專利授權是不可能的。我們進行創新的方式已經改變，但我們仍然無法擺脫舊的所有權說法。

幾百年來，我們認為所有權的最高價值是給予勞力明確的報償。我們認為，只要所有權得到保障，大家可以輕易互相進行交易。從這個角度看，為勞力增加報酬不需要成本。如果我們想要更多創新和創意，只需擴張大藥廠的專利範圍，延長迪士尼的版權期限。

所有權僵局的問題暴露了這個邏輯的缺陷。有時候，我們應該減少對勞力的獎勵，這樣在通往創意和創新之路上的收費站就少了。由於能阻擋協議的業主變少了，剩下的各方或許更容易達成交易。

怎麼辦？不妨把所有權設計想像成邀一群朋友共進晚餐。隨著人數增多，任務的困難度也跟著成指數增加。他吃素，她不吃麩質，他們只吃壽司，這個正在進行果汁排毒，那個要週二才有空。如果每個人都握有晚餐否決權，人數就永遠湊不齊。參議院就是這樣運作的，每個參議員都能在多數議題上害議會停擺。同樣地，聯合國也常陷入癱瘓，因為安理會的五個常任理事國——中、法、俄、英、美，都有權蓄意否決其他國家的議程。

不過，如果你已經邀請太多客人，也給了每個人對晚餐細節的否決權，事情還是有救的。關於晚宴，有一些技術性補救方法：你可以利用 Doodle 之類的行程安排 app 來尋找合適的日期；用 Postmates 請多家餐廳（素食、壽司、牛排）外送；用 Venmo 收取每個人分攤的帳單費用。政府也可以對智慧產權的所有權設計採取同樣做法，例如啟用「專利池」（patent pool）和「標準制定組織」（standard setting organization, SSO）。專利池和 SSO 可以將新技術所需的重要專利全部打包，一併取得授權，並在專利主之間按比例分享收益。（第四、五章將分別以油田聯合開發和音樂授權為例，討論本解決方法的強制授權案例。）

第二種方法是，如果你已經發出晚餐邀請，並且收到太多「接受」回函——傾聽每位朋友的需求，不給任何人否決權，但仍要給他們一些東西。這是你的宴會，由你決定。決定如何補償那些感覺受傷的人是所有權設計的關鍵。對律師來說，通常是在**禁令**和**損害賠償**之間的選擇。禁令就像否決權；它阻絕了加害方的進一步行動——要是我吃不到素食，大家就別想聚餐。歷史上，當專利受到侵害，法院會下令違規產品退出市場，沒人買得到。如果某項專利對你的產品至關重要，專利收費站是怎麼也避不掉的。你只能支付專利主要求的價格，不然就離開市場。

可是否決權並不是專利激勵創新和保護所有權的唯一方式。聰明的設計可以藉由將保護方式從禁令轉為損害賠償、從否決權轉為現金，來避開所有權僵局。如果你決定提供壽司，下回你可以帶你的受委屈的素食朋友出去吃炒豆腐，或者給她一張外送禮券。事實上，最高法院裁定，在某些情況下，法院可以下令專利侵權人向專利主支付金錢賠償，而不必把侵權產品完全撤出市場。

不過，最好的晚宴解決辦法或許是，一開始就邀請少一點朋友——比較能順利交談。最初的物主人數越少，他們就越有可能達成協議，無論是關於晚宴場地、紀錄片或者暢銷藥品。

也許國會和各州應該削減智慧產權，而不是加以擴大。並不是每項新發明都該獲得專利或版權——不管大藥廠或迪士尼公司會如何爭辯。初始所有權較少，意謂著以後要解決的僵局也較少。

但這在實務上很難達成。

政治上，為了公眾利益向立法機關遊說的情況不多；在心理上，沒人願意放棄已經到手的東西；憲法上，第五修正案保護物主免於財產在「沒有正當補償」的情況下被剝奪。一旦建立，所有權就很難收回。這是一個單向棘輪，一個告誡我們在創造更多權利之前保持謹慎的現實狀況。取消邀請朋友來參加聚會是很麻煩的。

我正大光明偷來的

某個時裝設計師以一種新款式賺了大錢，不久仿冒品便會出現在商店貨架。例如媽姊（Mère Soeur）品牌創始人羅伯茲（Carrie Anne Roberts）發現，老海軍（Old Navy）正在仿製她最暢銷的一款 T 恤「撫育未來」（Raising the Future）。羅伯茲說，「我是個單親媽媽，這件 T 恤背後的理念啟發了我的整個事業。這下它的意義全被掏空了，感覺真的很傷人。」

《美麗佳人》、《柯夢波丹》等雜誌在「揮霍 vs. 偷竊」定期專題中重點介紹這些仿製品。巴黎世家（Balenciaga）發表了一款售價七百九十五美元的運動鞋；Zara 馬上以三十五．九美元的價格推出一款外觀幾乎一模一樣的鞋子。歌手泰勒絲穿著一件要價二千六百七十五美元的 Rick Owens 自行車夾克；H&M 以三十七．八美元的售價推出仿製品。高端設計師也常相互致敬。Gucci 二〇一八年早春系列就包括了一件模仿哈林設計師時髦丹（Dapper Dan）一九八〇年代作品的夾克。

這完全是合法的。對那些作品被抄襲的設計師來說，仿製也許感覺像是搶劫或偷竊。但並非如此。盜竊，和所有權本身一樣，是一種法律結論，而不是經驗事實。在美國，時裝設計中的勞力得不到保護。速食時尚（fast fashion）——包括 Zara 和 H&M 等全球零售商在內的商業模式是快速複製熱門產品，並以較低價銷售。一般來說，在時尚界，每個人都在抄襲別人。抄襲設計點子不算偷竊。

每隔幾年，美國時尚設計師協會（Council of Fashion Designers of America）都會遊說政客們制定屬於它的「米老鼠保護法」，來為成員們的時尚設計勞力提供所有權，因而讓仿製變成了偷竊。協會舉出像羅伯茲這類獨立小時裝設計師的例子作為理由，就像迪士尼重提華特一樣。但時尚在國會山莊的影響力不如迪士尼。紐約時尚技術學院（New York's Fashion Institute of Technology）的埃利亞（Ariele Elia）說，國會沒有「看見它的衍生後果，也就是抄襲會對這產業造成傷害，讓設計師難以出頭」。

埃利亞的擔憂可以理解，但有點誇大。正如第一、二章中的排隊和停車椅例子顯示的，法定所有權可能不像人們所想的，以及創作者堅稱的那麼重要。當然，設計師想獲得更多勞動報酬，生產者總是這樣。可是對智慧勞力而言，美國法律的主旨是在它為消費者所帶來利益的範圍內獎勵生產者。更多的時尚設計所有權對消費者有沒有好處？或許沒有。

發推特或許比法院更有效。率先進入市場可能是關鍵。禮貌和規矩引導著行為。合法所有權只是社會控制的一種工具——無疑是一個惹人注目的戰場，但它往往不是激發、獎勵創造的最有效方式。非律師和律師都會犯這錯誤，高估法律，錯失有效的替代方法。畢竟，打造智慧產權的目標不是創造更多法條，而是刺激更多創新。

勞斯迪亞（Kal Raustiala）和斯布里格曼（Chris Sprigman）[2]都認同，有一些強有力的替代方法，和合法所有權一樣具有維繫時尚界創意的功能。勞斯迪亞說：「版權背後有個意圖，就是保護創作者，讓他們能繼續創作。當我們研究時尚，我們看見一個充滿創造力、每一季都推出大量新點子並且持續了幾十年的產業。」而且全都沒有版權。他們稱這叫「盜版悖論」（piracy paradox），並指出抄襲者實際上有助於時尚行業的創新。

時尚界並非特例。之前我們解釋過，給予智慧勞力零所有權可能會消滅生產者的創作動機。沒有米老鼠，沒有「我有一個夢」演說。但也不盡然。許多經濟領域在沒有生產者所有權的情況下蓬勃發展。正如勞斯迪亞和斯布里格曼所說，喜劇演員沒有為他們的劇目申請版權，廚師的食譜沒有所有權，運動教練的創新演出都是可以自由模仿的。然而，新的搞笑短劇、食譜和運動賽事不斷被創造出來。盜版悖論描繪了許多創意產業和努力。

就連老牌公司也逐漸發現智慧勞力的無所有權（no-ownership）的價值。以 IBM（據說是全世界最大專利持有者）為例。如今 IBM 從它的專利組合授權中賺的錢少於和 Linux 相關的收益。Linux 是一種無人持有的所謂開放資源軟體語言。它是由一群志工創建、維護的。Linux 背後的智慧勞力開放給任何人免費使用，包括銷售各種適用於 Linux

2 卡爾・勞斯迪亞（Kal Raustiala）、克里斯托夫・斯布里格曼（Christopher Sprigman），兩人為法學教授、智慧財產權專家，合著有《抄襲經濟學》（*The Knockoff Economy*）、《盜版悖論》（*The Piracy Paradox*）等書。

平台的硬體和服務的IBM公司。

維基百科或許是最常見的無主線上資源，依靠捐贈者的時間和金錢維持。它是如此成功的一件免費智慧勞力結晶，幾乎取代了整個產業。今天的學生可還知道百科全書是什麼？維基百科已變得如此可靠，連Apple都用它來回答你隨機提出的關於人工智慧助理軟體（Siri）的問題，Amazon的Alexa智能聲控管家也一樣。事實上，許多支持現代生活的重要軟體都是在沒有智慧產權的情況下創建的。如果你用Firefox作為你的瀏覽器，你是在收割別人播的種。Apache也一樣，它是一種可以為你的飛機或ATM機提供動力的開放資源軟體。

收割別人的努力成果，在日常生活中的不可或缺超過人們的理解。怎麼會？律師和行外人都有一種偏見——應該說是一種毫無根據的信念，以為合法所有權很重要。但往往並非如此。即使沒有法律保護，創作者仍然有至少四種策略，可以供他們靠自己的努力營生。

所謂的**先驅者優勢**（first mover advantage）是對創造性勞力的極大獎勵，而且沒有法定所有權常有的許多負面影響。例如，運動教練發現每個賽季都擬定新戰術是值得的。為什麼？舉個例，由於第一次使用手槍陣型而贏了足球比賽，（因為沒人留意）在對手教練來不及適應之前，把創新者推向了季後賽。或者，創新者被另一支球隊以更高的薪水聘用，或者獲得更高的薪酬留在原隊。就算勞力沒有獲得額外的獎勵，身為先驅的報酬往往就足夠了。麥克・彭博（Michael Bloomberg）打造了一個價值數十億美元的商業授權終端，在和交易相關的新聞和資訊方面提供了另一種搶得先機的優勢。

羞恥心也可以保護創新。喜劇演員面臨著和時尚設計師和運動教練一樣的困境：他們沒有版權保護。正如斯坦・勞萊（Stan Laurel）所說，「每個諧星都會從其他諧星那兒偷點子。」那麼，如果率先講笑話還不夠，喜劇演員如何保護自己？在劇場的單人脫口秀當中，他們用尖刻的獨白來羞辱偷笑話的人。例如，二〇〇七年，在洛杉磯喜劇商店的一場卡洛斯・門西亞（Carlos Mencia）的表演中，諧星羅根（Joe Rogan）跑上台，指責他是「賊西亞」（Men-Steal-ia）。在關係緊密的諧星圈中，金錢很重要，但真正的回報是笑聲，羞恥感讓整個場子靜了下來（如第二章討論的老實閒話）。羞恥往往是比訴訟更有力的勞力獎勵工具。並非絕對有用——像米爾頓・伯利（Milton Berle）就是以「笑話竊賊」之姿闖出名號，但喜劇演員在取材前會三思，提防可能對自己的聲譽造成傷害。

在當今的時尚界，**社群媒體**為創作者創造了第三種強大的獎勵機制，儘管不完善。在凱莉・安・羅伯茲發現仿冒品之後，她的粉絲群立刻展開行動，到老海軍的網站去圍剿仿製的「撫養未來」T恤。連著幾天在Instagram被羞辱之後，老海軍停止銷售這款上衣，也不再接受訂單。羅伯茲氣憤自己的作品被抄襲，然而這場小蝦米對抗大鯨魚的激戰將她的形象提升到前所未有的高度。結果她遙遙領先。

最後，免費提供知識是有商業意義的，因為這可以**把餅做大**。IBM 從 Linux 獲益如此巨大，讓它樂於撥出價值數百萬美元的工程師工時，來維護、改進軟體。Linux 系統表現越出色，IBM 就能從搭載它的各種服務上獲利越多。因此，即使連 IBM 的競爭對手都能從 Linux 受益，它對 IBM 還是有貢獻的。Linux 持續不斷改進，但它不歸任何人所有。

透過這些戰略——先驅者優勢、羞恥心、社群媒體和把餅做大，所有產業便能在一個無所有權的世界中蓬勃發展。這些工具都不是完美的。羞恥心可能會導致暴力；社群媒體可能會演變成暴民統治。每一種獎勵勞力的工具都有優點和局限性。但法律也是如此。

而當創作者真的依賴法律來打擊盜用，執法又往往帶來反效果。多年來，唱片業一直在控告大學生，要他們付費才能下載音樂。但訴訟多半有反效果。控告客戶實在不是好的行銷策略。一個例外是 Metallica 樂團控告音樂分享網站 Napster，因為正如樂團鼓手的妙喻，「他們搞我們，我們也搞他們」。而 Metallica 的歌迷對該樂團「正面對嗆」的做法也反應良好。

即使是擁有大量智慧產權的行業，也往往認定容忍盜用對他們有利。正如我們之前提過的，HBO 知道人們在非法共享登入密碼，而且認為那是好事。該公司不介意自己的口袋被扒竊，因為，正如該公司總裁對它的非法觀眾的說法，分享會造就新一代的 HBO

「視頻癮君子」。等這些觀眾較年長、較有錢了，HBO 相信他們就會為自己的帳號付費。容忍盜用是一項長期投資。同時，盜用還能為該影音網的節目創造寶貴的口碑。

出人意料的是，容忍盜用也能讓奢侈品廠商受惠。YSL 在手提包上印滿自己的商標，勞力士也用自家商標裝飾它的手錶。但積極實施商標保護不見得是好的策略。那些在時代廣場購買 YSL 手提包和勞力士錶地攤貨的觀光客並沒有減少合法商店的銷售，但他們正在教育年輕消費者應該追求什麼。假貨可以是最好的免費廣告。購買仿冒奢侈品的人可以形成一個管道，吸納一群進行真正交易的未來顧客。一項調查發現，購買仿冒奢侈品的人當中，有四成會在試用廉價假貨之後，最終還是購買了高端產品。其他研究也顯示，對許多奢侈品牌而言，容忍假貨進入市場會增加真貨的價值。

即使是最執著的版權囤積者迪士尼公司或許也改變了立場。非凡日托中心風波起了重大影響。迪士尼在輿論受到的惡評——相較於環球影城的美名遠播，也許促成了迪士尼重新思考它的所有權戰略。

最初的米老鼠版權將在二〇二四年到期，而迪士尼還沒準備向國會遊說另一次延展。怎麼可能？光是付錢給說客、針對特定對象給予競選捐款，不總是更划算？該公司在之前的期限延展工作上所花的大約一億美元，已在過去幾年當中得到數倍回報。但迪士尼發現一個更好的所有權設計策略，可以減少對版權的依賴，卻獲利更多：它採取了 HBO 的支持盜用的立場。

迪士尼現在非正式地容忍了數百家由死忠粉絲經營，販賣T恤、鈕釦、別針、補丁貼、珠寶以及數千種善用迪士尼角色的商品的小型網路商店。這些商店連一分錢授權許可費都沒付給迪士尼。為什麼轉而容忍仿冒品？因為迪士尼了解，粉絲製作的、未經授權的二十五美元T恤，將會驅使穿它的人到迪士尼樂園去，在那裡購買昂貴的入場券，然後花更多錢消磨一整天。

迪士尼突然佛心大發的另一個原因是：它從數百家小型仿冒品商店中發現了行銷研究的價值。事實證明，這些商店是迪士尼官方新商品的活潑創意來源。二〇一六年，網路商家 Bibbidi Bobbidi Brooke（BBBrooke）推出一系列極受歡迎的玫瑰金亮片米奇耳朵造型頭飾，這是授權方迪士尼從未想過的點子。於是迪士尼抄襲了該款設計，且立即在官方商店銷售一空。BBBrooke 店主很有風度，發布貼文說，「很興奮看見新鮮貨推出。」她的粉絲留言，「妳的產品永遠是原創！」皆大歡喜。

「我還是不認為他們願意讓任何人平白大賺一筆，但他們對粉絲投入所能發揮的作用比較能理解了，」一位智慧產權教授談到迪士尼的新做法時說：「就像唱片業悟出的道理，控告自己的粉絲真的觀感不佳，尤其他們正因為是你的粉絲才會那麼做。」

在經濟的許多層面，實際規則是你播種、我收割，然而創新依然快速發展。即使沒人持有所有權，大家照樣能找到方法，讓創造性勞力變得有價值。仿製、共享，容忍盜用正是成長的關鍵動力。問題不在：我們是否該加強對時尚的版權保護？拿時尚作為指標，問題應該是：我們還能排除哪些對智慧勞力的法定所有權？

基因資訊的西大荒

這段要討論一個難題：我們該如何保有自己的基因資料？彭博社記者布朗（Kristen Brown）寄出十幾份唾液樣本，作為她撰寫報導研究的一部分。為了一篇關於自己種族遺產的文章，她把唾液寄給基因族譜網站 Ancestry.com 和 23andMe；為了深入了解自己的運動能力、飲食和睡眠模式，她向 Helix 寄送了一份樣本；為了得到一份依基因制定的美容方案，她將自己的 DNA 資料上傳到一家化妝品初創公司。

然後她又想了想。

布朗意識到她已經把自己的基因秘密開放給無限制的商業使用。而且她也未經親屬的允許，間接把他們暴露出來。今天，大約每三個北歐血統的美國人就有兩個可以被單獨識別出來，因為有另一個家庭成員寄出了樣本。不久，基因資訊公司將可能識別出差不多每個人最私密的特徵。不光是你的疾病傾向，或許也包括你的壽命、運動才能和許多其他變數——不管你有沒有寄出唾液樣本。

對基因資訊的控制引發了超越個人隱私和尊嚴的問題，儘管這些問題也很重要。隨著人們提供的 DNA 越來越多，基因資料庫的商業價值也呈指數性增長。醫療資訊的授權已成為一項價值數十億美元的業務。葛蘭素史克藥廠（GlaxoSmithKline）以三億美元向23andMe購買數據，用於標靶藥物的開發。23andMe更進一步，根據所掌握的數據開發了一種抗炎藥。目前該公司已握有超過九百萬筆個人檔案；整個產業則有兩千五百多萬筆。冒險投入的資金不斷成長。

布朗決定取回她的基因資訊，但她拿得回來嗎？或者，她能不能從資料庫公司因為授權她的個人資料所賺的錢中分一點？基因數據的所有權是有爭議而含糊的，而且不像其他的珍貴新資源那樣定位明確。正如布朗的報導，試圖從基因資料庫中分離出她的個人數據可說「難如登天」。最後她失敗了。

你呢？你是否也在數百萬個刮取口腔黏膜然後寄出樣本的人當中？是否有疑慮？有沒有哪個家人出賣了你？這裡有幾個當你送出樣本後，誰可能擁有你的基因數據的選項：

© 沒有合法所有權，保持資訊自由。
© 數據庫彙編者擁有這些資料。
© 個人保有自身基因數據的所有權。
© 數據庫彙編者和個人共享所有權。

當今，基因資訊是所有權設計的西部大荒野，創新跑在規則前面。我們可以免費開放資訊——就像時尚、搞笑段子和球賽。也許一個沒有所有權的世界，會比立法者想推行的種種規則創造更多價值。可是，誰能從這價值中獲益？

對 23andMe 和它的同業來說，無所有權是好事：這些公司不需要法律來獎勵他們的勞力。他們也不像在速食時尚糾紛中那樣，必須依賴羞恥心和先驅者優勢。相反地，他們可以在沒有所有權的情況下，利用**保密**和**規模**來控制遺傳資源。

保密很簡單明瞭：該產業不會公布他們的基因資料庫，而只授權使用。在這一行，保密取代了版權，它也可以取代專利。例如，SpaceX 的創始人馬斯克（Elon Musk）說：「基本上我們沒有專利。我們的主要長期競爭對手是中國。如果我們公布專利，那將是鬧劇一場，因為中國人會把它們當食譜來使用。」精明企業家依賴的多半是思慮周到，而不是法律。

撇開所有權不談，規模也很重要。過去，辨別新的藥物標靶的工作又貴又繁瑣，需要科學家實際觀察病患。如今，他們可以靠著合併大型私有基因資料庫，以及人們的機密保險和醫療紀錄，或許還加上健身追蹤器、手機和瀏覽歷史紀錄等所產生的其他紀錄，更快地獲得更好的結果。基因科技公司 Myriad Genetics 早在多年前就認識到了規模的價值，當時最高法院宣布該公司的乳癌基因測試專利無效。如果你以為一旦專利無效，Myriad 就會失去市場，那你就錯了。Myriad 發現，它不需要專利來抵禦競爭，因為該公司已掌控了最大的乳癌基因突變資料庫的使用。由於在樣本收集上處於領先地位，該資料庫讓該公司可以檢測到比競爭對手更大範圍的基因突變，並收取資訊費用。

當資料庫規模擴大，它們的價值也跟著激增。關鍵是讓資料庫迅速擴大。這正是為什麼23andMe只收你99美元遺傳解碼費：你的基因資訊是它的真正產品——資料庫的原料。

為了維護西大荒的狀態，該產業一直在努力抵禦所有權規章。在一次精明的行動中，23andMe等同業決定不和布朗之類的人對抗。基因公司已經從Napster和音樂傳播、HBO和密碼共享等例子中吸取了教訓。別招惹你的顧客，尋找較不討人厭的方式去獲取人力資源的價值。在基因資訊市場，現存的公司已具備他們需要的所有優勢。他們的規模嚇阻了新的競爭者，他們的保密能力難以穿透，而社群媒體的貼文又都不痛不癢。

一個產業戰略是，製造個人所有權的幻覺。23andMe了解到，最好是放棄對布朗資料的所有權。該公司不想激怒布朗，讓她覺得自己的所有權受到侵犯——**它是我的，因為它是我身體的一部分**（見第五章）。挑釁會導致激進行動，而激進行動會促進立法。相反地，較好的做法是讓原料供應者開心地在嘴裡刮刮擦擦。

當布朗試圖取回她寄出的唾液樣本，這些公司欣然同意了……原則上同意。但實際上，23andMe告訴布朗，剔除實體樣本所需的程式「目前尚無法取得」。Ancestry.com則告訴她，從來沒有人要求拿回自己的唾液。結果，幾家基因公司保存了她的樣本。也許有一天，新的定序技術會讓他們從那些儲存的樣本中解鎖更多訊息。

那麼，可不可以拿回現有的DNA資料？許多基因數據公司很樂意承認資料是你的，也許是為了避免觸發你的附屬物直覺，認為**它是我的，因為它附屬於我的某樣東西**（見第四章）。如果你希望刪除資料，可以——原則上可以。但實際上，布朗報導說，「23andMe 可能會告訴你可以刪除資料，但事實上，法律規定你不能這麼做。」清除資料是不可能的，部分因為醫療檢測實驗室負有記錄保存義務。布朗發現，「公司必須保留的『最低數量』資訊，基本上就是我所有的原始基因資訊。」而且，一旦你的 DNA 檔案被彙編到資料庫中並授權給第三方，你就找不到方法可以取回自己的資料了。「當你刪除自己的 DNA 資訊，你大概就再也看不到它了。」布朗總結說。

基因數據產業並沒有主張 DNA 檔案的所有權，而是把重點放在確保可以使用你的資訊的有效許可上——也就是說，它從**所有權**轉移到了**契約**，產業施展強大的所有權設計控制的另一個領域。當你提供唾液樣本，基因公司會要求你勾選「我同意」方框。沒人認真看過底下的協定內容。可是這簡單的一勾，基因數據業者便有了它所需要的所有權利，即使沒有所有權也無妨。你可以擁有資料，也可以由公司擁有，沒人知道。有了具有約束力的契約，這並不重要。

在 Sencetry.com 契約上，你的打勾給了該公司「一個可轉授權、全球性、免權利金的許可，（將你的遺傳資料）主管、儲存、複製、發表、散布、提供他方使用、製造衍生產品以及其他用途。」真不少。超過八成的 Sencetry.com 客戶勾選了方框，允許該公司出售或分享他們的資料。根據 23andMe 的說法，「選擇讓 23andMe 分享他們的資料供研究之用的普通客戶對兩百三十多項涉及氣喘、狼瘡和帕金森氏症等主題的調查作出了貢獻。」

如果基因資料庫帶來了療法，又會如何？和你無關。正如一位評論者指出的，「你不能在事後對他們說，『喂，你用我的資料開發了暢銷藥，現在你得酬謝我』。」當你勾選了「我同意」，契約就全面接管了——儘管它並未釐清潛在的資料所有權。我們獻出自己的資料種子，這些種子成長，別人收割。

當前，美國人在個人資料被使用方面的保護措施非常少。二〇〇八年的《反基因歧視法》（*Genetic Information Nondiscrimination Act, GINA*）限制了醫療保險業者和大雇主對你的 DNA 資料的使用。但其他類型的保險業者，例如長期照護、身心障礙和人壽保險則不包括在內。他們可能會根據從其他家庭成員的唾液中採集到的基因資訊來歧視你。至於雇員少於十五人的公司，連同全體美國軍隊，在就業領域完全不受 GINA 的基因歧視保護。DNA 所有權和使用的法規反映了聯邦和州法律複雜多變的急就章做法。有些州努力提高對個人的保護標準，而產業卻拚命削減你原本就有限的權利，因為他們發現你的資料有越來越多用途，從解決謀殺懸案一直到行銷牙膏不等。

歐洲監管機構採取了不同做法，把重點放在保護隱私，而不是瓜分所有權。根據二〇一八年的《一般資料保護規則》（General Data Protection Regulation, GDPR），歐盟賦予公民「被遺忘的權利」：更具體地說，在 DNA 方面，銷毀基因樣本和刪除資料的權利正是布朗所追求的。在美國，加利福尼亞等州在保護個人敏感資料的隱私權方面處於領先地位。這些權利的運作有點像我們在引言中提到的護膝神器——它們的作用是阻止產業把它的 DNA 資料庫伸向你的虛擬膝頭。

業者十分樂見爭論只是圍繞著這個新出現的隱私訴求或者現有的契約許可策略打轉。兩者都允許你說不，然後（或多或少）被遺忘。經過事前的深思熟慮和努力，你也許能把自己的資料從資料庫刪去。可是剔除一份 DNA 檔案，甚至一萬份，對業者來說根本是九牛一毛，只要它掌控著真正的戰利品——數百萬人的資料庫，而這些人都沒意識到要不要勾選「我同意」是關係重大的一項決定。

然而，從所有權的角度重新討論對遺傳資料的控制，有一個隱私權和契約的說法欠缺的重大優點。所有權設計有助於突顯「同意，只要你付費給我」的選項，而不光是「不同意，別來煩我」的預設選項。設有「同意」選項能顧全我們的尊嚴，尊重我們有權對自己最私密的資源作出重要抉擇的自由人地位。必須一提的是，產業本身甚至也能受益於公開透明的自我所有權制度（我們將在第五章討論）。正如《紐約時報》專欄作家波特（Eduardo Porter）指出的，「如果人能有償提供資料，它的數量和價值都會提升。」

如今，北歐血統的人在基因資料庫中數量多得超出比例。他們是購買 DNA 基底化妝品、保健品和祖先分布圖的一群。歷史上被排擠的有色人種族群大體上不存在於這些資料庫中，因而也不存在於可能有益他們的醫學研究和新發明中。如果所有權規則的基準是 23andMe 付費收購資料，而不是反過來，也許我們會看到更多樣的貢獻者和適用範圍更廣的藥物開發。

但如果我們的目標是推動「我同意，只要你付費給我」的做法，要注意：在所有權設計遊戲中，產業專家往往勝過普通市民。正如我們看到的，迪士尼及其盟友在版權問題上掌控了國會；像金恩公司、柯蒂斯全球授權代理商這類公司在形象權方面控制了各州政府。數據產業隨時可以制定聯邦數據庫版權規則，和各州的商業秘密法（這些都是有限的所有權許可形式清單中的新附加項目）。你可以料到這個產業的託詞：我們的辛勞應該得到回報，我們的生產勞力應該是所有權的基礎，基因資料庫能救命，個人所有權會造成所有權僵局……等等。這些說法很有道理，但並非唯一要考慮的因素。

設計的難處是，必須在個人的基因自我所有權和附屬物權，以及產業勞力兩者間取得平衡。這對國會來說並非易事，但也並非不可能。

在這同時，許多替代方案浮現了。在公眾方面，有人正努力建立一個公共基因庫（genetic commons）——可以免費取得的基因資料庫，龐大、多樣到足以加速醫學研究，協助診斷罕見疾病。在市場方面，許多初創企業已開始讓貢獻者持有他們基因資料總值的股份。「你總不能說數據很有價值，然後把人家的數據拿走。」一家初創公司的共同創始人巴瑞（Dawn Barry）說。健身追蹤器提供的二十天數據相當於巴瑞公司股票的兩股，價值十四分錢。23andMe 類型的測試可以讓你獲得價值三點五美元的股份，你的整個基因組則能讓你賺得二十一美元。如果初創公司的股票表現良好，大家就會從中獲利——這麼一來便翻轉了類似 23andMe 的現金流模式。

但是，股票所有權模式也有缺點。它只對少數內行的消費者有意義，這些人到處探聽，喜歡股票勝過廉價的測試，並且刻意**選擇加入**（opt in）這種所有權關係。多數人還是照樣買 23andMe 和 Ancestry.com 的檢測工具組，勾選「我同意」，並未得到直接補償（只是萬一公司的檢測成本高於消費者支付的數額，也許得付出一點間接補償）。當然，消費者可以**選擇退出**（opt out）基因資料庫，但這麼做的人很少。更重要的是，沒有簡單的方法可以把我們的個人貢獻，和透過匯集樣本得出的重大醫學新發現連結起來。

設計「選擇加入」和「選擇退出」規則是所有權設計的重要環節，它和所有權基準（ownership baseline）的戰略性選擇是同時進行的；所謂所有權基準就是，在稀缺資源的使用上，逐漸被人們視為平常自然而正確的自動預設選項。你很難形容找出基準這件事的重要性：它意謂著你的所有權說法贏了，而相抗衡的說法很快就會顯得反常。

一百年前，靜止的水池是蚊子滋生的**沼澤**。地主會理所當然把它們填滿。如今，同樣這些池塘成了生態敏感的**濕地**，地主會被要求保護它們的自然狀態。沼澤或濕地，就看我們如何設定所有權基準。

如果我們改變 DNA 的所有權基準？我們可以設定一個自動預設規則，讓每個貢獻遺傳資料的人，而不光是消息最靈通的人——都可以在他們的遺傳資料所產生的醫療新發現中持有一點份額。目前 23andMe 這類公司仍然可以提供現金，來換取未來的所有權份額，但選擇退出的協議必須是審慎、清楚透明的，而不是隱藏在「我同意」的授權鬼話裡。

我們已能夠在其他所有權情境中改變基準了。如果雇主被要求設定的基準是自動扣除薪資，雇員就可以為退休存更多錢。如果有人現在就要現金，他們就得堅定地選擇退出。但很少有人這麼做，因此有利節稅的退休儲蓄便會成長。如果基準是不設定自動扣除薪資，選擇加入的人就少，儲蓄也會降低。同樣地，當器官捐贈的基準是汽車駕駛人列入捐贈行列，器捐就會增加。如果駕駛人不喜歡這個選項，他們可以在換照時選擇退出。在沒有捐贈基準的情況下，選擇加入的人也相對地少。（在第五章中，我們將探討肇因於自我所有權的器官短缺現象的其他解決方案。）圍繞著所有權基準和「選擇加入和選擇退出」規則的行為不對稱性，正是驅動桑思坦和塞勒稱為政策制定上的「推力」（nudge）槓桿的引擎。

個人的自我所有權和產業勞力之間的衝突每天都在發生——不只為了基因。我們的手機幫助行銷（和執法）人員匯集我們每個所在地點的資料庫；無處不在的電子監控為人臉辨識資料庫提供資訊；最有價值的是，我們的每一次線上移動形成了一個可追蹤數據的點擊流（clickstream）。

想想你的網頁搜索順帶提供了多少你的個人信息給 Google。或者你在 Facebook 上按「讚」時透露了什麼。收集、分析和銷售這些資料才是推動網路經濟的真正原因。二○一八年，對美國人的慾望、態度和線上活動的觀察報告估計約值七百六十億美元——

如果拿這筆收益的一半分給所有人，每人將收到一張一百二十二美元支票。祖博夫（Shoshana Zuboff）把這種商業模式稱為「監控資本主義」（surveillance capitalism）。正如一位經濟學者坦白指出的，「想像一下通用汽車不為它的鋼鐵、橡膠或玻璃等投入材料買單。這就是大型網路公司的現況，太划算了。」這也是為什麼有那麼多免費的應用程式。但正如許多科技文章一再強調的：當應用程式是免費的，你就是產品。

無所有權的西大荒適用於時尚、搞笑段子和球賽，但不適用於基因、手機位置、人臉和點擊流。有什麼差別？也許是，所有這些類型的資料都有個共同點，也是當今所有權設計的核心：個別而言，它們微不足道，但集合起來可價值不菲。網路產業寧可守著西部大荒野。如果你不同意，就該大聲說出來。

Chapter 4

家不是我的堡壘

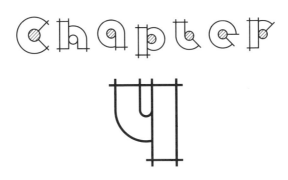

三發八號鳥彈

二〇一五年的某個夏日，梅里戴斯正在肯塔基州的家中，他的女兒從院子跑進來。女孩們說：「爸爸，那裡有一架空拍機，從每家的院子飛過。」老爸可不能容忍這種事。

「我跑出去，它就在鄰居的房子旁邊，離地約十呎，在他們家後院的大樹冠底下探頭探腦，」梅里戴斯述說著，「我去拿了獵槍，然後說：『除非它闖進我的地盤，我不會有任何動作。』」

沒過多久，空拍機越過他的房產界線。「大約一分鐘不到，它就來了。」他說，「它在我的土地上方盤旋，我開槍把它射了下來。」他用三顆八號鳥彈，將那台價值一千八百美元的空拍機射落。幾分鐘後，空拍機的主人柏格斯現身，問：「你就是對我的空拍機開槍的混蛋？」腰間槍袋插著一把十毫米格洛克手槍的梅里戴斯回說：「你敢穿過人行道進入我的地盤，我就再補一槍。」柏格斯沉著地報了警，梅里戴斯以危害安全罪被捕。

這次逮捕令空拍機殺手（不久梅里戴斯開始這麼稱呼自己）困惑不已。「它在那兒盤旋，如果它真的在飛，我說什麼都不會開槍。」如他所說，「如果他站在我的後院，我也照射不誤。身為美國人，我們有權捍衛自己的權利和財產。」梅里戴斯同時也納悶，在自宅範圍內開槍竟然會惹上麻煩。「如果我拿的是點二二毫米步槍，我的確應該去坐牢。那種槍的子彈口徑大到足以傷人，可是八號鳥彈不一樣，它只有針頭大小。重點是……我是為了保衛我的財產。」

法庭上，柏格斯出示了錄影證據，證明飛機被擊落時的飛行高度超過兩百呎。儘管有影像為證，梅里戴斯還是作證說，當時空拍機在樹冠底下逗留。布利特郡法官站在梅里戴斯這一邊，駁回了所有控訴。此一裁決成了全國大新聞，因為這暗示郊區的屋主可以向空拍機開火——令人吃驚的發展。一般來說，在美國，土地所有者有權控告入侵者，而不是朝他們開槍。

可是，梅里戴斯聲稱空拍機入侵的說法是正確的嗎？

答案取決於附屬物原則，一種原始、強大且常被忽略的所有權基礎。當我們使用**附屬物**一詞，它描述的是一種直覺：**它是我的，因為它依附在屬於我的東西上頭**。空拍機引發的衝突和我們在引言中看到的護膝神器的情況類似。你的登機證上有個座號，例如10C，一個讓你可以坐在上頭的二次元人造皮革平面。座椅編號解決不了關於座椅後傾形成的楔形空間，或者扶手周圍的爭議性領域的衝突。因此，你需要一個可以讓所有權變成三次元的附加原則。附屬物就是這個原則。

當你買地，很像是拿到登機證。你的房契勾勒出可以在地圖上找到的一片平坦地面的邊界，例如「亞斯本山莊10號地」。可是當你站在你的土地上，房契並沒有告訴你，你的所有權是否延伸到上方的「空拍機航線」（droneway）、底下的地下水，或是飛躍而過的鹿。這些看似互有關聯的現有新資源，正是附屬物直覺發揮作用的領域。在歷史的大半時間裡，很少人會關注自己擁有多少土地上方或下方的資源，因為這並不重要。所有權衝突大都發生在人們生活和工作的地表一帶。

老式的所有權直覺不適用於空拍機。和飛機不同，空拍機的漫遊不可預測。它們可以在地面附近盤旋，對著窗戶窺視，或者從屋外竊聽，甚至可能攜帶武器。梅里戴斯對附屬物的看法十分寬鬆，他認為柏格斯的空拍機越過了一道高高豎立在他的二次元土地上的隱形圍牆。「你知道，當你在自家房子裡，在一道六呎高的隱密圍牆內，你就會期待擁有隱私。」他說：「對我來說，這和非法入侵是一樣的。」

梅里戴斯這樣的主張由來已久。早在十三世紀，土地所有權據說是「上達天堂，下至地獄」。這種擴張的觀念在人的住宅上變得更加牢固。一六二八年，偉大的普通法編纂者科克爵士（Sir Edward Coke）寫道：「人的房子就是他的堡壘。」把「上達天堂」和「家是堡壘」相結合，你就了解梅里戴斯的觀點了。

但古老諺語充其量就只是諺語，它們從來就不是法律。我們的隱形堡壘圍牆從來就不曾像燈塔那樣向上延伸到外太空，也沒有下達地底深處。所有權諺語的華而不實總是超過它的法律效力。一百年前，商業航空發展之初，飛機的飛越領空引發一場激辯。一些土地所有者主張「圓柱」和「堡壘」，說飛機侵入他們的家園，要求支付穿越許可費。法院很快否決了毫無限制的附屬物主張：這將讓一個革新性產業停滯不前。你不能把你房子上空的飛機擊落，不是因為你沒有合適的地對空飛彈，而是，當美國需要暢通無阻的空中高速公路，法院和議會檢視了我們各種相互牴觸的所有權直覺，決定土地所有權不該延伸到幾千呎的高空。

隨著科技發展、人口增長和稀缺資源的增加，我們不得不重新思考所有權，附屬物權的界線也不斷變化。Amazon、UPS和達美樂看見一個空拍機高效運送包裹和披薩的未來。空拍機運貨能否成為一種可行產業，一定程度上屬於技術問題，但目前看來，這主要是所有權設計的問題。如果空拍機能越過人們的土地，那麼空拍機運貨將很容易實現。那麼，是否該讓附屬物或其他所有權原則，來決定空拍機航線的控制？私人土地和公共通路的界線到底該如何劃分？是否要高到你射箭、開槍或發射飛彈可以到達的高度？

當梅里戴斯說「重點在我是為了保衛我的財產」，他是在提出一種極具雄心的主張。只有我們認可，空拍機飛越的兩百呎高空才可能是梅里戴斯的財產，否則就不是。

關於陽光和風也有同樣的爭議，它們是越來越熱門、珍貴的可再生能源商品。當你鄰居的樹遮住你的太陽能板，或者他們的風車干擾了你的氣流，他們算不算奪取了你的財產？你在土地上擁有的一切都是一種獨特的選擇——也許受了中世紀諺語、英國傳統和美國習俗的暗示和塑造，但不受它們的支配。可以說，這一切都還懸而未決。

同樣的道理也適用於地底下。你的房契沒告訴你哪些地下資源是你獨有、和鄰居共有或者屬於公眾。水在大含水層中流動，石油匯集成大油田，硬岩礦物蜿蜒分布在礦脈中。隨著水力壓裂和其他開採技術的興起，爭奪地下資源的衝突也越演越烈。解決這些衝突取決於我們對附屬物權的不同選擇，而這些選擇也在不斷變化。

只有一個例外。就我們所知，所有可考歷史中的每一套法律制度，都遵循著一條關於農場動物的繁殖規則，也就是母獸的主人擁有牠的所有後代。根據古老的《摩奴法典》（*Laws of Manu*），「如果一頭公牛讓不屬於主人的母牛產下一百頭小牛，那麼這些小牛只屬於母牛的主人，而公牛只是白費力氣。」從四千年前的印度到當今世界各地，這規則始終不變。

為什麼？因為新生兒會立馬透露他們的母親，而父子關係則不詳。況且，小牛的存活有賴牠的母親，因此，在所有權上讓牠們合一最能夠確保小牛的生存。所有權設計中的每一個因素都指向一個方向。正如一位法律學者作的總結，該規則讓「有計畫的生育得到獎勵，管理起來簡單、明確又經濟，符合現有的人類和動物習性和能力，並且呼應了許多地方和數世代人類的公平感」。

如果農場新生動物是最簡單的例子——人類關於附屬物權的唯一普遍法則，那麼土地所有權邊界或許是最艱難的。所有權設計的所有變數都處於不間斷的衝突當中。越來越多土地所有者感覺自己彷彿被人從上下以及（如同我們將看到的）從裡外夾攻。但這並不稀奇。我們的附屬物直覺往往和所有權現實相去甚遠。所有權不能上天入地。你的家不是你的堡壘。

蕨菜與雙鷹幣

這兒有個當代大難題：緬因州的蕨菜戰爭。數世紀以來，許多週末野菜採集者一直在緬因州的私人鄉村地帶和海灘晃蕩，裝滿他們的簸籃，而那些地主大都容忍他們的出現。然而最近，有一些專業的採食者加入，並開始運走可供買賣使用的數量。這都要歸咎小農市集、食品合作社和鮮採直送（farm-to-table）餐館的盛行，他們創造了一個讓野菜採集者趨之若鶩的市場。大家發現，蕨菜加一點有鹽奶油清炒十分美味。地主們卻怒了。

為了回應選民，緬因州參議員薩維洛（Thomas Saviello）提出一項法案，禁止未經許可的採集活動。「在我看來，這事再簡單不過，」他解釋說：「如果土地是你的，我就沒有權利跑進你的地產，拿走原該屬於你的東西。」不過，薩維洛忽略了一件事：只有當州政府决定支持土地所有者的附屬物權，而不是採集者以勞力和佔有作為依據的主張，拿走蕨菜才構成盜竊。

在美國歷史的大半時間裡，野菜採集者可以自由進入他人的土地，帶走他們發現的野生植物。他們不必鬼鬼祟祟，採食不是偷竊。他們有包括使用他人土地的「流浪權」（right to roam）。而且不光是採集蕨菜。歷史上，舉凡蘑菇獵人、樹莓採摘者、小圓蛤挖掘者，還有持槍獵人——全都可以未經許可進入沒有圍籬、無人耕作或沒有張貼**禁止擅入**標誌的鄉村土地。

這是有道理的。在早期美國，野外捕獲的食物是重要的營養來源。因此，各州支持勞力和佔有權（**我賣力採集那些蕨菜**），而非附屬物權（**那些蕨菜是我的，因為它們依附在我的土地上**）。流浪權是美國建國時的普遍法則——針對英國的一項刻意的反貴族譴責，因為英國為大地主和皇室保留了豐富的狩獵和野菜採集土地。

但時代變了。正如我們在引言中討論的，十九世紀末發明的帶刺鐵絲網顛覆了美國土地所有權的意義。帶刺鐵絲網是用來傳遞一個強有力的訊息——「**這是我的土地，還有，上面的東西也是我的，禁入！**」的廉價方式。可是人們可以攀爬鐵絲網，或者把它割破。因此，地主們同時推動修法，利用附屬物權建立一道隱形圍籬。如今，土地所有者的說法在半數的州盛行，而且逐漸成了趨勢。在這些州，野菜採集者和獵人都是非法入侵者，即使在沒有圍欄、無人耕種的土地上也一樣。蕨菜、蛤蜊和鹿只屬於這些資源被採集或捕獲所在土地的所有人。

緬因州懸而未決。該州會堅守美國傳統，還是加入新的多數派？薩維洛的法案遇上不少阻力。據緬因州警官、獵人和野菜採集者吉布斯說：「我對這項法案的最大疑慮是，它將徹底改變我們的生活。你應該可以自由採摘樹莓、草莓和黑莓才對，不應該擔心被開罰單。」另一位採集者西摩說：「幾百年來都相安無事，看不出有什麼理由需要改變。」薩維洛的提案暫時被擱置，但美國法律越來越有利於有組織的地主，而不是分散的野菜採集者和獵人——退回英國貴族時代了。

這種朝向擴張的附屬物權的轉變不僅支配著生長、漫遊在陸地上的東西，也支配了地底下的寶藏。讓我們從緬因州轉到愛達荷州。

葛雷・柯立斯正在為一間家庭賓館的車道進行鋪平工程，這間賓館位於《滾石雜誌》創辦人溫納（Jann Wenner）所有的太陽谷牧場。葛雷低頭看著泥土，向他的朋友兼老闆賴瑞・安德森大喊，「賴瑞，你看，金子！」賴瑞吩咐他，「收進口袋，我們來平分。」這天葛雷和賴瑞走了好運。他們剛發掘出九十六枚半鷹、鷹和雙鷹幣——鑄造於一八五七到一九一四年間的金幣，出土的當時約值兩萬五千美元。一世紀前，太陽谷是一片雜亂的偏遠採礦基地，有人將這些金幣埋在一只泥瓦罐中，再也沒回來取。葛雷大喊：「人家會報答我們的！我們要登上滾石封面了！」

「閉嘴，」賴瑞低聲說：「這事就你知我知。」

賴瑞扣住金幣，兩人邊考慮該怎麼做。最後，葛雷要求分得一半寶物。賴瑞擔心葛雷會訴諸暴力。大家開始議論，事情在太陽谷傳開來。最後，賴瑞把那批金幣交給了溫納。葛雷控告賴瑞，然後兩人控告了溫納。就像當地一名採礦工程師說的，「這些傢伙到底有多蠢？還不簡單，把東西平分，一旦分贓，無論哪一方都不會洩漏風聲——拜託，溫納的錢還不夠多嗎？」

這齣鬧劇會發生是因為賴瑞和葛雷無法保密。

起初，溫納向葛雷和賴瑞提供了一大筆獎金作為答謝。可是訴訟一展開他就撤回了，說：「葛雷．柯立斯是個廢物，只想藉機揩油。他是騙子、混蛋。」對此，柯立斯出人意料地明理，「如果你很有錢，而某個在你車道上發現金幣的呆瓜正在控告你——我能體會溫納的立場。」

寶藏之爭可以追溯到很久以前。數千年來，人們一直在為埋藏的贓物爭吵不休。在舊英國，即使在私人地產發現的寶藏也都歸王室所有。今天，如果發現者把掘出物公開，有機會得到寶物所值的一半——要是不公開則會入獄。美國建國之初，各州蓄意採取反貴族的立場，例如對流浪權：寶藏歸發現者，而不是土地所有者。愛達荷州在一八六〇年代成為一個州之後，也遵循這種做法。州法律有利於尋寶者，就算你在別人土地上發現寶藏，它也是你的，就像野生動物和植物。

葛雷和賴瑞認為州政府應該堅持這傳統：它應該獎勵尋寶者，否則寶藏將繼續被埋藏或掩蓋，大家都會蒙受損失。這是一個「事前主義」論點，就像我們關於邦茲全壘打球的論據：獎勵所有權，為未來的尋寶者創造動機。溫納則是援引附屬物權加以反駁：閒雜人不該任意進入他的土地，拿走埋藏的東西，尤其如果他們是他的雇工。

愛達荷州地方法院法官詹姆斯．梅（James May）站在溫納這一邊。他裁決由土地所有人取得黃金，也因此讓愛達荷州的法律和美國多數州的法規趨於一致。如今，土地所有者和雇主（如溫納）往往會擊敗發現者和雇員（如葛雷和賴瑞）。我們又繞回舊英國的路子。

雙鷹幣和蕨菜事件或許不算常見案例，但支配它們的規則無所不在，甚至包括思想領域。關於版權法，國會立法規定，版權所有人自動掌管附加在原創作品上的一系列附加權利。如果你寫一本書，你就擁有各種衍生權利，例如把作品改編成戲劇的權利。同樣的附屬物規則也適用於發明人：某些改進發明的權利附屬於原始專利的所有者，就算這些改造本身並不具備專利保護的條件。

附屬物權甚至引發了最近關於文化挪用（cultural appropriation）的激烈論戰。十八歲的克齊雅・多姆在推特上發了一張自己身穿中國傳統服裝參加畢業舞會的照片。這則貼文迅速被瘋傳，但褒貶不一。傑瑞米・林轉發她的貼文，寫道：「我的文化不是讓妳他媽的穿去參加舞會的。」多姆認為她是在進行文化欣賞，而不是挪用某種附屬於、因而專屬於別人的東西。她解釋說：「我的用意是表達我對這種文化的欽慕。」但社群媒體上指責她偷竊的攻訐仍然不斷。類似的指控也發生在食品（韓式玉米餅）、髮型（留玉米辮的白人）、歌曲（艾薇兒的日本主題《Hello Kitty》MV）、舞蹈（非阿拉伯人的肚皮舞）、派對（舉行墨西哥五月節慶典的兄弟會）和許多別的例子。每年十月，隨著萬聖節的接近，大學校園內由院長們發出的提醒避免文化挪用的電郵已成為例行公事。

公司企業也捲入了這類糾紛，例如 Urban Outfitters 服飾商店銷售納瓦荷印花布套保溫瓶和低腰內褲。納瓦荷族提告。Urban Outfitters 在法庭上贏了一回，但隨後達成和解，雙方同意就一系列美洲原住民首飾進行合作。

每當公司開發產品而沒有付費給本土部落族群——是他們在當地動植物中辨識出隱藏的特殊價值，這類圍繞著生物盜版（biopiracy）的事件便層出不窮。舉個例，法國研究人員在得知法屬圭亞那的傳統本土文化長久依賴苦木（quassia amara）的抗瘧特性之後，申請了從這種植物萃取出來的化合物的專利。該公司的主張是基於生產勞力，而本土族群也和該公司合作中。

這種種衝突反映了主流文化和少數民族文化之間的緊張關係：本土族群應該據有他們的傳統服飾、食物、藝術和知識——因為它們和群體密切相關，而且相當程度決定了群體的特性到什麼程度？誰的說法算數，誰來決定怎樣算是盜竊？這些都是關於附屬物權界限的爭論。

附屬物權的磁引力

附屬物權是所有權的強大核心直覺。根據這原理，登機證轉化為我的座椅仰躺空間，地契轉化為對於我的農作物、樹木、動物、風、太陽能、水、石油、燃氣和無數其他資源的掌控。透過附屬物權，現有事物無論是土地、牛或版權——的所有者都會進一步擁有一些看似和原始事物相關的新事物。但為什麼會這樣？

在最基本的層面，我們需要簡單明瞭的規則來分配珍貴新資源的原始所有權。這有助於防止人們在爭奪無主資源的過程中互鬥得太厲害。不僅對小牛和埋藏寶藏是如此，這也適用於空拍機航線和頁岩油。對於新興資源，我們通常缺乏任何現成的規則，而這個空白往往就由附屬物權來填補，先是在實務上，接著便成了法律問題。

每個所有權規則都有利弊得失，有贏家也有輸家。附屬物權之所以強大，部分是因為它管理成本低又容易理解：只要把新資源授予現有、明顯的附屬對象。小牛歸母牛的主人所有。

正如這個普遍的附屬物觀點的倡導先驅梅洛爾（Tom Merrill）的解釋，本原則處理了一個所有權設計的關鍵問題：誰會是新資源最具效能的管理者？相關資源既有的所有者應該起碼和任何可能的主張者一樣能夠勝任。如果改編權不屬於書的作者，那麼就得有人想出它們應該歸誰。一個簡單的附屬物權讓眾多糾紛不至於鬧上法院。法官不需要分析誰是第一個寫劇本的人，或者誰寫了最好的改編劇本。他們只要問，這本書的版權所有者有沒有授權改編？

但附屬物權是否公平？往往不是。這是一個大缺點。如同梅洛爾強調的，這項原則「在它的運作過程中形成了一套讓富人更富的理論。」並非一定會帶來財富集中的結果，但的確有這傾向。如果我們把新資源授予現有的物主，可能會造成乘數效應，「那些已經坐擁大量資產的人將會進一步獲得更多。」地主溫納得到一批他從沒聽說過、也從沒預期會得到的黃金。附屬物權讓他發了一筆橫財，而發現者什麼也得不到，連酬謝都沒有，所以他們很可能會盡量少挖點、多藏點。

附屬物權就像一塊磁鐵，吸引新的資源給現有的物主，排斥其他人。輸家是野菜採集者和獵人、拾荒者和挖蛤蜊的人、賞鳥人和捕獸者、健行者和雪上摩托車騎士、編劇和車庫修補工，以及所有其他有成效地賣力去探尋、發掘和開發新的有用資源的人。

對於土地，目前趨勢有利於附屬物權，而不是獎勵先到先贏、佔有和生產性勞力。附屬物權很容易解釋，而且通常感覺很合理——尤其是對現有的地主來說。當然，附屬物權不見得會成功，尤其當對手的辯護律師夠強大。空拍機的爭論還沒有定數。梅里戴斯主張一種擴張版的附屬物權，快遞公司則極力爭取一種截然不同的所有權說法。可是當附屬物權成為所有權基準，當它逐漸變得自然、無可避免——它就排擠了其他的所有權說法。先到先贏、佔有和勞力原則被貶為脫軌的例外，而不是同樣有價值的選擇。

人們或許會抱怨美國財富分配不均——從稅務政策到種族歧視，每個人都能指出一堆原因。但少有人會想到附屬物權的影響，這種所有權機制往往將所有權集中在少數人和富人手中。

乾井與黏梯

查理・畢提格利亞諾的祖父是義大利移民，於一九二〇年代移居到加州中央谷地（

Central Valley）。他買的土地確實肥沃，但真正吸引人的是長年埋藏在其中的豐沛地下水源。農民根據當時的附屬物權擁有這些水。他們可以盡情抽水來灌溉農田，於是他們不斷抽取。

如今，谷地中有十萬口水井，灌溉著農場，供應全國三分之一蔬菜和三分之二水果及堅果。下次你吃杏仁，它八成就是產自谷地。還有你下次吃的葡萄、蘆筍、開心果和其他放在食品商店農產區的高價商品也一樣。像老畢這樣的農民早已打入你家附近的超市，而地下水更讓谷地成為全球最有價值的農業區。

但這個聚寶盆有個不幸的缺陷，一個全然因為設計不良的附屬物權所造成的缺陷。當水源充足，附屬物權便運作順暢——多數所有權規則在資源夠分配時都是如此。可是，一旦缺水，毫無限制的抽水就是災難了。幾十年過去，農民抽取地下水的速度超過了含水層重新貯滿的速度。時間一久，地下水面下降，土壤壓縮，土地開始下沉。在中央谷地的部分地區，從一九二〇年代至今，地表已下降了二十八呎。街道龜裂，橋樑彎曲。

當農民繼續下探不斷後退的地下水面，便有了難以預測的後果：地下水位持續下降，最終下降到了現有水井以下。這種惡性循環對距離老畢農場三十五哩的莫森（Monson）小鎮的打擊尤其嚴重。許多住在莫森的拉丁裔窮農工的家和拖車底下仍然有水，但他們沒錢去鑽挖能夠到達下降的地下水面的深井。一口井就得花掉他們一年工資。

在最近一次持續六年的乾旱期間，圖拉爾（Tulare）郡（谷地中一個足足有康乃狄克州大小的地區）有將近一千口水井開始乾涸。一陣汩汩聲，接著是不祥的嘶嘶聲，水就停了。葛拉蒂斯．科隆嘉怪罪農民抽水。她是圖拉爾一位六個孩子的母親，她的水井也乾了。「我知道他們需要有收成，但我們有家人，我們有孩子，我們也需要用水。我是說，我們可以沒有電視，我們可以沒有手機，但沒有水我們活不下去。」

老畢家農場的現任經營者多米尼克花了一百多萬打造新水井，以求到達約一千呎深的地下水面。往下汲取降低的水位非常花錢，但多米尼克認為他別無選擇。「你不能坐視不管，讓自己花了一輩子心血投入的東西就這麼消失。」杏樹和其他作物都需要水，因此農民們繼續抽水。每個農民都利用個人水權，整體來看，他們會耗盡含水層。

抽取地下水的問題不只發生在加州中央谷地——凡是在缺水的地方，嚴格的附屬物權都會帶來危機。在全美各地，許多地主正在吸乾鄰居的水井。這些困境對依賴自來水的大城市居民或許並不熟悉，但是對依賴井水的數以千萬計的人來說，這是一項長期的隱憂。

就拿德州亨德森（Henderson）郡的房主巴特．西普利亞諾來說吧。有天早上他醒來，發現自己的百年老井乾涸了，接著很快明白了原因。之前雀巢旗下的 Ozarka 瓶裝水公司搬到了附近，開始每天抽取九萬加侖的地下水，當成礦泉水裝瓶，行銷全國。對巴特來說，突然間「像是生活在沙漠裡」。

老西的鄰居哈洛．費恩是下一個遭殃的。Ozarka 開始取水過了幾天，費恩水井的水位明顯下降。他驚呆了。「就算想破了頭，」他說：「我都想不出會在自己的土地上做出什麼傷害鄰居的事。就算想得出來，我也不會去做。」費恩和老西控告了 Ozarka 公司。這些德州老鄉無意間揭露了附屬物權的一項缺失。他們井裡的水感覺像他們的——它一直在他們的土地底下流動，但陌生人可以把它吸走。

自然資源的問題在於，當資源豐足，我們通常會設計原始所有權規則。每個人都有份。如果土地是你的，底下的東西當然也是你的。你能抽多少水？隨便用什麼方法，從你的土地底下抽多少算多少。一開始，附屬物權行得通。你抽水，我抽水，人人都夠用。律師們認為地下水制度屬於**捕獲法則**，就像我們在第一章介紹的關於野生動物的規則。（許多現代所有權規則都可以回溯到多采多姿的農場老規矩。）憑著這條法則，你便可以堅守陣地，腳一蹬，大聲宣布，**底下的東西全是我的**。

然而，制定這個原始規則時，我們忽略了日後資源稀缺的後果。附屬物權對雙方都適用，這是它的重要特性之一。你的鄰居和你一樣有權把他們的吸管插進地下的大水缸裡。從他們土地底下挖出的東西都是他們的，包括原本該流入你井裡的水。如果你停下來喘口氣，而你的鄰居繼續吸，你可能就沒份了。一點不誇張。這不是什麼複雜的競跑。杏仁農和瓶裝水廠商很快意識到，他們需要增加不必停下來喘氣的強大柴油引擎。不久含水層失去了重新貯滿的能力。最終，所有人都一無所有。

現在的房主們沒水可用了，這難道不重要？怎麼會費恩井裡的水一直是他的，等到

Ozarka把它抽走就不是了？這不是盜竊？不，在德州的附屬物權下不算是。

費恩的案子一路上訴到了德州最高法院。並且不斷敗訴，德州將地下水的「絕對所有權」授予地面所有者，讓他們可以隨心所欲抽水，不管這是否會把鄰居的水井吸乾。隨後的法院裁決也已確立，在德州不必遵循費恩所要求的敦親睦鄰行為。儘管鑽井會降低地下水位，損害鄰居的水質和用水，德州法院一直不願干預。他們說，如果你想改變捕獲法則，就讓德州議會通過相關法案。

法院不願干預，說明了所有權設計的另一個特性：規則僵固（rule stickiness）。在一個時代富有成效且有用的規則，在另一個時代可能是災難性的，然而它們依然存在。即使是蠢到家的規則，法官也往往不敢動，有時把責任推給立法機構，有時遵從過去的法院判決，很少打前鋒。懷疑改革是根深蒂固的法界習性。正如布萊克史東[3]於一七六〇年代在第一部全面而淺顯的英國法律綜論中寫的，財產法「如今已形成一個精細的人工體系，充滿看不見的連結和良好的依存性，人只要打破這道連鎖的一個環節，將導致整體的崩解」。

在分界的另一邊，強烈反對無條件遵從先例的最高法院大法官霍姆斯（Oliver Wendell Holmes，Jr.）在一個世紀後寫道，「找不到更好的理由去制定不同於亨利四世時期的法規，這點著實驚人。要是連制定法規的基礎都早已消失，而規章只是靠著盲目模仿過去而延續著，就更令人震驚了。」而律師訓練的大部分教材也都脫不開布萊克史東和霍姆斯——支持延續性價值以及倡導必要變革的兩種主張。

德州選擇了延續性，但早在人們對含水層還一無所知時，附屬物權就在那裡盛行了。當大家挖掘的是對鄰居影響不大的小淺井，捕獲法則或許還可行。沒人想過深鑽和強大的柴油幫浦可以到達地底深處的水源，並且迅速耗盡整個地下水層。鑽探技術和幫浦改變了競賽場，而不光是讓它轉到了地底。

正如德州自然資源保護委員會主席麥克比（Barry McBee）所說，這些老規矩「根本保護不了私有財產權，Ozarka 案便足以證明這點。農民和牧場主認為他們理當擁有絕對的水權。好吧，捕獲法則說他們確實有——除非隔壁鄰居有個更大的幫浦。就這點看來，他們的權益相當短命。」在今天的德州，附屬物權意謂著地面所有者擁有地底流動的水源，但只到另一個地面所有者把它抽上來為止。

當德州考慮改善它的地下水所有權設計，水的大用戶對州議會施壓。德州和西南部養牛業者協會認為，要求「合理使用」（費恩的訴求）將會剝奪「一向」屬於他們的東西。等於嚴正否決了德州的改革。呼應布萊克史東的保守信條，強勢的農業局法律主管佩特（Ridge Pate）補充說：「我們處理的是民眾的財產權問題。當你拿走一個人的財產，到最後要怎麼收尾？」

3 威廉・布萊克史東（William Blackstone），英國法學家，著有《英國法律評論》（*Commentaries on the Law of England*）。

注意佩特這話的策略：他祭出「滑坡理論」（slippery slope）的招數——所有權辯論中最強有力（也最常用）的話術，來為規則僵固辯護。如果你能把必要的改革比成一個滑坡，或者拿出類似的論點，像是「恐怖遊行」或「帳篷裡的駱駝鼻」[4]，那麼，對現有制度的任何改革提議，無論多小多合理，勢必都將走向災難。因此最好是保持現狀，即使它有缺陷。

父母也常對小孩子使出這招。「不行，你不能再晚一小時睡，再這麼下去沒完沒了，要拖到半夜了。」「今天放學後不准吃糖，不然你會蛀牙。」

每當你聽見為僵固規則辯護的滑坡論點，要知道有個同等厲害的回應方式：我們稱作「黏梯」（sticky staircase）的妙招。「沒錯，」你可以先退一步，「老規矩有它的價值，」接著話鋒一轉，「但也並非完全正確，因此，我們不妨先做個合理的改變，先跨出一小步，安穩地停在這個黏黏的梯子上。」

德州水資源發展局的諾爾斯（Tommy Knowles）主張黏梯觀點，提出許多替代方案，例如設立一些限制權力的水資源保護區來約束過度使用、跨流域水市場，以及「合理使用」規則：只要鄰居的供水沒受到威脅，允許無限制用水——也就是可能為睦鄰和永續抽水帶來極大助益的黏梯措施。牧場和農業說客對這些改革置之不理，儘管正如麥克比指出的，鄉村居民是最容易因捕獲法則而受害的一群。

撇開話術不談，關於地下水的爭論可說是稀缺資源管理上的一個反覆出現的典型挑戰。在學術文獻中，這個挑戰被稱為「公地悲劇」（tragedy of the commons），它也是現代所有權設計的基石之一。每個農民都了解，抽水競賽注定要失敗，但如果不能保證其他人也會守規矩，那幹嘛為了公益犧牲小我？如果你想節約用水，別人卻不這麼做，那你就是傻子。但如果沒人節約，農民們就會斷了所有人的水資源。每當各種資源的取得對所有人開放——地下水和石油、魚類和狐狸、草地和牧場……，這種抽水競賽的動力就會湧現。每個農民、漁民或牧民會盡量、盡快地消耗，盡少投資於保護資源，在短期內會富裕起來。這是個人眼前的合理選擇。但是，短期對個人合理的事，長期來看對我們整個群體卻是災難性的。

查理・畢提格利亞諾了解，農民應該減少用水，來防止他和其他人因為地層下陷和枯井而蒙受的損失。「為了挽救我們的谷地，」他說，「我們必須克制自己。」但沒人率先行動。如果其他人都繼續鑽井，那自我約制又有什麼意義？捕獲競賽困住了每個農民，抽水繼續進行，到頭來所有人都是輸家。

應該說，幾乎所有人。在一段時間內，對那些極富有、機動性極強的人來說，無限制的捕獲法則十分有利——富者越富的所有權規則的又一個例子。等 Ozarka 將亨德森郡的地下水抽光，雀巢可以把那些抽水設備轉移到德州其他採用捕獲法則的郡，抽乾它的

4 「恐怖遊行」（parade of horribles）、「帳篷裡的駱駝鼻」（camel's nose in the tent），在修辭手法中，係指某事將導致後患無窮、一發不可收拾的後果。

含水層，再繼續往前。只要運水車繼續進進出出，雀巢瓶裝水廠的一干管理者才不在乎它們從哪裡來。至今，雀巢公司已涉入密西根、佛羅里達、緬因和其他數州的鑽井用水糾紛。

然而，附屬物權不見得會帶來悲劇。當我們仰望天空，飛機從頭頂飛過，土地所有者無法對航線提出權利要求。只剩少數幾個州仍然採用德州的地下水規則：康乃狄克、喬治亞、印第安那、路易斯安那州和緬省。這些州幾時這麼團結一致了。至於其他州，無論是自由或保守，都已經採納諾爾斯為德州提出的黏梯措施的一部分：水資源保護區、水市場和合理使用。

即使在德州，在尊重牧場主和農場主意見的同時保護含水層，也並非難事。怎麼可能？來看石油和燃氣。

黑金

一百五十年前，石油工業在賓夕法尼亞州蓬勃發展。可曾想過快克機油（Quaker State Oil）的產品名稱是怎麼來的[5]？一八五九年，第一波石油熱在賓州小鎮泰塔斯維爾（Titusville）展開。一群盲目掘井者（wildcatter）湧入，爭相從地下開採大量原油。該時期的照片顯示，那裡有著大片連綿不絕的油井。

探鑽者在賓州過度開採石油的原因，和他們在加州過度吸取地下水的原因是一樣的：捕獲法則。因此，盲目掘井者盡可能快速地探鑽。造成的悲劇是石油的浪費。當一片油田有太多油井，油田內的壓力就會下降，而大部分石油仍被困在地底。最好是減少油井數量，減緩開採速度。藉由小心維持油田壓力，探鑽機將能抽出更多石油。

當德州首次探出石油，該州採用了捕獲法則。每一個位於油床上方的地面所有者都可以鑽一口油井。要麼鑽井，要麼放棄。這似乎是個無解的難題，注定走上地下水的不幸結局。

不過許多州的石油鑽探者迅速避開了公地悲劇，不是憑著新技術，而是透過重新設計附屬物權的含義。當石油業者發現油田壓力下降，油井迅速乾涸，他們遊說國會建立聯合開發（unitization），一種新的石油及燃氣所有權形式，目的是集中過度分散的利益。

聯合開發是如何運作的？細節因州而異，但基本概念很簡單。油田上方的所有地主共同組成一個私有單位，類似經營者持股的公司。地主們放棄自己的鑽井權利，交換條件是，他們可以根據自己土地下的石油儲量獲得利潤分成（同時保有農、牧業等地面使用權）。該組織會聘用一名專業營運者來最大化整體營收，方法是探鑽夠多的油井來採油，但又不能多到導致油田壓力下降；油價上漲時多採一些，下降時就減採。簡言之，

5 Quaker State 為賓夕法尼亞州的暱稱。

這個組織的工作是經營油田，創造最大利潤來分配給地主們。

聯合開發依循附屬物權——擁有土地意謂著你擁有地底的石油，但改變了實務運作。你個人的鑽井權成為組織收益的比例份額。比起爭先恐後狂採石油，因而縮小每個人的利益，鄰居們現在有了共同的得分目標。所有人都從盡量把餅做大的做法中獲益，每個人分得的餅也變大了。於是聯合開發成為經營多地主油田和燃氣田的黃金準則，它是解決公地悲劇的所有權設計。

德州是唯一沒有要求強制聯合開發的產油州，地面所有者可以自行建立組織，但前提是所有人一致同意，而這是很難達成的。因此德州改採並遵守一種更集體主義的所有權形式，來解決公地悲劇——對一個重視個人自主的州來說，算是相當奇怪的選擇。從一九三〇年代末以來，德州鐵路委員會（出於政治奇想）一直藉由「配產」（proration）規則控制石油生產：這個州機關每月為個人油田主設定產量上限，同時實施井距規則。如果井的位置距離別人現有的井太近，就不能開挖——先到先贏的形式。比起聯合開發，配產是一種生產成效較低的所有權形式，依賴的是資訊貧乏的州行為者，而不是靈活的私人市場營運者，而隨著鑽探業者轉向深鑽和水平壓裂法，代價也就更明顯了。德州遲遲沒採用最有利於市場運作的所有權解決方案，似乎是因為一些小型獨立營運者（在德州立法機構中擁有強大政治勢力）認為，油井不受組織控制，能讓他們個別開採出更多石油。

其實還有別的方法。

回到加州。該州最近的乾旱打破了長期存在地下水管理上的政治僵局。透過一項新法律，加州正重新設計所有權，來防止土地下沉惡化及更多水井乾涸。也許非要遇上要命的乾旱，才能穰人做出改變吧。

可以用來解決因捕獲法則和隨之而來的公地悲劇所產生的問題的所有權形式很多，聯合開發和合理使用規則只是其中一小部分。我們將在第七章介紹一些更成功的方法，但這裡有個看似激進的法子：改變地下資源的所有權基準。也許它們根本不該屬於地面所有者。

事實證明，在全世界多數地方，它們並不是。一百四十二個國家（包括日本和智利等富裕國家）主張地下自然資源屬於國家，是共同財富的一部分。石油、燃氣和水就像我們呼吸的空氣和我們捕魚的海洋。土地所有權意謂著你握有地面和地面附近的某些權利，但附屬物權不會延伸到地底下。在美國被視為私人土地所有權的「自然」特色的東西，對世界大部分市場經濟體而言似乎是一種怪異至極的選擇。

在美國，想改變地下自然資源的所有權基準，已嫌晚了。很少人認為這些資源應該是公有的。數兆美元已被投入，預期某種形式的附屬物權將支配水、石油和燃氣、煤碳、鈾、鐵和其他礦物。美國是個特例，以後也不會改變。儘管我們定期重新設計附屬物權的實務，例如轉向聯合開發——美國怎麼也不會放棄它對現有資源的處理原則。

然而，對於新興資源，情況就不同了：這時附屬物權必須和許多競爭說法對抗，所有權仍有待爭奪。為了體驗這些新資源衝突的起伏消長，讓我們從海灘開始。

海灘填沙與水泥島

琳達・柴麗住在佛羅里達州德斯坦（Destin）白色沙灘上的一棟三層樓海濱住宅。一九七〇年代的德斯坦還是一座居民兩千的寧靜漁村，如今它是墨西哥灣沿岸最熱門的濱海城鎮之一，旅遊旺季會有六萬五千名遊客到訪。房地產價格也暴漲了。當地人自豪地稱德斯坦是「全世界最幸運的漁村」。

儘管柴麗的家位於熱鬧的景點，她卻不必擔心那些帶來嘈雜擴音器、海灘上的毛巾和帳篷的遊客。她的土地，如同佛州所有海濱地區，從她的後門廊一路延伸到漲潮時的平均水線，乾沙屬於私人；濕沙屬於公有。柴麗很愛她的私人海灘。和許多鄰居一樣，她豎起禁止擅入告示牌來表明這點。

在過去，這條規則對德斯坦濱海區的屋主很有用。海灘通常會隨著水流和暴風雨帶來的沙子變大、縮小。但在幸運的德斯坦，海灘年復一年增長出新的白沙。那些新的沙屬於誰？在佛州，它們屬於柴麗和她的鄰居。附屬物權不只可以垂直擴張，也可以水平擴張所有者的土地。只要乾沙**逐漸**堆積，私人土地便不斷擴張，一直到達平均漲潮線。

這是濱海地區的附屬物權。

但有個問題：附屬物權也有反作用。如果沙子慢慢被沖走，那麼柴麗的私人海灘就會縮小。實際上也縮小了。由於氣候變遷，一世紀以來佛羅里達的海平面上升了約五到八吋，而且還會繼續上升。在這之前，能從自家後門一路走向大海被視為一項絕佳投資。但放眼未來，海濱屋主面臨著氣候現實，每個人都在為僅存的乾沙抗爭。

從一九九五年的歐珀（Opal）颶風開始，德斯坦海灘開始被侵蝕，有時每年後退五呎之多，德斯坦的許多頂級住宅有徹底消失之虞。於是，一群富有的海濱屋主向市府施壓，而市府向州議會遊說，要求保護私人海灘。要如何防止海灘被沖走？蠻力的方法是添加更多沙子，大量沙子。

一世紀前，在海灘上堆沙還只是奇想。早期的佛州投機商人以每英畝不到一美元的價格買下海濱土地。海灘是穢臭的荒地，是漁民曬網及一些危險人物在船隻附近廝混的地方。（第一章提到，洛多威克・波斯特在一片「其實是海灘的無主荒地」追捕狐狸。）然而今天，有半數美國人住在距離海岸五十哩以內的地帶；一棟車庫大小的平房別墅值好幾百萬。

「海灘填沙」（beach nourishment）的實務始於一九二二年的康尼島（Coney Island）。今天的做法是在近海海底挖掘，或從內陸採石場開採大量沙子，然後轉移到海灘上。過去八十年，光是佛羅里達一州已花費十三億美元來填補兩百三十七哩長的海灘。

二〇一七年，美國陸軍工兵部隊傾倒了數十萬噸沙子，就為了支撐一段三千呎長的邁阿密海灘，而當地、州和聯邦納稅人為此支付了一千一百五十萬美元的費用。當今全世界開採量最大、總重量超過我們採出的全部石化燃料的礦物，是沙子和碎石。除了海灘填沙，也用於壓裂技術、填海造地、水泥和玻璃製造等。沙子變得稀缺，而採沙對環境的危害也越來越大。

海灘填沙樂了屋主和當地企業，但它注定是一場徒勞。地質學者指出，想要阻擋潮流（真正的潮流）實在是愚蠢。海平面上升，加上暴風雨，勢必又會把沙灘沖走。生物學家不斷發現海底生物因為挖沙作業而被掩埋或破壞的毀滅性新影響。納稅人有理由把它視為一種暫時保護富有屋主的不正當補貼。然而作業仍然繼續：富裕階層非常善於為了自身利益爭取補貼，卻美其名為保護旅遊業、稅基或財產價值，說得天花亂墜。海灘填沙是附屬物權有利於富人的又一例證。

可是，增加的沙灘是誰的？如果私人海灘緩慢、自然地增長，新的乾沙仍然是私人的。但如果政府突然在被侵蝕的私人海灘和大海之間傾倒成噸的沙子？原來，水平附屬物權也是有限度的，就像之前我們提過的空中和地底的附屬物權。

根據佛州法律，突然擴張的海濱土地屬於公有，而不是私人海濱土地所有者。佛州遵循一條可溯至古羅馬的規則：在諸如颶風造成的突發變化之後，原有的及於平均漲潮線的私人所有權保持不變。而在佛羅里達，這種突發變化的原因向來無關緊要：州政府的海灘填沙就等同於颶風。因此，當德斯坦增加了七十五呎的海灘，新的乾沙屬於公有，可以供那些霸佔海灘的混混自由晃蕩，架起帳篷、冒煙的烤架和擴音器。

柴麗反擊了。在她看來，如果市府說，「我們這麼做是為了保護海灘和旱地的屋主，」倒也合理。市府就是這麼說的，但她不接受這是德斯坦進行海灘填沙的真正動機。「抱歉，再過一百萬年我也不可能相信這種說法。這完全是為了提供他們所追求的公有海灘。」就像空拍機殺手梅里戴斯，柴麗堅持她的產權說法。她和她的一夥鄰居提起告訴，辯稱在州政府填沙的同時，漸進的附屬物權規則應該也適用，而新的公共出資海灘應該被隔開來，作為他們的私有區域。

案子到了美國最高法院，大法官一致裁定，佛羅里達州法院對該州附屬物權法律的解釋是正確的：無論原因如何，該州一直都對突發變化後的水平附屬物權設有限制。無論是颶風或推土機，其結果是一樣的。別的不說，海灘填沙並未從柴麗那裡帶走任何原本屬於她的東西。

對柴麗而言，看著市府將沙子倒在她的海灘上，感覺很辛酸，「法國人看著德國坦克從他們的土地上經過時，一定就是這感覺。這真是對我們憲法權利徹頭徹尾的侵犯。」或許過激了點，但附屬物權的確會引發強烈的情緒，尤其當你感覺到和自己密切相關的東西被奪走時。還記得第二章的捐贈效應吧？

水平附屬物權看來或許瑣碎，只會引起富裕海濱屋主的關注，其實它有著迫切的地緣政治、軍事和經濟上的影響。

今天，沒有任何地方比南中國海的一個分布極廣的群島——南沙群島（Spratly Islands）更能明白顯示這點。南沙群島以十九世紀英國一名捕鯨船長的名字Spratly命名，島嶼很小。它們的總陸地面積只有四分之三平方哩，散布在十六萬四千多平方哩的海洋中。菲律賓、印尼和越南都位於離群島幾百哩的範圍內，而中國則遠得多，約有一千哩遠。直到最近，這些國家都沒怎麼關注南沙群島。島礁上住著螃蟹、海鳥，偶爾會有漁棚。

然而今天，中國正花費數十億美元，迅速將南沙群島的貧瘠礁岩和珊瑚礁轉變為擁有永久定居點和水泥跑道的島嶼。許多安全分析家擔心，這些防禦軍事前哨基地可能引發下一場大戰。為什麼中國對遙遠的礁岩如此感興趣？附屬物權又如何作為這一切的核心？

國際法的一個最久遠的主要部分，所處理的是誰能掌控海岸線以外水域的問題。沿海國家向來希望為自己的船隊保留資源豐富的水域，因此，他們主張附屬物權：**沿海水域是我的，因為它們就在我的海岸往外延伸的地方**。航海國家堅持船隻可以航行到任何地方，要求勞動報酬：**魚屬於那些賣力捕撈的人**。

數世紀以來，各國都遵守大砲射程原則（cannon shot rule）。沿海國家掌控著沿岸外推三浬的水域，因為陸用大砲頂多就射這麼遠。拉丁語舊法律的說法是「陸地管轄權結束在武器射程結束的地方」。這是一條實用的規則。接著，二次大戰過後，美國等強國進一步擴張附屬物權，將越來越多沿海資源納入它們的控制。今天，沿海國家可以主張離岸十二浬的範圍為領海，更重要的是，擁有廣達兩百浬專屬經濟區（EEZ）內的海洋資源。俄羅斯、加拿大和其他國家目前正在北極地區展開角力，試圖趁著氣候變遷帶來的極地冰層融化、新闢深海石油和燃氣通道以及開放航線，將控制權伸向北極。

事實證明，附屬物權是獲取、管理海洋財富的最重要國際法原則。沒了附屬物權，大部分漁穫和深海油田將屬於國際海域，由捕獲法則支配且容易受到公地悲劇影響。在沒有國家控制的公海上，船隻總是競相快速捕撈，於是魚類資源銳減。這正是十九世紀發生在鯨魚身上的事，當時船隊積極尋求可以做燈油的鯨脂（過度捕撈鯨魚是造成陸地石油鑽探的市場開放的部分原因）。海洋生物學家目前監控著一長串在公海被捕撈到瀕臨滅絕的物種清單。

今天，擁有專屬經濟區的國家控制著漁穫佔全球九成以上的海岸水域。附屬物權或許可以解決部分過度捕撈的問題：有了專屬經濟區，各國可以將外國漁船驅逐在外。但本國漁船同樣有能力破壞漁場，而且魚才不管什麼專屬經濟區。種種問題引發了一波所有權創新，這點我們將在第七章中探討。

島嶼國家是專屬經濟區擴張的意外受益者。太平洋中的蕞爾之地，如今都擁有對資源的主權控制，範圍擴及每個島嶼周邊兩百浬寬。例如群島國吉里巴斯，陸地總面積只有三百一十平方哩，然而它的專屬經濟區涵蓋了周圍一百三十萬平方哩範圍的海洋資源。

這就是長期被忽視的南沙群島冒出頭的原因。由於領土控制和專屬經濟區，即使是荒涼的環礁也頓時變得值得力爭了。中國根據可溯至兩千年前的發現（先到先贏）主張其所有權。越南指出，自十七世紀以來它一直統治著南沙群島（佔有）。菲律賓則是以地緣接近作為權利主張的理由（附屬）。

一場國際法庭駁回中國的歷史主張，但中國旋即在位於菲律賓外海、名字取得妙的美濟礁（Mischief Reef）上建立了「漁民遮蔽所」。其實只是幾間彆扭地搭在礁岩上的小棚屋。隨著時間過去，中國的工事加強了，大量挖沙粉碎了珊瑚礁，新生土地也用了水泥結構來加固。如今有超過三千兩百英畝的建設蓋在礁岩上，包括機場、雷達裝置和其他軍事設施。

為什麼拚命蓋建物？根據國際法，一個島嶼若要主張擁有近海的領土控制權和專屬經濟區，它必須在漲潮時露出水面之上，並且能供人類居住。從表面上看，南沙群島的大部分島嶼都不符合這條件，因為它主要是由漲潮時突出水面的礁岩以及只在退潮時露出的環礁組成。中國的戰略近似我們在第二章提到的逆向佔有：對新的可居住地提出所有權要求，接著透過附屬物權，擴大為對周邊水域的權利要求。

美國海軍上將哈里斯（Harry Harris）曾嘲諷這些人工島是「沙長城」，但這可不是鬧著玩的。南中國海擁有豐富的漁區以及石油和燃氣儲量。也許最重要的是，它提供了一條全球數一數二的繁忙船運航線，每年通過的貨物總值超過五兆美元。美國曾警告中國停止在南中國海擴建島嶼，並多次派遣軍艦前往該海域。

儘管沒有動武，但美中之間的口水戰正不斷升高。哈里斯上將表示，如果中國試圖控制群島上方的空權（垂直附屬物權），美國將無視它的權利主張。國務卿蒂勒森（Rex Tillerson）提出海軍封鎖人工島嶼的可能性，此一行動通常被視為戰爭行為。三年後，美國國務卿蓬佩奧（Mike Pompeo）聲稱，「世界不會坐視北京將南中國海視為其海上帝國。」中國官媒《環球時報》（*Global Times*）表明了利害關係，並警告「除非華府計畫在南中國海發動大規模戰爭，任何封鎖中國進入這些島嶼的做法均屬不智」。人工島嶼，加上擴張的附屬物權主張——正在改變全球的權力平衡。

布布、多克斯與鬱金香

附屬物權不只可以往上、往下、橫向延伸，還能深入你的家中，正如妮托雷・娜斯泰愕然發現的。娜斯泰和她的貓布布、多克斯和鬱金香快活地生活在加州庫維市（Culver City）的湖濱村公寓（Lakeside Village Condominiums）。但後來她發現，鄰居的控制透過附屬物權，直接進到了她的起居室。

問題始於，有位鄰居瞥見鬱金香在窗內曬太陽，於是通報了湖濱村公寓管理協會。管理協會提醒娜斯泰，社區規定禁養寵物，罰了她二十五美元，並且命令她把貓送走。娜斯泰拒絕了。管理協會又罰了她一次，接著又一次。

物業管理人布萊德・布朗對那些可愛的貓毫不留情：「這些（規則）是跟著房產一起的，很多人在這裡置產，就是因為我們有這些寵物禁令。」而鄰居大都支持強制執行。「我同意大家有權養寵物，」公寓屋主露絲・費恩說：「但如果這對他們那麼重要，他們就不該搬來這裡，因為他們知道這是違反規定的。有很多公寓可以任你愛養多少寵物就養多少。」

罰款不斷增加，於是娜斯泰提起告訴。管理協會怎麼可能強迫她趕走那些乖巧的居家貓？「我不會把牠們送走，」娜斯泰明確表示，「牠們是我的孩子。我選擇養貓，不生小孩。如果人家攻擊你的孩子，你也會去找個律師，和我做同樣的事。」

這案子上到了加州最高法院，引起全國關注。事關重大。如果法院判娜斯泰勝訴，公寓管理協會可能會面臨破產，將來或許還得頻頻出庭，為每一次針對不滿屋主的例行執法決策進行辯護。但另一方面，如果鄰居能像這樣深入我們最私密的空間，那還有什麼個人自由可言？

一九六〇年以前，在美國幾乎沒人聽過「共同利益社區」（common-interest communities）——當時沒有共有公寓（condominium, condo）建築，沒有高爾夫球場或碼頭社區，沒有門禁社區。共有公寓大樓實際建造起來並不複雜，但它們確實需要創新的所有權設計。當時沒有簡單的方式可以讓個人擁有「10 C單位」——一個脫離土地、高懸空中的小空間，並且獲得貸款，或者和別人分攤電梯、健身房和高爾夫球場等公共設施的所有權和管理權；也沒有辦法可以收取管理費和執行社區規則。這種所有權形式亟待建立，並且加到有限物權類型，也就是我們容許的少數幾種所有權形式當中。波多黎各起了催化作用。它改造了源自德國的舊共有公寓法，後來這項法律從波多黎各躍向大陸，在全國傳播並廣受歡迎。

住宅管理協會（residential association）的迅速崛起徹底改變了美國人的生活、工作和互動關係。它改變了社區的意義。一九六〇年以來，居住在住宅管理協會——至今已超過三十五萬個，管理下的人口已從零增長到了七千多萬。如今，有五分之三的新住戶是住在類似產權共有住宅的建物內。在許多城市，如果你想擁有自宅，你唯一的明智選擇就是找個由屋主管理協會控制的社區。

這種轉變是基於一種迥異於對地下水或魚類的權利主張的附屬物權形式。這裡的附屬物權始於契約，結束於房產。當開發商推動一個新建案，每個第一手買家都必須以契約形式同意社區的管理限制。最初的一致協議對所有住在社區中的未來屋主都具有約束力，而不光是那些和原開發商簽約的屋主。（對非簽署人的約束效力使得這些限制成為一種財產形式，而非契約。）

附屬物權的特徵由此產生，因為這些延續的限制是對等的：擁有一戶房子讓你可以控制鄰居們在家裡做些什麼，而他們也可以控制你：**我可以限制你在你單位內的活動，因為這項權利合法地附屬於我的單位**。管理協會有權——而且也必須代表屋主執行協議中的種種限制規定。正如娜斯泰在訴訟過程中發現的，他們可以、而且確實會進入我們最私密的空間。

管理協會照例會通過一些規定——要是對公眾頒布，恐怕都是違憲的：禁止聖誕花環，禁止草坪發黃，禁止皮卡車，禁止宗教儀式，禁止開日托中心，禁止室內吸菸，禁止太陽能板，禁止草坪火烈鳥裝飾，禁止曬衣繩，禁止政治標語，禁止旗幟。就連晚上在門廊上和約會對象吻別都可能被禁止。住在加州聖塔菲莊園（Rancho Santa Fe）的傑弗瑞・德馬科因為種了太多玫瑰花叢而被罰款。在提告並且敗訴之後，他必須支付管理協會七萬美元的訴訟費用，他的房子也沒了。長灘市一位年老屋主帕蜜拉・麥馬漢因為沒能抱著她的狗通過大廳（狗的腳不得碰觸地板）遭到罰款，最終被迫搬走。所有這些限制都是私自制定的，幾乎沒有司法監督，立法介入更少。

那布布、多克斯和鬱金香呢？牠們輸了。事實上，加州最高法院裁定，如果每隻貓都有申訴機會，那所有共有公寓住宅肯定會被訴訟案淹沒。因此，房主管理協會在實施他們最初一致協議的限制規則上，或多或少佔了優勢。（但後來發布的不須全體通過的細則，法院就稍微沒那麼順從了。）如果你想享受共有宅的好處——實惠的居住空間、志同道合的鄰居以及健身房、高爾夫球場等公共設施，那麼你就得接受鄰居的約束。暫且不論以前家是不是你的堡壘，你的共有宅肯定不是。

也許共有公寓住宅的規定讓鄰居的所有權可以長驅直入我們的私密生活，但就像所有的附屬物權規則，我們必須定出它的界限。什麼時候公寓的限制規定，甚至包括那些一致通過的限制——和所有權的基本價值起了衝突？什麼時候所有權規則剝奪了我們的「締約自由」（freedom of contract）？

對阿雷比恩（Armand Arabian）大法官來說，禁養寵物的規則太過分了，他反對法院的裁決，並寫道：「不只是體現擁有『自己的堡壘』的概念，『擁有一個家』代表了我們民族性格中的自由和自決意識。的確，居住在多單位新建住宅區的人無法像在大片地產上那樣盡情行使這份自由，但也沒道理連養隻不擾人安寧的貓都成問題。」

阿雷比恩法官沒能說服法院——多數法官想要明線規則，而不是迫使法院必須確定每一隻布布、多克斯或鬱金香的合理性的模糊標準（第一章討論的所有權設計選擇）。但阿雷比恩對寵物的看法最終贏得了勝利。州議會無視共有公寓的契約協定，為州內的家庭寵物制定了明線所有權規則。如今在加州，養貓是購屋的基本自由（但不適用租房，因為房東能強制執行禁養寵物規則）。但是對娜斯泰來說，逆轉來得太晚。她和她的貓搬走了。

避免共有公寓管太多的方法是避開共有公寓。但就算你買了獨棟房子，還是逃脫不了附屬物權進入你的家——尤其當附屬的東西是鬼魂。

傑弗瑞・史坦博夫斯基決定離開紐約市，搬到較安靜的地方去。在尼亞克村（Nyack）的拉維塔區一號，他找到一棟理想的房子，一座面向哈德遜河的維多利亞式老宅，離市區只有二十哩。海倫・艾克莉準備將它出售。他們敲定以六十五萬美元成交。一次很平常的房地產交易，和每年數以百萬計的其他房地產交易沒兩樣，直到老史得知這所房子住著惡作劇鬼（poltergeist）——艾克莉刻意培養的聲譽，甚至讓房子列入當地的鬼屋之旅中。然而，艾克莉和她的房地產經紀人將這房子上市出售時，並未揭露鬧鬼的事。

老史想取消交易，但艾克莉拒絕，並引用房地產交易的老規矩：caveat emptor，「貨物出門概不退換」的意思。經過多次法律攻防，法院站在老史這一邊：在宣傳了惡作劇鬼附屬於房子之後，艾克莉再也無法否認他們的存在。法官們得出結論，「根據法律，這是一棟鬧鬼的房子。」家中的附屬物權可以同等延伸到鬼魂以及禁養寵物的規定。

鬼屋現象比你想像的要普遍得多。鬼魂調查員齊默曼（Linda Zimmerman）說，光是尼亞克村就有許多公認鬧鬼的住家。艾克莉的家都還沒登上該地區前十幾大鬼屋名單呢。所幸，在斯坦博夫斯基收手後，愛好鬼屋的買家多次向艾克莉出價洽購拉維塔區一號房——只要她能保證，喬治爵士和瑪格麗特夫人這兩位住在裡頭的惡作劇鬼，能緊緊依附在屋裡，並在房子成交後繼續出沒。

不只鬼魂可以依附在房子裡，從超自然到喪葬，附屬物權可以一路擴及到墳墓。數世紀以來，許多人將親人葬在後院，更有數百萬人被埋葬在長期荒廢的墓園中。今天，他們的親屬仍然可以合法穿越你的土地來致意，即使你根本不知道久被忽略的墳墓的存在。**墓地權**附屬於墳墓，給了死者的後代進入你土地的永久權利。如果墳墓經證明屬於美洲原住民，那麼附屬物權就更嚴格了，有時會禁止任何可能破壞遺骨的工程。

附屬物權是一種工具，物主可以通過它，提出看似和他們已經擁有的東西有關的新資源的權利主張。同時，對共有公寓鄰居、喪親的後代、空拍機玩家、海灘遊客和各州來說，附屬物權都是雙向的。家或許是你的堡壘，但絕不是你一個人的。

地球、陽光與風

這段要討論一個當代難題：樹木對太陽。大概再也沒有比北加州這個名字怡人的小鎮，太陽谷（Sunnyvale），更適合安裝屋頂太陽能板的地方了。卡洛琳・碧塞特和她的丈夫是環保人士，開的是 Prius 油電混合車，而且對他們在自己土地上種植的八棵紅杉十分得意。他們的鄰居馬克・瓦格斯同樣熱中環保。他開電動車，在屋頂裝了太陽能板。然而，隨著鄰居的紅杉樹的生長，原本友好的生態特區變得有如電視實境秀。

紅杉開始遮住太陽能板。瓦格斯要求碧塞特砍掉樹頂。她拒絕了。「我們只是靜靜在這兒生活。」碧塞特說。瓦格斯反駁，「我認為一個鄰居剝奪其他鄰居的能源是不公平的。」他提告了。

關於鄰居和陽光的所有權規定由來已久。在英國，「老採光權」（ancient lights）政策可以回溯到十七世紀，用來防止鄰居阻擋陽光進入已經存在的窗戶。英國法院甚至制定出一種被稱為「抱怨線」（Grumble Line）的標準——一般人會開始抱怨房間光線不好的一個點。然而，當美國建立自己的法律體系，這些規則遭到全盤否定。在這裡，房子幾乎想怎麼蓋就怎麼蓋，不管會不會擋住陽光。而且對大部分人來說，多數時候也沒人在意。這裡有的是空間和陽光。

然而，隨著人口密集社區和平價太陽能的興起，陽光的取得逐漸成為一種熱門資源。類似瓦格斯和碧塞特這樣的衝突事件正在全國各地上演。比如你想種幾棵樹，或者給房子加蓋一層樓，但是增加的高度會遮蔽鄰居的太陽能板。

誰該贏？這裡有一些選項，全都符合本章探討的附屬物權原則：

©碧塞特可以隨意遮擋光線。

©瓦格斯有採光權，不應被樹木遮擋。

©碧塞特可以遮光，但必須賠償瓦格斯的日照損失。

©瓦格斯有採光權，但必須賠償碧塞特的樹木損失。

對碧塞特來說，家是她的堡壘。就像空拍機殺手威廉・梅里戴斯，她也聲稱擁有直達天空的所有權圓柱。如果她想在自己的土地上種植紅杉，那是她的權利。而且這也是一種符合環保的選擇。自己活，也讓樹木活，她說。更何況，瓦格斯是在她種樹五年之後安裝太陽能板的。碧塞特的捷足先登強化了她的附屬物權。瓦格斯應該知道紅杉會長高並且遮住他的充電板，他應該把它們裝在別的地方。

瓦格斯同樣可以提出家是堡壘的主張，只是顛倒過來：落在他的太陽能板上的陽光附屬於他的郊野王國，也因此是它的一部分。碧塞特的紅杉用了他的太陽能。即使碧塞特種樹在先，先到先贏只是眾多所有權說法中的一個。時代在變，各州可以改變所有權的基準，來鼓勵他們認為更有價值的稀缺資源使用方式。最高法院在一世紀前的一件類似糾紛案中寫下，相反的裁決「將阻礙發展，讓一座城市永遠停留在原始狀態」。科技在進步，城市在發展，價值在改變，我們的所有權說法也在跟著調整。

這些觀點各有優點。通常，街坊鄰居會在後院隔著籬笆閒聊來解決這類所有權衝突。可是當善意瓦解，鄰居鬧上法庭，又會如何？對於實體侵入，法院會使用一種叫做**非法侵入**的明線規則——你可以驅逐闖入你土地的人，並向他索取損害賠償。但是對於非實體侵入，法官會引用一套叫做「滋擾」（nuisance）的舊法律。滋擾法禁止你從事「不合理」的資源使用——一種設有標準的評估法。當你的鄰舍在凌晨三點發出震耳的重金屬音樂，這就不合理，而且構成滋擾。然而，在現實生活中，可能很難決定何謂正常、何謂脫軌的資源使用——這就要看所有權基準了。如果鄰居在晚上十點播放鄉村音樂？或者在晚餐時間播放輕柔的古典音樂？

當今的滋擾法十分混亂，它的檢驗標準很模糊而且難以預測。對我來說合理的東西可能會把你給惹惱。**什麼叫合理？**這問題沒有客觀、價值中立的答案。我們彷彿被困在岩石和絕壁、樹木和陽光之間進退兩難。

在諾貝爾經濟學獎得主寇斯（Ronald Coase）的三個獨到觀點的基礎上，有一種**法律經濟學**上的類似評估法。首先，他指出，資源衝突始終是雙向的——種樹和安裝太陽能板都是很普通的資源使用；之所以發生問題，完全是因為它們碰在了一起。只問種樹遮住鄰居太陽能板是否不合理，就是沒抓到重點——雙方的資源使用都會損及對方。如果我們決定維護陽光，那麼紅杉就會被砍掉，是瓦格斯損及碧塞特。但如果我們選擇維護樹木，那太陽能就會被遮住，是碧塞特損及瓦格斯。把所有權授予任一方都會損及另一方。雙方的資源使用是合理或有害，就取決於我們把基準設定在哪裡。在這個簡單框架中，似乎有人注定要輸。人生就是如此，對吧？

不，不見得。寇斯的下一個論點是，如果我們生活在一個「完美」的世界，所有權規則將無關緊要——對經濟學者來說，所謂完美世界指的是一個沒有惡意或其他非理性情感的世界，人人無所不知，談判交易不花錢，執法迅速。根據寇斯定理（Coase Theorem）——最常被引用的一個法則，在這個完美世界中，理性的人們永遠會透過談判，將資源用在最有社會價值的用途上，不管法律怎麼說。

這是如何運作的？暫且假設，我們身在一個完美的世界，而且確切知道太陽能比樹木來得有價值。如果碧塞特擁有種植紅杉的權利，那麼瓦格斯將向碧塞特支付高於樹木價值、低於太陽能價值的費用。碧塞特將同意砍伐樹木，我們將得到太陽能。反之，如果瓦格斯擁有陽光權，碧塞特將向他支付不超過樹木價值的費用。瓦格斯將拒絕這條件（我們已認定太陽能比樹木更值錢）。我們也得到太陽能。

換句話說，在經濟學者的完美世界中，如果太陽能更有價值，我們就能得到太陽能，不管法律認為誰是原始所有人。付費方式可以是這樣或那樣，取決於誰握有初始所有權（法律也由此影響財富的分配），但最後資源總是能得到最高價值的使用。

不過有個陷阱，正如寇斯在他的第三論點中強調的：我們並非生活在完美的世界。人們缺乏理性，對樹木、太陽能板等事物帶有深厚情感，常欠缺重要資訊，也往往不善於談判議價，而且不確定協議是否會得到執行。瓦格斯提告後，碧塞特可能沒什麼心情談判，不管代價如何。然後，資源可能只做低價值的使用，即使在理論上有個可以讓大家都好過些的協議。

那麼回到現實世界，所有權設計真的很重要：如果我們一開始就偏愛樹木，最後我們可能會成全樹木，即使太陽能更具社會價值。而在現實世界中，財富的分配也很重要。我們的初始所有權選擇是有黏著力而重要的。

寇斯的見解促使法律經濟學者發展出後來成為影響巨大的所有權設計工具的東西。他們不再重提何謂「合理」的爭論，而是問一些問題，例如**談判何時可能會破裂？我們**

如何制定初始所有權，讓資源最後較能作為高價值使用？提出這些問題有助於擴展所有權設計，超越上述兩個不盡理想的選項：碧塞特獲勝，再生能源敗陣；瓦格斯獲勝，紅杉被砍。

想像一下，我們決定將所有權派給碧塞特，來獎勵她的家是堡壘和先到先贏的所有權直覺。紅杉能美化環境，但我們也關心可再生能源。為了表明我們的關切，我們可以要求樹的主人付給太陽能裝設者因為遮蔭而損失的可再生能源費用。這時，碧塞特得認真考慮樹木帶來的花費，因為這是她必須付出的代價。如果她真的喜愛那些樹，她可以保留它們，但她必須付費。

或者考慮相反的情況。時代變了，今天可再生能源是第一要務。我們不想像最高法院指出的那樣，「讓一座城市永遠停留在原始狀態」。為了表現這點，我們可以說瓦格斯擁有充電板上的陽光流。但這裡也有個陷阱：碧塞特種植紅杉這件事並沒有錯（畢竟她種樹在先），強迫她砍掉它們，感覺似乎不太公平。因此讓我們要求瓦格斯賠償她的損失。現在輪到瓦格斯必須深刻反思了。真的值得為了確保穩定的陽光而砍掉紅杉樹？或許他也可以大事化小，把充電板移到他土地的別處，一個沒有任何妨害的地方——於是樹木和太陽能都保住了。

實施這方法的一個問題是，很少有正確可靠的資訊可供參考，就算有，法律經濟學者也沒有價值中立的方法，可以評估紅杉或太陽能的真正價值。誰該付誰多少錢？到頭來，所有權必須在價值之間作出選擇。

也許我們根據先來後到原則或強烈的公平感，將所有權分配給碧塞特。如果我們相信鄰居之間多半很善於就這種局部小衝突進行交涉，那麼就讓瓦格斯試著和碧塞特達成協議——如果他真的比較看重太陽能。反之，如果我們強烈希望將人們導向可再生能源，那麼就選擇瓦格斯，然後讓碧塞特向他提出有吸引力的交易條件。

但如果我們認為人們多半很難就我們定下的初始所有權選擇進行協商——也許它的結果關係到上百個鄰居的利益，或者只有少數幾個不好惹的，那麼我們可以換個不同的規則：讓法官為太陽能或樹木的損失定價。雙方不必討價還價，他們只需支付法官設定的金額，便能獲得所有權

因此，最終我們有四個選擇。首先，決定是碧塞特或者瓦格斯擁有初始所有權，接著決定他們是否必須自願達成私人交易來轉移所有權，或者讓法官來決定價碼。這類分析已出現在數千篇學術論文中。如果我們懷疑鄰居間的議價能力（議價往往失敗），就讓法官定價；或者我們對法官的定價能力缺乏信心（他們經常拿不準），就多花點心思制定初始所有權。

在碧塞特和瓦格斯之間，我們認為正確的結果或許應該是支持太陽能，以呼應該州對可再生能源的提倡，**並且**要求法官（或立法機關）公平制定出給碧塞特這類先到者的賠償金。

這些問題不簡單，但是加以明快處理有利於推動所有權設計。首先，從集體福祉、個人自由或任何你選擇的終極價值的角度，問，該優先選擇哪一種資源使用。然後考慮，萬一你把初始所有權放錯了地方，哪一方比較能輕易避掉你的錯誤所帶來的損失？什麼時候值得讓法官介入定價？

或者我們可以沿用舊滋擾法，作為評估「什麼是不合理」的方法。法律經濟學者已放棄這方法，但一般人通常知道什麼是合理行為，什麼是脫軌行為。當你的拳頭碰到我的臉，我們很清楚誰在傷害誰。也許樹木和太陽能板的確是勝負難分——無論對滋擾法或法律經濟學方法都是如此。

回到太陽谷，樹木輸了。加州支持太陽能板主人和可再生能源。一九七八年，該州頒布《遮陽管制法》（Solar Shade Control Act），禁止在上午十點到下午兩點之間的時段遮擋鄰居的太陽能集熱器超過10％，違者將強制執行刑事追訴和每天最高一千美元罰款。太陽能成為正常的資源使用基準，而當紅杉遮住陽光，它們就成了反常。碧塞特懊悔地說：「我們是加州第一個因為種紅杉樹而被定罪的公民。」

碧塞特和她的丈夫不只是第一個，也是唯一因為擋住太陽能板而被定罪的。他們的案件在全國引發一片譁然，導致該州在二〇〇八年修改了該法案。如今，早於太陽能板存在的樹木——就像碧塞特的樹，完全不受該法案的約束，違規行為也是透過民事，而非刑事訴訟來執行。

繼太陽能之後，哪一種新興自然資源可能掀起下一場附屬物權大戰？來看看風。

很容易想像風車是荷蘭運河沿岸的古雅建築，但風力發電已成為一門大生意。荷蘭的巨型風力渦輪機發電量約佔全國發電量的一成。在德州，風能提供了一成五以上的電力，超過美國任何一個州。正如高大樹木可以遮蔽太陽能板，逆風渦輪機所產生的尾流干擾（dirty wind）會讓順風渦輪機效率降低，或根本無法運轉。隨著越來越多公司在全國各地安裝渦輪機，以利用迎風地形的優勢，鄰居間的「爭風」衝突也陸續浮現。

就像太陽能和地下水，風能使得不同的所有權主張互相對立。它應該是一場捕獲競賽，大家可以不斷超越別人，把渦輪機裝在迎風的位置？還是我們要保護第一個安裝渦輪機的人？多數州都還沒有完整的法律來規範風的衝突。我們才剛開始看見許多在所有權設計上的嘗試。紐約的奧齊戈（Otsego）郡現在規定要保持「考量到尾流的後退距離（setback）」，讓渦輪機不會彼此干擾的風流。後退距離就類似油田的井距規則，是德州保持油田壓力的方法之一。但所有產油州（德州除外）後來都了解到，強制性的聯合開發是一種解決資源窘境的優越所有權技術。各州是否該發展「風棚」（windshed）的聯合開發？他們是否該借用水資源法的一些合理使用規則？或者他們該建立另一套所有權規則？

別忘了空拍機航線——另一個潛在的變革性資源。我們該如何處理空拍機殺手？我們可以保護梅里戴特和他的鄰居不受侵擾，讓他們為自己土地上方的空間使用定出價格。

但這種附屬物權規則可能會造成空拍機路線僵局，重擊剛起步的空拍機送貨業。或者，我們可以要求空拍機停留在私人土地上方，例如，兩百呎的高度，並禁止在人的頭頂盤旋。但是，惱怒的房主將沒有簡單機制可以阻止討厭的空拍機飛過。明顯的不公平和隱私侵犯可能會導致更多空拍機被毀。

也許我們可以設計所有權規則，以便快速運送包裹和披薩，維護社會興趣（尤其是對披薩），同時，我們可以補償那些忍受空拍機穿越的屋主，來滿足我們的**家是我的堡壘**（附帶著領空）的所有權直覺。這項技術已經存在了，它讓Amazon、UPS和達美樂披薩公司可以透過微支付（micropayment）來取得空拍機的飛越權利。對那些特別敏感的房主，我們可以逆轉現金流：梅里戴斯可以杜絕空拍機經過，只要他支付送貨公司費用，讓空拍機改飛那些接受現金的屋主的房子。智慧手機的微支付或許會成為二十一世紀的帶刺鐵絲網，只是所有權規則必須跟上。

Chapter 5

我們的身體不屬於自己

腎移植的羅賓漢

幾十年來，李維・羅森鮑姆經營著一家拯救生命的企業。一些因為腎衰竭瀕臨死亡的人來向他求助。他會找到有意願的捐贈者，然後進行謀合，並收取費用。「到目前為止，我從沒失敗過。我做這工作很久了。」他說。

羅森鮑姆的服務費不便宜，他向受贈人收取高達十六萬美元的費用，其中約有一萬給活人捐腎者，其餘用於醫生、簽證代理——還有他的利潤。他解釋說：「之所以昂貴，一個原因是你必須一路『打點』很多人。」昂貴的另一個原因是，從一九八四年美國將活人器官交易定為犯罪以來，這項業務一直是非法的。

二〇〇九年，羅森鮑姆在一次 FBI 任務中被捕，認罪並且成為美國第一個、也是迄今唯一因為出售活人器官被定罪的人。在宣判庭上，法庭座無虛席。這位腎臟掮客被人群簇擁著，但不是憤怒的受害者。一些善心人前來請求從寬量刑。其中一人說：「這案子沒有受害者。捐贈者很高興，受贈者也很高興。」羅森鮑姆自稱「腎移植的羅賓漢」。

政府檢察官駁斥，「他的故事和羅賓漢只有一個共同點，那就是，全屬虛構。」羅森鮑姆指導「捐贈者」向移植醫生撒謊，假裝在做慈善捐助。他是帶著槍進行了數百萬元的仲介交易的，有時還威脅試圖退出的捐贈者。結果他在牢裡待了兩年半。

檢察官說明，監禁他是在警告人們，賣腎是「對人類尊嚴的侮辱」。目前，世上幾乎每個國家都將包括腎臟在內的器官買賣定為犯罪。正如一位醫療倫理學者所說，人體器官市場「對窮人和弱勢群體的剝削實在太嚴重。器官的品質也很令人質疑。人會為了錢撒謊。中間人不必負責，而且很多是罪犯」。

也許吧。可是每個人都有兩個腎，卻只需要一個就能活得正常健康。法律規定，捐贈一個多餘的腎臟是好事——甚至是義舉。每年都有好幾千人捐贈，既然這樣為何不能賣掉一個？移植醫生能獲利，醫院能獲利，那原料供應者為何不能？你多出來的腰子和你院子裡可以賣的多出來的腰豆，有什麼本質上的區別？

當然，花錢買腎可能會對弱勢賣家造成剝削。也許這會降低我們的共同人性。但如果我們真想挽救器官衰竭患者，經驗顯示，允許有限形式的買賣是救命的唯一可靠途徑。自願捐贈和車禍死亡捐贈無法提供足夠的腎臟。鼓勵年輕人騎機車（急診室醫生稱這叫「施主機車」）也一樣。嚴禁買賣致使美國每年約有四萬三千人過早死亡，如同一項研究顯示的，「相當於每年八十五架滿載的七四七飛機墜毀的死亡人數。」相較下，在伊朗——目前唯一允許這方面買賣的國家，沒人因為等不到一顆腎而死亡。

何者對人類尊嚴的侮辱大一些？市場或死亡？羅森鮑姆是惡棍還是英雄？

人常會直覺地認為，有些東西就是不能賣，它們是無價的——意思不是真的沒有價碼，而是根本不該有價碼。從這意義上說，我們的身體是最典型的神聖資源，是自我所有權的精髓。正如一位作者所說，這些資源構成了我們的人性，我們的「人格」

（personhood）。在光譜的另一端則是世俗的，我們在市場上買賣的所有普通物品，像單車、籃子之類。在自我所有權和普通所有權、神聖和世俗之間劃出界線，是一場長達數世紀的纏鬥。

今天，我們幾乎達成了普世人人皆有的自我所有權，對於人的平等尊嚴和價值的認可。然而，與此同時，醫療的進步讓我們有可能將器官和細胞從身體分離出來，創造出幾年前還是科幻小說的新資源。我們應該把這些身體資源視為神聖、世俗，還是介於兩者之間？

答案遍布在地圖上。毫不誇張。今天在蒙大拿州，你可以賣自己的骨髓細胞，但以三千美元為限，而在鄰近的懷俄明州，這種買賣是非法的。在內華達州的某些郡，你可以出賣性服務，甚至童貞，但在隔壁的亞利桑那州，這是賣淫和犯罪。在伊利諾州，你可以出租子宮來孕育別人的胚胎，但跨過邊界到了密西根州就不行了。對於身體資源，神聖和世俗之間可說界線分明——而且往往是州界線。這些地理差異無法用紅州藍州、南北或任何其他像財富或種族的常見歧異來解釋。兩邊都有教徒和無神論者、經濟保守派和進步女權主義者。

自我所有權的規則看似亂無章法，其實不然。本章將告訴你塑造每一次自我所有權辯論的幾種力量。我們無法告訴你應該把羅森鮑姆看成惡棍或英雄，但我們能提供你拆解爭論的工具，讓你可以針對一些最棘手的資源困境，自行擬定解決辦法。

腦子與主子

當我們行使自我所有權，我們等於在主張，**它是我的，因為它來自我的身體**。自我所有權是其他所有權的根源——是你可以根據佔有、先到先贏、勞力或附屬物等原則提出權利要求的原因。

反之，自我所有權有兩個構成要素：第一，不被他人擁有的自由。說得直白點，你不是別人的奴隸。第二，和其他人同等的擁有權力。這種結合——能擁有和不被擁有，是人類自由、尊嚴和平等的先決條件；它是你書寫自己的人生故事的基礎。

奴隸制是自我所有權的對立面。這是美國所有權的原罪。數百萬非洲人被帶到美國，他們無法擁有，而是被其他人擁有。當今的許多關於自我所有權的辯論，都是對非裔美國人身體的殘暴所有權的迴聲——時而直接，時而微弱。即使南北戰爭過後，吉姆克勞法（Jim Crow laws）依然實施著等同於奴隸制的做法，例如佃農制和勞役償債（普遍存在於南方，直到一九九〇年代才終止），強行否決了數百萬非裔美國人的完整自我所有權。

今天，在世界各地，奴隸制已在法律上被廢除。但實際上並沒有。

本名尤多西雅・湯瑪斯・普里多的「洛拉」出生在菲律賓，當了一輩子奴隸。她的主人泰森（Alex Tizon）寫道：「我祖父把她當禮物送給我母親那年，她十八歲；當我們全家移居到美國，我們把她帶了來。」在將近六十年當中，普里多料理三餐，打掃房子，服侍泰森和他的兄弟姐妹以及雙親。他說他的雙親從未付她薪水，還會打她。泰森的母親去世後，他繼承了她。「普里多來和我同住，」他寫道，「我有家庭，有事業，在郊區有房子——美國夢。然後我有了奴隸。」

故事令人吃驚的部分來了：這可不是舊歷史。一九六四年普里多被帶到美國，一九九九年泰森繼承了她。在這些年當中，她只在二〇〇八年八十三歲生日那天回了一次老家——並且發現她以前認識的人幾乎都走了。她回到泰森家，於二〇一一年去世。當泰森在二〇一七年《大西洋月刊》（*Atlantic*）的一篇文章中敘述普里多的故事，讀者無不對她所遭受的不公不義感到義憤填膺。

但普里多的故事並不罕見。根據某些估計，並使用各種定義，今天美國有六到四十萬名奴隸（全球可能高達四千萬）。男人、女人和小孩淪為性販子的債奴，或者被迫在餐館、農場、美容院和其他行業無償工作。你或許曾在不知情的情況下遇見過他們，也許是美甲沙龍的美甲師、美食外送員，或者鄰居的管家，就像普里多。

自我所有權不只是關係到終結人擁有人的惡習，它也包括擴大誰能擁有什麼的範圍。當政府限制某些族群擁有的能力，結果可能十分嚴重。一九三三年希特勒在德國掌權後，納粹通過了四百多項針對猶太人的法律，其中許多法律涉及所有權。猶太人先是被禁止擁有農田，繼而被要求報告他們擁有的東西，接著「猶太人財產」被無償徵收。在德國，剝奪擁有的權利是剝奪生命的前奏。

在美國，類似的法律則是以日本人的被剝奪和拘留、而非種族滅絕告終。一世紀前，法蘭克和伊麗莎白・特拉斯夫婦將他們在華盛頓州的一座農場租給一個日本移民，N・中塚。（他的名字沒有出現在紀錄中。）雙方都不知道州政府將這筆交易定為非法。審理時，法官遵從該州法律，並明確表達了觀點：日本移民是潛在敵人，不能把土地交給他們。特拉斯夫婦敗訴，然後在最高法院再次敗訴。中塚被逐出農場。二次大戰期間，他被拘留在圖勒湖安置中心。

中塚事件並非特例。華盛頓州的法律是根據一九一三年通過的加州《外國人土地法》（Alien Land Law），該法禁止日本和中國人持有或租賃土地，以免他們和歐洲血統的農民競爭。這條加州法律直到一九五二年才失效，當時州最高法院裁定該法律違憲。華盛頓州的法律則歷經多次刪除提議，仍持續施行到一九六六年。目前，佛羅里達州是唯一尚未廢除類似法律的州。該法律仍是正式法條，但並未強制執行。美國最高法院從未裁定這些種族歧視的法律違憲。

同一時期，私人房地產開發商建立並實施了被稱為**種族限制條款**（racially restrictive covenant）的所有權協定，以便將整個社區保留給白人居民。這種廣為流傳的條款主要排除了非裔美國人、亞洲移民和猶太人，還有墨西哥人、希臘人、天主教徒和許多別的群體，隨著地方偏見而異。在一九四九年的劃時代大案，**謝利訴克雷默案**（Shelley v. Kraemer）當中，美國最高法院終於否決了這些契約條款的執行，但它們仍然列在數百萬份契約中，出現在一筆又一筆交易裡。研究顯示，光是它們存在於家庭的「所有權鏈」（chain of title）中，對於誰住哪裡便起了極大影響。

美國女性也面臨了類似的實現自我所有權的抗爭，時常從非裔美國人的奮鬥中尋求啟示，有時領先一步，有時落後。當史坦頓（Elizabeth Cady Stanton）和摩特（Lucretia Mott）在一八四八年籌辦塞內卡瀑布鎮大會（Seneca Falls Convention）——美國第一場女權運動集會，她們的主要訴求是確保所有權和投票權。當時，女性結婚後，根據「妻權從夫」（coverture）的老規矩，實際上不再是自己的主人。一八六九年，著名的反奴隸制作品《湯姆叔叔的小屋》（*Uncle Tom's Cabin*）作者斯托（Harriet Beecher Stowe）寫道：「已婚婦女的地位……在許多方面和黑奴的情況極為相似。她不能訂立契約，也不能持有財產，無論她繼承或掙到了什麼，從那一刻起都變成她丈夫的財產……她從人間消逝了。」

沒了自我所有權，妻子們沒有多少選項可以主導自己的事業，或者帶著任何資產離開粗蠻不幸的婚姻。「男人是，或者應該是，女人的保護者和守衛者。」一八七二年最高法院的一項判決解釋道。「普通法創立者的這個觀點是如此堅定，以致它成了該法律體系的一個準則，也就是女性不具有可脫離丈夫的合法存在，而丈夫則被視為她在社會狀態下的首腦和代表。」法官們總結說，「這是造物主法則。」

腦子與主子法則一直運作到最近。在二十世紀的大半時間裡，美國好幾個州的法規賦予丈夫處置所有共同財產的權力。即使是女性花錢買的住屋，她的名字在契約上，丈夫也可以在她不知情或不同意的情況下把它出售。最後一個廢除這些規定的州，路易斯安那，直到一九七九年才在聯邦法院的強制下這麼做。

未婚女性的日子也不見得好過。在國會於一九七四年通過《平等信貸機會法》（Equal Credit Opportunity Act）之前，如果沒有男性共同簽署，銀行可以拒絕女性申請信用卡。

自我所有權的弧線已經向更大的包容度彎曲。非裔美國人、亞洲移民、猶太人、女性等曾經因為其群體特性，被排除在特定類型的所有權外。然而，隨著時間過去，他們的擁有能力也在穩定增長。我們稱之為普遍性衝力（universality impulse），這是所有權設計的一個不顯著的特徵：當一種所有權形式被一個群體（通常是白人男性）取得後，時間久了，必須納入其他人的壓力也逐漸累積，直到這種形式被所有人平等獲取。普遍性並非必然會發生，實現並維繫它需要持續不斷的抗爭。同性婚姻是最近的一個例子，它將長期以來一直為異性戀者所擁有的平等所有權延伸到了男女同志情侶。

對所有人來說，自我所有權始於對自己身體的掌控，接著擴展到包括積累資產、開創更美好的未來、投資於家庭和職業，以及最終以正式公民身分參與民主等權利。它意謂著有能力書寫、改寫自己的人生故事。這些都是艱苦的戰鬥，隨時會出現新的戰線。

頂級卵子

溫蒂・杰瑞希是一位技術高超的針灸師，經營著自己的事業。她受過良好教育，擁有綜合醫學碩士學位。杰瑞希以每次「捐贈」兩萬美元的價碼出售她的卵子，藉此增加收入。除了一個和她同住的兒子，她的卵子還培育了十個活著的生物學上的子女。每年有超過一萬名嬰兒經由類似的買賣出生，推動了全美每年八千萬美元的卵子捐贈市場。只要拿起一份大學報紙，便可以看見招聘捐贈者的廣告。

杰瑞希在業內被稱為「一流捐贈者」，收費超高，因為許多買家想要像她這樣的捐卵者。洛杉磯一家卵子經紀公司董事雪莉・史密斯說，價碼「通常是根據較高的教育程度和優異的 SAT 成績」。正如史密斯指出的，「每次我們釋出一位漂亮出色的捐贈者，而這人又具備聰明等等特質，總會立刻接到一堆電話。我把這叫做『餵食狂熱』（feeding frenzy）。從來沒有客人說，『我超想要一個又笨又醜的捐贈人。』」

史密斯的頭號捐贈者賣一次卵子收費十萬美元，這樣的酬金通常只付給金髮碧眼、健美的常春藤盟校學生。亞洲和猶太女性的收費也十分可觀。史密斯認為這種辨別品味完全正當。「當你選擇一個結婚對象，」她指出，「你也在為你的孩子選擇基因……為什麼你不能稍微留意一下捐卵者具備的特質，畢竟這人是要幫助你建立家庭的？」一項研究發現，大學報紙刊登的徵求捐贈人報酬，平均 SAT 成績每提高一百分，金額就增加兩千美元。

一九八〇年代以前，這個市場還不存在，原因很簡單，當時還沒有辦法讓女性卵子在體外受精。體外人工受精（IVF）技術的發展改變了這點。如今，有八分之一的IVF療程使用捐贈的卵子。當然，其中有些卵子是利他捐贈的，也許是為了幫助不孕的朋友和家人，但大部分是買來的，儘管卵子經紀人仍然慎重地稱賣家為「捐贈人」，以免引發關於神聖和世俗所有權的爭議。

高昂費用可能是極大誘因。捐贈卵子需要連著數週自行注射強力藥物，來刺激卵子的產量；然後在麻醉手術下取出卵子。過程可能十分痛苦而危險：助孕藥物可能會過度刺激卵巢，釋出過多卵子；手術和麻醉的罕見併發症還可能導致不孕、血栓甚至死亡。「這可不只是說『好吧，我可以把卵子拿出來給你』那麼簡單。」杰瑞希說，「妳等於是把幾個月時間獻給這些人，犧牲了妳自己、妳身體的一部分。」

卵子買家是這個市場的另一方。對他們來說，這種交易或許很神奇。米雪・貝德四十三歲結婚，努力想懷孕，但很快發現自己的卵子無法存活。於是她開始物色捐贈者。「就像在網上約會，」貝德說，「沒過多久，我相中一個女孩，在我看來她簡直是天使。」兩年後，貝德生下一對雙胞胎，付了七千美元給她的「天使」，外加一萬三千元醫療、法律和經紀人費。對貝德來說，這錢花得「超值得」。對許多男同志配偶來說，買卵子是養育血親關係子女的唯一途徑。

每個國家都必須作出決定，自我所有權是否該包括出售自身卵子的權力？卵子是神聖的——就像身體，是我們人格的組成部分——不得出售？或者它們是世俗的，就像我們在市場上買賣的其他商品？它們比較類似多出來的腰子，還是腰豆？

美國的生殖科醫師試圖折衷處理，以便有利買賣，但實施價格上限。醫師組織發布了指導原則：超過五千美元的卵子支付「需提出正當理由」，超過一萬的則是「不恰當」。他們認為，高價可能讓脆弱的捐贈者承擔不合理的健康風險，也將貧困的購買者排除在生育治療之外，因而創造出一個同時具有剝削性、侮辱性和排斥性的市場。

然而，對捐卵者琳賽・卡瑪卡伊來說，這些理由聽來十分牽強——不像道德高尚，倒比較像自私自利的藉口，讓生殖科診所——而不是捐贈者，可以制定價格，侵吞利潤。因此，她提出推翻價格上限的訴訟。既然要開採女性身體作為原料，卡瑪卡伊希望得到全額付款，而不是一點零頭。洛杉磯的卵子代理商史密斯表示贊同，說：「醫生的待遇可沒有上限，他們可以隨意收費……代理商當然也會從中獲利。既然其他人都沒設上限，為什麼捐贈者的報酬就得定出金額？」

生殖科醫師很快讓步，並和卡瑪卡伊達成和解。如今，一般卵子以一般價格出售，優質卵子以市場所能接受的價格出售。在美國，有大量卵子待售，儘管有排卵注射、手術和其他風險，儘管它對我們在人類尊嚴和平等方面的共同理解有著潛在影響。

所有權的調光器

五十年前，當人們說「You look like a million bucks」（你看來棒極了），那只是一種恭維。然而今天，這或許更像是一種冷酷的會計學。除了卵子，我們還可以出售頭髮（紅髮高達三千美元）、血漿（經常性捐贈每年可達五千美元）、精子（堅定捐贈者每年可達一萬美元）、母乳（「營利性擠奶」每年可產生兩萬美元收益）和清潔尿液（每份樣本四十美元，黑市價格更高）。到了死後，還有一個陰森可怕、有利可圖而且多半不受監管的人體器官市場。你的身體真的成了金礦。

除了活體移植所需的高價項目。聯邦法律禁止人們出售腎臟等多餘器官、肝臟等再生器官以及肺、腸這類可部分移植的器官。從頭到腳，我們面臨著一個難題：如何破解關於我們身體哪些部位能賣、哪些部位不能賣的規則迷障。

答案是：我們設定選擇的方式錯了。對於來自我們身體的各種資源，我們傾向把所有權想像成一個 ON/OFF 開關。在 ON 的位置時，就是我們稱為世俗的部分——允許在市場上買賣的。當我們把它切換到 OFF，就表示該資源是我們人性的構成部分——「沒錯，這資源屬於你，但不能賣給別人。」幾千年來，這兩種選擇還算夠用。

對於人的頭髮，開關一直是 ON。頭髮的買賣沒有爭議，也許是因為它長在我們身體外面，可以無痛地剪掉，而且再生速度很快。頭髮市場可以追溯到古埃及。十九世紀，有些歐洲村莊每年都會舉行「頭髮收成」，貧窮女孩在此時出售（或被迫出售）自己的髮束。如今，全球的年交易額已超過十億美元。儘管頭髮市場可能會剝削賣家，我們並未聽見什麼人呼籲要禁止買賣、追查頭髮來源，或提高賣髮者的報酬。恰恰相反：一些不受監管的新產品，例如接髮——銷售奇佳。

相較下，對於嬰孩，開關似乎關閉了。父母不得賣掉嬰兒。我們對販嬰畏縮不前，原因和我們之所以排拒奴隸制是一樣的。即使販嬰已是自由公平，而且資訊充分，買賣雙方也都相當寬裕——我們多數人仍然會排斥嬰兒市場。為什麼？因為正如產權學者拉丁（Peggy Radin）明確指出的，光是它們的存在便足以貶低「人類世界的質感」。而且這類市場不會尊重新生兒的自我所有權——他固有的自由、尊嚴和平等。想像一下，你是你父母從 Amazon 網站買來的，而你的送子鳥是 UPS 無人機。為了保護這些核心價值，我們把開關撥到 OFF。個體是神聖的，不能賣給別人。

但這裡有個陷阱。開關並沒有完全關上。也許，如同湯瑪斯・傑佛遜在《獨立宣言》中寫下的，成年人「被造物主賦予了某些不可剝奪的權利」，但兒童卻並未被賦予。父母擁有一些對孩子的所有權。沒錯，他們不能賣掉孩子，但他們可以把孩子送人——我們稱這叫收養。長久以來，法律一定程度將父母的權利界定為所有權——**查莉？她是我的**，只要是在符合孩子福祉的範圍內。因此，就像腎臟一樣，ON/OFF 開關也不太適用。

過渡到成年階段的轉變，很大程度可以從越來越脫離父母的所有權這點來衡量。對許多人來說，青少年時期的抗爭包括一些常見的爭吵段子，「不准穿那樣出門。」「當然可以，身體是我的，況且我已經長大，可以選擇了。」有一段時間，父母會贏得這些爭吵，但很快地，孩子往往會勝出。自我所有權意謂著你可以留小平頭，穿肚臍洞，或在身上刺一隻龍。慢慢地，孩子們成為完整的自我所有權者，對父母來說，所有權開關切換到了OFF。

在頭髮和奴役之間，這是根據自我所有權提出身體資源權利要求的一個爭議性的領域。人體器官市場曾經是科幻或恐怖電影的情節。但現在，由於醫學的進步，醫生們可以安全地（或多或少）切下越來越多的身體資源，用於有價值的途徑。

這些新資源有許多具有中間性質。正是在這裡，開關的意象阻礙了我們對所有權設計的思考。有個更好的方法：讓我們把意象從ON/OFF開關升級成調光器。**切換開關**讓我們只能看到要不全有、要不全無的所有權解決方式。**旋轉調光器**卻可以看見從完全調亮（不受限制的市場買賣，世俗的）到完全調暗（禁絕交易，神聖的）之間的一系列選項。

這場爭論觸及的可不只是我們身體內部的自我所有權。當人們將有形資源看成極為本質的，也就是說，看成我們做為自由平等的人所必不可少的——它們往往會得到獨特的法律保護。這正是為什麼我們有時可以利用租金管制、破產時的宅地豁免權和共有土地的「實地分割」（我們將在第六章中討論）來擊敗市場力量，讓人們保住家園。

每當出現新的資源，所有權都是模稜兩可、充滿爭議的。我們需要一個初始規則來確定誰是最早的所有者，以及他們擁有些什麼。為了了解調光器是如何運作的，讓我們回到羅森鮑姆的生財之道：腎臟。如果在自由運轉的市場上出售，多餘的腎臟能挽救生命，而它們也是我們人類的組成要素。但是ON/OFF開關不允許我們滿足這種中間地帶的天性，而是迫使我們作出極端的選擇。

當移植於一九五〇年代首次在醫學上成為可能，患者大都無法存活。直到二十年後，當更好的抗排斥藥物提高了存活率，對腎臟的需求才開始增加。一九八三年，維吉尼亞州商人雅各布斯（H. Barry Jacobs）發現一個商機：商業性的腎臟買賣沒有法律障礙。於是他著手開創一個市場，讓賣家報上自己的價碼，找到買家，並從中賺取經紀費。

為了有助於制定初始規則，人們通常會使用**類比推理**（reasoning by analogy）——類比是所有權設計和一般法律推論最廣泛使用的工具之一。各州就是這麼制定石油、燃氣和水的初始所有權的，認定它們和狐狸類似，於是引入捕獲法則（如第四章所述）。這種工具有個特點，它很容易和ON/OFF開關意象吻合。我們只需要問：賣腎更像賣頭髮或者賣人？

對於雅各布斯的商業計畫，維吉尼亞州議會將器官買賣類比為奴隸制，禁止了這種業務。隨後，國會將維吉尼亞的禁令擴大到全國，於一九八四年通過《國家器官移植法》（National Organ Transplant Act, NOTA）——將羅森鮑姆送進監獄的法案。對許多人來說，出賣身體器官的想法簡直難以容忍，真的就像蓄奴，是把某一類人看成次等人。如果這是你的觀點，那你還是守著NOTA吧。禁止買賣來維護人類尊嚴，防止對窮人和弱勢群體的剝削。

問題是，適用於某些目的的類比，對其他目的卻會造成誤導。它們是一種話術，不一定合理。腎臟沒有自主的自我所有權利益。多餘的腎臟對生存也並非必不可少——利他捐贈者仍然過著美滿健康的生活，還因為向家人、朋友甚至陌生人的贈與而受到應得的讚揚。腎臟和它們所寄居的人類並不完全相同。這些差異很重要，也可能會促使你容許腎臟交易。

在所有權設計中，**區分推理**（reasoning by distinction）可說是和類比推理同樣強大的工具。換成調光器的意象讓我們在設計所有權時一併考慮到相似性和差異性。也許我們可以把調光器轉到能夠創造出守護資源神聖品質的世俗市場的位置。這麼一來，我們將可以每年拯救數千人免於因腎衰竭死亡……同時維護人的尊嚴，防止脅迫。

這在腎買賣又是如何運作的？首先，如果你擔心窮人捐贈者會成為富人的備用器官銀行，那麼就禁止在公開市場上銷售。對eBay拍賣說不。我們可以將買家限制在醫院和保險公司，並要求他們將購買的腎臟用在那些位居醫生決定的移植名單榜首的人，無論貧富，就像今天對許多捐贈器官的處理方式。交易價格或許達不到拍賣價，但醫院和保險公司仍然可以形成一個穩固的現有買家團，而窮人也可以成為移植受惠者，再也不必三天兩頭洗腎。

如果擔心不健康的捐贈者出售壞腎，那就要求做嚴格的醫療篩檢，就像現在的捐腎者已經在做的。或者，如果擔心賣腎會讓貧困捐贈者面臨日後健康受損的風險，可以要求將擔保終生健康保險納入報酬——這是紐約州議會二〇一九年考慮採用於捐贈腎臟的一項規則。

如果你擔心賣腎會壓迫最弱勢的人，想想其他狀況。窮人已經加班超時，從事危害健康的危險工作——他們將自己的所有權轉化為辛勤勞動，然後轉化為現金。為什麼要否定成年人不須在煤礦或便利商店打工，靠賣腎來償還抵押貸款的能力？自由派常在墮胎議題上堅持「我的身體，我的選擇」，卻在賣腎問題上退縮。同樣地，保守派會讚揚「締約自由」，卻反對讓人們針對身體完整性締結契約。換言之，假設（這可能是個勇敢的假設）我們能創造出可以防止剝削和貶抑的公平安全的市場，為什麼不讓個人有機會在賣腎和採煤礦之間作出取捨？

如果你擔心腎臟買賣成為通往奴役的滑坡，那麼，我們可以讓它成為一道黏梯（第四章介紹的工具）。何不先跨出救命的一步（引入嚴密監管、保護的市場）然後停止？

再說，也不必把現行規則想得太好。就像禁酒時代的酒，器官買賣禁令只會將市場推向地下。世界各地存在著殘酷的非法腎交易市場，「捐贈者」得不到保護，得到的報酬微乎其微。最富有的病患，而不是最急需的人——知道該往哪裡找、該付錢給誰來挽救自己的生命。其他人只有一死，而更多人承受著洗腎折磨，明知道自己需要的腎臟存在著，人們也願意賣腎，保險也會支付（因為移植比洗腎便宜得多），可是NOTA和世界各地的類似法律卻讓器官遙不可及。

最後，審慎設計腎交易市場的想法——把調光器往下調暗些，其實並不新奇。一九八四年，NOTA也禁止販賣幹細胞——當年經由髖關節手術好不容易從骨髓中獲取出來的。然而今天，這種細胞可以輕易從血液分離出來。二〇一一年，一次涵蓋西部九個州的聯邦上訴法庭改變了幹細胞的類比，形容它比較像可以買賣的血漿，而不像不得買賣的腎臟。

不過，法官們也沒有把調光器一路推向全面開放交易。潛在賣方必須加入全國器捐登記，由醫生根據醫療需要和細胞相容性進行配對，如此賣家便無法向急切的病患兜售自己的細胞。賣家不會直接接觸患者。費用上限為三千美元，來防止對弱勢潛在賣家的不當利誘——就如醫生試圖對卵子交易施加的上限。使用調光器在神聖和世俗——禁絕交易和浮濫交易之間移動，有可能挽救每年死於等待幹細胞移植的三千條人命的一部分。然而潛在賣家只存在於二〇一一年法院裁決涵蓋的蒙大拿等州。越過邊境到懷俄明，調光器被完全調暗了。花錢買幹細胞仍是被禁止的，和腎臟買賣一樣等同犯罪。

NOTA也並非固定不變。這法案成立還不到五十年。當年國會通過NOTA時，它顧慮的是「人體器官不應被視為商品」。從那時起，NOTA的代價益發明顯：器官的醫療需求不斷增加，而提高供應的自發捐助方式卻沒有著落。有很多很好的針對腎臟交易的反對意見——讓我們煞住的防止脅迫、維護尊嚴等反對意見，但聰明的所有權設計或許可以直接解決每一項顧慮。只要我們願意，我們可以將所有權調光器往上調一些。

如果你想找到所有權規則，最好的辦法就是從掌握類比和區分推理的藝術開始著手。這正是蒙大拿法院針對幹細胞的做法，也是所有人都可以在日常生活中運用的工具。每當你聽見有人用類比推理——「腎臟就像人」，想想它們的區別；「腎臟沒有個性，它們不會獨立思考」，有說服力的區別足以定生死。

再談頂級卵子

讓我們回到溫蒂・杰瑞希和她的貴重卵子。當體外受精術於一九八零年代讓卵子買賣成為可能，我們必須為它定出初始規則。照此類推，卵子更像腎臟還是精子？

美國各法院選了精子，並啟動了一個生氣蓬勃的市場。的確，卵子在某些方面很像精子。它們被提取出來後還剩下很多。只要和對方結合並在子宮內孕育，兩者都有能力創造出生命。兩者也都可能引發關於非自願父母職（如在離婚或死亡後違背捐贈者的意願使用）以及對所產生子女的潛在父母義務（這些子女也許會想知道他們的血親捐贈者，或者為了醫療的理由需要知道）的關注。這些因素促使人們同等看待精子和卵子，並且把調光器從任意買賣推離一個刻度。

但區分也很重要。就像頭髮，精子很容易收集而且能迅速再生。相較下，卵子的提取困難多了，包括排卵注射、手術、麻醉和潛在的危險併發症，或許更像是腎臟。弱勢或不情願的卵子賣家可能因為迫切需要大量即期現金收入，而過度低估了情感和健康風險；有意願的賣家也不一定負擔得起後續的照護。強勢的中間人可能會欺騙捐贈者，侵吞大半利潤。根據這些差異，我們應該把卵子的調光器轉得比精子暗一些，需要更多的諮詢和後續護理，可能會對買賣施加更多限制。

另一方面，對性別平等的關注或許會促使我們把卵子的調光器往上調亮——儘管帶有風險，更趨近於精子和自由市場。卵子交易在一九八〇年代首次成為可能，當時正值世代更替之際，許多女性極力爭取對自己身體以及平等市場地位的控制權。這正是卡瑪卡伊挑戰生殖科醫生的價格上限的目的。今天，如果我們要為男女設定不同的所有權調光器亮度，我們恐怕需要足以服人的理由。

我們該把調光器設定在哪裡？我們最深層的（通常也是未經檢視的）道德許諾影響了我們的決定方式。假設我們可以保證卵子買賣是完全透明安全、非脅迫、免費而且公平，有些人可能依然會反對，不見得是為了強推性別角色，而是出於對共同人性的特殊理解的一種許諾。他們的觀點是，在一個正派的社會中，卵子根本不該有價碼。

為了明白這種憂慮，不妨想想名校報刊上經常出現的徵求卵子捐獻者的廣告。這類廣告為那些身材高挑健美的白人或亞洲女性的卵子提供高價。在過去五十年裡，聯邦法律明定「白人室友」、「漂亮女性」空服員等廣告字眼為非法，因為這些廣告會讓歧視文化變得合法並且永久存在，即使只有少數房東和房客、雇主和雇員同意這樣的條件。那麼，為何徵求卵子捐贈者就可以刊登類似廣告？

明理的人們對卵子買賣的看法也有分歧。美國選擇把調光器調得很亮，接受隨之而來的各種挑戰。加拿大、中國和多數自由派歐洲國家則採取相反做法，禁止商業交易。在英國，捐贈者只能得到一點補貼意思意思，例如前往診所的計程車費。因此，少有英國女性捐贈，在英國要等上好幾年才能得到卵子。如今，大批「求孕觀光客」（fertility tourist）從各國湧入美國購買卵子並建立家庭。

即使在一個曾在各種「上帝與國家」的重大問題上意見一致的家庭中，往往也能引爆對人體器官買賣的強烈歧見。有些人會把調光器的亮度調低，因為他們顧慮到尊嚴或脅迫的問題。其他人可能會把它調高，因為自由或市場這類詞彙是他們的檢驗標準。此外，觀點也會隨著人首先想到的是類比或區分，以及陳述問題的方式（回想第二章討論的所有權心理學）而發生變化。這也是為什麼關於自我所有權規則的意見，不容易在紅藍州、南北方、財富多寡地區、宗教保守派或世俗女權主義團體之間，甚至在餐桌上取得一致。

把自我所有權看成調光器頗具挑戰性，但這能讓我們超越簡單的ON/OFF開關拉鋸戰。相反地，我們可以直接按照每一種核心價值的條件來為它設計所有權形式。也許有可能創造出雙贏的解決方案。但為了這點，我們還需要取得一種重要的所有權設計工具。這正是我們接下來要討論的。

摩爾與拉克絲

你的身體或許是一座金礦，但你不見得是採礦的人。別人可能會為了自己的利益從你身上獲取資源。約翰・摩爾便學到了慘痛的一課。

一九七〇年代，摩爾在阿拉斯加輸油管系統工作，被診斷出患有髮狀細胞白血病，一種罕見癌症。他向加州大學洛杉磯分校（UCLA）的癌症指導研究員戈爾德（David Golde）尋求治療。戈爾德成功切除了摩爾患病的脾臟。接下來七年，摩爾定期到洛杉磯回診，做骨髓、血液和精液採樣。他忍受那些磨人的旅程，以為這是後續護理的一部分。不過，摩爾覺得奇怪，為什麼不能讓西雅圖的醫生替他採樣。當戈爾德表示要支付他飛往洛杉磯的機票錢，並安排他住進一家豪華飯店，比佛利山威爾希爾飯店，摩爾開始起疑。

在一次旅程中，摩爾拒絕簽署一份同意書，這份同意書要求他把使用他的血液或骨髓研發的任何潛在產品的「所有權利」授予加州大學。戈爾德緊追不捨，打了三通電話給摩爾，問他為什麼不同意。當摩爾支吾其詞，說他大概忘了，戈爾德寫信到西雅圖，纏著他簽字。摩爾請了律師。

他得知他的癌變脾臟中的白血球細胞十分特殊，會大量製造一種極為珍貴的蛋白質。手術後，戈爾德和他的同事開始研究方法來分離這種蛋白質，準備大量生產以供銷售。他們利用摩爾的脾臟培育出一種新的細胞株——能在培養皿中存活，並且獨立、永久繁殖的細胞。摩爾了解到，他熬過的那七年術後治療，有一部分是為了增進戈爾德的財富，而不是他的健康。

摩爾拒絕簽署同意書後不久，戈爾德申請了一項專利，聲稱擁有「Mo」細胞株的所有權。戈爾德已經從一家生技公司獲得價值超過三百萬美元的資助，未來可望再獲得好幾倍的收益——據當時預測，Mo細胞株的價值將達到數十億。摩爾一毛也拿不到。他告訴一名記者，「被當作Mo，在病歷中被稱作Mo：『今天看見Mo了』，簡直不被當人看。突然間，我不再是戈爾德一把摟住的那個人，我是Mo，我是細胞株，就像一塊肉。」

摩爾控告戈爾德和 UCLA 盜取他的細胞，並要求補償，辯稱他的自我所有權包含了從自己脾臟中獲益的權利，起碼應該和那些擅自把它商業化的醫生所主張的一樣多。

摩爾的案子並非特例。你或許還記得海莉耶塔・拉克絲（Henrietta Lacks）的故事，故事主角由於思科魯特（Rebecca Skloot）扣人心弦的作品《拉克絲的不朽生命》（*The Immortal Life of Henrietta Lacks*）以及歐普拉主演的 HBO 電影而聲名大噪。當拉克絲在一九五一年因子宮頸癌垂死之際，約翰霍普金斯大學的研究人員提取她的細胞，用它們研發出第一個能永遠存活的人類細胞株 HeLa。毫不誇張地說，HeLa 革新了現代醫學，為生物醫學產業帶來許多財富。僅舉幾個例子：化療，小兒麻痺疫苗，還有讓卵子捐贈和妊娠代理市場迅速發展的體外受精技術。

然而，病人卻過得不太如意。治療拉克絲的醫生從未徵求同意使用她的細胞，也從未付錢給她。拉克絲的丈夫和孩子們也是直到多年後，研究人員來找他們索取組織樣本以改善細胞株，才知道 HeLa 的存在。拉克絲的長女艾爾西死於貧困，她的兒子喬在牢裡。另一個女兒黛博拉是患有關節炎和抑鬱症的未成年懷孕媽媽。拉克絲的家人如果能得到 HeLa 利潤的一小部分，他們的生活肯定很不一樣，或許會更好。

拉克絲沒有機會提出基於自我所有權的權利要求。她的細胞被提取後不久她就去世了。然而，摩爾活得夠久，可以提告，而且一路追訴到了加州最高法院。UCLA 的科學家是否盜取了他的細胞？對法院來說，答案取決於，當初戈爾德拿走這些細胞時，摩爾是否擁有它們。

法庭採用切換開關法，把衝突縮減到一個刻板的選擇：摩爾或戈爾德，誰擁有那些細胞。如果開關打開，摩爾贏，他有權賣掉那些細胞；如果關上，摩爾輸，這些細胞將免於受市場影響，以支持別的基本價值。對法院來說，關鍵價值是促進科學創新，他們不是太在意摩爾的人格。法院擔心，允許患者掌控被切除的組織，將讓醫生陷入昂貴而漫長的談判泥淖，將「研究人員購買的每一個細胞樣本變成訴訟樂透」。最終結果將是「限制必要原料的取得，因而阻礙了研究」。他們認為，避免這種結果的最簡單方法是，將自我所有權開關撥到OFF。於是摩爾輸了。

他於二〇〇一年去世，未獲補償，享年五十六歲。

法院的解決方式令人費解。的確，促進科學研究是一項重要價值。戈爾德努力研發細胞株，他付出的生產勞力或許應該獲得獎勵。但我們關心的不光是勞力。為什麼摩爾不該對取自他身體的珍貴資源提出一種制衡的權利要求？該不該保護手術期間的弱勢患者？法院對「獲得必要原料」的關注轉化成了醫生為了利益開採人的身體。聽來不像對人類尊嚴的敬重。

實際上，法庭告訴摩爾，他的身體太神聖了，因此他是唯一不會從Mo細胞株獲得報酬的人。

法官們沒能考慮一種能夠調和摩爾和戈爾德的權利主張的所有權工具——讓我們把調光器設定成能夠同時獎勵自我所有權和勞力、尊嚴和科學進展。律師們稱這工具叫「權利補償區分」（rights-remedies distinction）。這是一個兩步驟的過程，以下是它的運作方式。

首先，我們確立摩爾對被切除細胞的權利。多數人會同意，摩爾的自我所有權至少該包括說不的權利。**不許碰**。**手術完就把細胞燒了**。自我所有權的這個基準面向解釋了為什麼如果你把多餘的腎臟留在體內，沒人會指責你私藏器官，就算你的選擇幾乎確定會宣告某個有名有姓的人死亡。同樣地，照此類推，如果你婉拒協助醫學研究，你也不能算是私藏細胞的人，就算最顯赫的醫生為了你的特定細胞的非凡科學價值，請求取得你的細胞。但是，如果自我所有權只包括說不的權利，那麼很多取自身體的珍貴資源可能會被摒除在科學之外。

相較下，如果我們把調光器稍微調亮些，患者會有較多理由同意提供自己的細胞。一種反應可能是只把調光器調亮一點點，允許摩爾將細胞送人，就像捐出一個腎臟或者把孩子給人收養。為什麼摩爾不能指示將他身體的寶藏捐給他中意的醫院或慈善機構？或者再把調光器調亮些，允許有限制的買賣，就像蒙大拿州的幹細胞。或者再亮些，讓摩爾有理由說，**好吧，拿走你想要的細胞，只要你滿足我的價碼**，就像當今的常春藤盟校卵子。在每一種情況下，摩爾的權利最終都源於自我所有權——**它是我的，因為它來自我的身體**。

這裡有個挑戰：當我們把調光器調亮，我們似乎給了患者更多控制研究方向的能力，也許讓他們阻擋了足以拯救數百萬人命的科學。我們是否陷入一種悲劇性的抉擇，在尊重患者的自我所有權，以及促成科學家勞力之間左右為難？

不，解決方案就在於從**權利**轉向**補償**。在確立摩爾的權利之後，我們必須作出獨立的選擇：如果戈爾德未經同意拿走細胞，我們應該給摩爾什麼補償？（我們曾在第三章描述損害賠償和禁令的區分時提到補償。）權利和補償共同構成了所有權——沒了彼此，兩者都沒有意義。我們能否設計出一種既能促進科學勞力，又能重視患者自主性和人類尊嚴的權利和補償組合？假設我們給予摩爾對他的細胞的所有權，來對抗戈爾德擅自使用，而戈爾德最後還是把它拿走，這裡有幾個補償選項：

◎戈爾德付給摩爾一美元。
◎戈爾德應給摩爾公平的市場價值來換取細胞。
◎戈爾德將所有專利和利潤轉讓給摩爾。
◎戈爾德向摩爾支付強制授權費。

我們可以要求戈爾德支付一美元作為補償。在法律上，一美元代表對於未經摩爾同意不得使用其細胞的權利的尊重，只是對這權利不是非常尊重。法官稱這叫名義損害賠償（nominal damages），是在侵權造成的損害看來相對輕微、象徵性或難以衡量時使用的一種補償法。這種補償法承認摩爾基本上被剝奪了某樣東西，但認為其他價值實際上更為重要。名義損害賠償只是輕輕打了下戈爾德的手心。它給未來的無良醫生的訊息將是「盡量搜刮吧」。

第二，考慮給予摩爾公平的市場價值。在補償的名義下，公平一詞是正確的——這還錯得了嗎？問題是，摩爾癌細胞的公平市價很可能是零或十億美元，端看法官如何評估摩爾的細胞在戈爾德專利細胞株的整體價值上所佔的貢獻比例。也要看法官評估的是細胞在手術前或細胞株出現之後的價值。未來，醫生可能會賭運氣，摘取細胞，付了公平市價然後保有專利和利潤。或者他們會因為太沒有把握法官會如何裁決，乾脆把細胞丟棄，讓科學受阻。

有個簡單方法可以消除不確定性。將戈爾德從Mo細胞株獲得的所有專利權和利潤轉移給摩爾。律師稱這種補償法叫「追繳」（disgorgement）。從理論上看，追繳可以消除犧牲他人利益以自肥的動機。如果到頭來必須交出一切，包括自己勞力所產生的價值，那一開始幹嘛要拿？順著這思路，更嚴厲的補償將是對戈爾德施加刑事處罰，讓他坐牢。這種補償將發出最強烈的信息：**別闖入別人家裡偷東西，別闖入患者體內拿走「原料」**。

不過，要了解，我們用來維護摩爾權利的補償越有力，未來的醫生就越不可能只是提取細胞。（第二章中討論的事前主義的作用。）相反地，研究人員很可能會試圖預先和患者談妥條件。但這正是法院最擔心的結果：讓研究人員陷入無休止的談判泥淖，承受挨告的風險——如果醫生取得錯誤許可的話（或者取得了正確許可，但以妨害罪被訴），也讓醫病關係轉向不得體的方向。我們真希望外科醫生在給弱勢病患動刀前，為了他們身體器官的價格爭論不休？

所有權設計與其說是科學，不如說是藝術。可用的選項不只這些，還包括一個最後證明非常適用於本案困境的辦法，叫做強制授權（mandatory license）。

強制授權讓廣播電台可以播放他們想要的歌曲，而無需事先和每一位瑪丹娜、肯伊・威斯特以及成千上萬個音樂版權所有人協商。廣播電台計算他們的播放清單，將歌曲數量乘以預設的強制授權費，並定期付費給一些支付結算組織，包括作家與出版商協會（ASCAP）、廣播音樂協會（BMI）、為自由創作者而設的SoundExchange。支付結算組織總計這些費用，連同來自夜店、餐館、卡拉OK酒吧和數位播放平台的付款，然後根據每位創作者的歌曲播放次數付費給他們。不盡完善——有些歌曲的價值高過其他音樂，但很容易管理。強制授權不必協商，沒有所有權僵局，沒有訴訟。該付費的付費，該收費的收費。

我們可以把這種補償法用在切除細胞上。承認患者對源於自身器官的資源擁有自我所有權，表達了對人類尊嚴和自主性的敬重。有些患者或許寧可說，**不，你不能使用我的細胞**，而這應該是他們的權利。但我們希望他們說，**好，我們來幫助科學**。為了鼓勵這點，我們可以透過一種簡單、易於管理的強制補償法來維護自我所有權——例如從由此產生的專利費中獲得一點點固定百分比的金額。這種調光器設定意謂著，如果科學家賺了十億美元，那麼患者——可以選擇提供或銷毀必要原料的自我所有權人（self-owner）也會獲益。

隨著科學家結合大數據和個人化醫療，所有這些選擇變得越來越迫切。《紐約時報》最近的一則頭條標題寫著：**她為何沒得阿茲海默症？答案或許是對抗該疾病的關鍵**。像這類報導甚至從未考慮過，我們是否該把基因突變看成原料之外的東西，我們是否該用比摩爾或拉克絲所得到的更多的尊重來對待病患。

你大概會排斥中間的調光器設定吧，例如搭配了強制授權的患者自我所有權。這很合理。許多人寧可要切換開關的選項：那些兩極狀況很淺顯易懂，甚至更容易管理。但要了解其中的利弊得失。如果你關掉開關，個人就沒有什麼肯定的理由要選擇發展科學了。你限制了病弱者向追求利潤的科學家進行利他捐贈的機會。如果你把開關打開，也許你會看到掮客在一片殘酷的三不管地帶向科學家兜售人體器官。兩種選擇看來都不好。相較下，精明的所有權設計要你設定調光器，讓患者既非奴隸也非暴君。

調光器的意象說明了對身體器官的控制可以千變萬化，權利補償工具顯示了調和各種互相衝突的價值的方式。最後，我們面臨一個最關鍵的問題：是哪隻看不見的手在操控調光器，設定權利和補償？誰該決定這些規則？

子宮出租

美國沒有關於自我所有權的法律。憲法提供的指引不多。的確，憲法第五修正案中的徵收條款（Takings Clause）規定，如果「私有財產」（private property）被「用於公共用途」，政府必須給予「公正的補償」。但憲法並未明定何謂私有財產。只有一個大例外：在南北戰爭前，人可以被當作奴隸擁有，直到一八六五年第十三修正案通過才終止。

就這樣。

國會對身體資源的所有權也一直保持緘默。一九八四年的《國家器官移植法》是一個例外。該法案禁止買賣腎臟用於移植，但是對用於研究和實驗的腎臟買賣沒有規定。它禁止透過手術提取幹細胞，但抽血就不確定了。還有，當無良醫生把摩爾和拉克絲當原料一樣看待，又有什麼規則可引用？沒人確切知道。人何時可以、又該如何同意出售身體資源？

答案：五十州各自制定自己的規則。每次你越過一條州界，就會有看不見的手轉動調光器。差異非常驚人。

來看妊娠代孕這個以自我所有權為基礎的發展中市場。二〇一八年，明星夫妻金・卡戴珊和肯伊・威斯特在他們的第三個孩子出生後貼出感謝文，「我們由衷感激我們的代理孕母，她給了我們最棒的禮物，讓我們夢想成真。」加州讓威斯特夫婦和其他想租別的女人子宮的富人相對容易進行代孕。相較下，紐約州在二〇二一年二月以前一直是禁止代孕的。富裕的紐約客——無論是不孕夫婦或同志夫妻，都得大老遠的去求子。

《紐約時報雜誌》作者庫辛斯基（Alex Kuczynski）跨過了哈德遜河。「多年不孕讓我筋疲力竭，流產讓我整個人被榨乾，我和丈夫決定試試妊娠代孕，請一個女人來替我們生孩子，」她寫道，「的確，這是不得已的手段，而且十分複雜，涉及財務、宗教、社會、道德、法律、政治等領域的問題。」幸運的是，庫辛斯基有的是錢，也有能力四處旅行。一名子宮經紀人引介給她四十三歲的賓州人凱西・希琳，三個孩子的母親，最近曾為另一對不孕夫婦代孕。

庫辛斯基和丈夫培育了一個胚胎，然後把它植入希琳體內。九個月後，希琳生下寶寶麥克斯，帶著兩萬五千美元報酬回家。賓州的郡書記官稱呼庫辛斯基和她的丈夫為麥克斯的法定生父母，意謂著他們不需要從實際生下他的希琳那裡收養這男孩。麥克斯一出生，庫辛斯基就能把她的孩子帶回紐約。

最支持代孕的州——加州以及康乃狄克、德拉瓦和另外數州，公開給了像庫辛斯基這樣的「求孕父母」（intended parents）在父母權方面的承諾。紐約州連同亞利桑那、印第安那、路易斯安那、密西根等幾個互不搭嘎的州——則持相反觀點。如果你想在美國租一個女人的子宮，你必須非常注意契約的簽訂地點、胚胎的植入地點以及孩子的出生地點。

各國之間也存有差異。美國有些州相對支持代孕，但西歐則較為一致地持反對態度。當湯馬斯・魯斯和丹尼斯・路瑟這對德國同性夫妻想要一個孩子，他們和庫辛斯基一樣遠赴賓州。他們的代理孕母為他們生了第一個兒子尼科，後來又為他們懷了雙胞胎。在歐洲，「我們認為代孕是對婦女及其生殖能力的剝削，」一名德國生殖科醫生說：「以我們的觀點，母親和孩子之間的親密關係在分娩前就開始了。」除非你有錢飛美國。

代孕在美國並不便宜。價碼從十萬美元起跳，然後一路疊加——從求孕父母那裡取得一枚卵子要一萬（若是優質卵子就更貴了），生殖科診所和醫生三萬，代孕機構兩萬，律師費一萬，加上保險、差旅等等開銷。代理孕母的報酬約兩萬五千美元，通常足夠用來支付學費、抵押貸款或安家，大幅改善她的生活。萬一孕母沒懷孕或流產，求孕父母仍然得支付大部分費用。費用或許會一路激增，但結果是，你可以用買來的精子和卵子以及租用的子宮訂製自己的孩子。

有些夫妻試圖改往印度、寮國、泰國、墨西哥或別的地方來降低費用，但他們面臨了較差的醫療保健、較不健康的代理孕母以及不確定的法律環境等風險。二〇一七年印度關閉了它的價值數十億美元的代孕市場。現在它只允許利他（無償）代孕，而且只提供給異性戀、無子女的印度夫妻。禁止付費市場把它推向了地下——就像腎移植。許多印度婦女仍然收費替人懷胎，但她們被空運到尼泊爾或肯亞去分娩並移交嬰兒。同樣地，在高棉禁止代孕後，經紀人開始將高棉婦女空運到泰國去分娩。

根據一名代孕業務律師的說法，「只要有能力的人都會選擇美國。」美國各州逐漸壟斷了子宮租借的合法市場，而該國目前在代孕服務方面存在貿易順差。

作為妊娠代孕（和卵子捐贈）基礎的體外受精是最近才有的技術，它建立在源自海莉耶塔・拉克絲身體的 HeLa 細胞株上，直到一九八〇年代才發展成熟。當妊娠代孕在醫學上成為可能，人們便開始問：它該被允許嗎？我們該把調光器設定在哪裡，好讓市場可以使用我們身體的**生產力**，而不光是它的**組件**？

就像對卵子和腎，我們常用類比推理。對許多人來說，最接近的類比是**傳統代孕**，這類孕母也是生物學上的母親。在大半人類歷史中，這是唯一可行的形式。可以想見，家庭內部的衝突往往隨之而來。

在《創世紀》中，撒拉來到亞伯拉罕面前說：「上帝不讓我生育孩子；請與我的婢女同寢；也許我會透過她生一個兒子。」後來女僕夏甲生下以實瑪利。撒拉和夏甲的後代，也就是以撒和以實瑪利——猶太人和穆斯林，之間的紛爭，一直延續到了今天。在《使女的故事》（*The Handmaid's Tale*）中，作者愛特伍（Margaret Atwood）給了我們一個傳統代孕的反烏托邦視角，以現代來說就是生殖強姦和奴役。

美國法院針對代孕的第一次裁決是在一九八五年的 M 嬰案作出的。瑪麗・貝思・懷特德是一位傳統孕母，和伊莉莎白及威廉・史登夫婦簽有代孕契約。後來懷特德反悔，想留下孩子，於是帶著嬰兒逃離該州。史登夫婦提告。一些女權主義者支持女性有出售子宮服務的自由，然而包括傅瑞丹（Betty Friedan）、史坦能（Gloria Steinem）在內的其他人則認為，代孕使生母失去人性，使她淪為商品。保守派也存在類似的歧見。

對紐澤西州最高法院來說，問題是：誰來決定自我所有權的界限？個人能否透過契約來制定自己的規則，還是公共自我所有權的價值應該凌駕於私人選擇之上？法院否絕了私人選擇。代孕契約是「違法，甚至有罪，而且是對女性的羞辱，」首席大法官寫道，「在文明社會中，有些東西是金錢買不到的。」M 嬰案的裁決起了巨大影響，致使紐約州作出代孕禁令——就在體外受精術讓妊娠代孕成為可能之際。

我們是否該把自我所有權調光器設定在紐澤西州設定傳統代孕的同一位置？在你作出決定前，請想想這些做法的相似性和差異性。許多最沉痛的難題都很類似：萬一求孕父母想拿掉病重的胎兒，而孕母拒絕，或者反過來？孕母應該為胎兒的健康承擔多大的醫療風險？

但也有一些重要區別。在遺傳上，胚胎和培育胚胎的孕母無關——這個生物學差異改變了許多人對雙方法律、倫理和情感關係的看法。可以輕易把基準說法設定為「我的代理孕母正在培育我的胚胎」。可以想像胚胎是一個有九個月租期的房客，而求孕父母負責付租金。從這個角度來看，也許妊娠代孕充其量只是子宮出租。

如果你接受這個類比，就很容易接納代孕契約，同時實施防護措施，就像我們對房東房客間的各種約定的做法。代孕機構和求孕父母尋找可能會是穩定的「子宮房東」的女性——通常是受過教育、育有子女、家庭完滿、在代孕一事上至少表現出部分利他動機的中產階級女性。加上一些醫療檢查和必要諮詢。有了這些防護措施，妊娠代孕或許會成為女性自我所有權的一種普通、受到充分監督的特色，不見得會比在別人家租一套房間的經歷更讓我們的共同人性受到脅迫或羞辱。

隨著各種合理觀點迅速流通，代孕問題或許已告一段落。各州不斷調整所有權調光器的設定，這很正常。而設定的差異和簡單的紅藍州、南北等因素無關，這也很正常。立法者只採用簡單的切換開關類比，而沒有投入艱難的所有權設計工作。

當某州翻轉立場，它的選擇也會和其他州的決策相互影響。二〇一八年，當紐澤西州轉為更支持有償代孕，這個轉變影響了紐約州。紐約女性無法像哈德遜河對岸的女性那樣獲得代孕收入。更重要的是，像庫辛斯基這樣的富有紐約客，仍然面臨著必須大老遠去雇用孕母的不便。因此首府奧巴尼的政治發生變化，該州政局也隨之翻轉。

所有權設計始終是相互對立或交疊的政府層級——聯邦、州、郡和地方之間的持續戰鬥。從歷史上看，州議會一直是核心角色。它們是所謂的民主實驗室。但有時國會推行全國一致，並推翻州級的實驗，就像器官移植法的通過。有時法院會走自己的路，例如上訴法院不顧移植法的禁令，允許在西部各州買賣幹細胞。

誰該作這些選擇？在美國，沒有簡單的答案。假設加州某鎮的多數人反對代孕，他們能不能在城市內部禁止代孕，即使州是允許的？或者，一個城市能不能不顧州的禁令而准許代孕？如果禁的是塑膠袋、大麻或槍枝？歸結起來，壓力在於誰的手應該控制所有權調光器。當各級政府進行所有權試驗，各種創新做法傳播開來——在某些觀察者看來，這是一種良性的學習循環，對其他人來說則是惡性的。

有時，某些州最終會成為所有權孤鳥。自十九世紀採礦時期以來，內華達州一直是唯一允許自我所有權包括性交易的州。該州授權一些較小的鄉村郡（而不是拉斯維加斯和雷諾市）核發妓院許可。理由是，賣淫無論如何都會發生，那麼何不把它合法化並加以管理，給從事性工作的人機會，防止脅迫，提高安全性，並產生稅收？這是他們的論點。然而這種做法常被視為剝削和有辱人格。沒有其他州效法內華達州。

然而，一個州的自我所有權選擇可能會產生全國性的影響。想想童貞拍賣的現象，這種拍賣偶爾會在網上登廣告。當一個名叫娜塔莉・迪倫的二十二歲加州大學沙加緬度分校學生決定拍賣她的貞操來支付研究生學費，她找上內華達州卡森市的一家叫做月光兔牧場的妓院。「我覺得人應該有身體自主權，況且我沒傷害任何人，」她說：「這實際上可以歸結到道德和宗教問題，而這並不違背我的宗教或道德。」在過去，父親擁有女兒，用她們的貞操換取嫁妝。迪倫的立場是，如果童貞在今天仍然有其價值，為什麼她不能拿它換錢？

迪倫和內華達州會把調光器調亮。允許賣淫卻禁止童貞拍賣，有什麼意義？畢竟，拍賣某些親密關係已成為名人慈善活動的主要內容。親吻喬治・克隆尼讓得標者花掉三十五萬美元用於愛滋病研究；一次價值十四萬美元的慈善拍賣得到了和莎莉・賽隆的二十秒接吻。至於迪倫，在交易泡湯前，這家妓院回覆了一萬次出價，最後以三百八十萬美元的出價和二十五萬美元押金結標。

然而，內華達州以外的人大都能夠、也確實區分了為慈善賣吻和處女拍賣的差異。其他州都把賣淫（包括童貞拍賣）的調光器亮度一路調到最低，直到從市場消失。但從某種意義上說，內華達州無視這些州的自我所有權政策，因為該州的網站無處不在。

迪倫辯稱，「這事無所謂對錯。」我們不同意。正確地理解自我所有權對於處女拍賣、腎買賣、卵子交易和代孕都很重要。這正是為什麼立法機構、法院、企業和個人這麼努力控制調光器。在擬定行動計畫時，每個人都必須在對自由、脅迫和良善社會的許多相互衝突的許諾中作出選擇。這就是我們在第一章所說「所有權可不像在巧克力和香草冰淇淋之間作選擇」的意思。在賭城發生的事不會只留在賭城。

柯特弗拉德法案

我們用一個當代難題來概括本段內容：誰該掌控運動選手的職業生涯，進而掌控你的？

當球迷舉出二十世紀最偉大的棒球選手的名字，喬・狄馬喬（Joe DiMaggio）、厄尼・班克斯和泰德・威廉斯這些明星必然赫赫在列。回顧他們的職業生涯，一個共同特點是他們的忠誠。狄馬喬整整十三年棒球生涯都在洋基隊度過，班克斯在小熊隊待了十八年，威廉斯則在紅襪隊打了整整十九年棒球，甚至在韓戰服役後歸隊。和今天形成鮮明對比，當今的棒球巨星似乎每隔幾年就跳槽一次，爭取更高的薪水。

但狄馬喬、班克斯和威廉斯的忠誠是因為他們別無選擇。從一八七九年開始，各球隊每次簽約都會加入「保留條款」（reserve clause），讓球團老闆有權無限期延長球員的合約，加薪卻不多。這位爆發力十足的球星從未獲得豐厚待遇。如果狄馬喬想加入大聯盟，他將只是一個收入中等的洋基隊球員，除非球隊另有盤算。洋基隊把持他的才能，可以讓他上場，讓他坐冷板凳，或者拿他交易，也就是賣掉他。這正是貝比．魯斯在一九一九年的遭遇，當時紅襪隊老闆佛瑞茲（Harry Frazee）為了替一些百老匯舞台劇籌資，把他賣給了洋基隊。

後來柯特．弗拉德（Curt Flood）挑戰了這個棒球禁閉系統。他在一九六〇年代一直是聖路易紅雀隊的全明星外野手。一九六九年，當球隊試圖拿他和費城人隊交易，他拒絕了。他要求被視為「自由球員」，有權接受其他球隊的出價。弗拉德沉痛地寫下，「在大聯盟打拚了十二年，我不認為我是一塊可以任人隨意買賣的財產。我相信任何產生這種結果的制度都侵犯了我作為公民的基本權利，也不符合美國和好幾個州的法律。」對那些說他應該滿足於自己的全明星地位並且專心打球的評論者，他回說：「一個收入豐厚的奴隸依然是奴隸。」

如同一名評論者指出的，「有個思考奴役的方式，就是把它看成一種禁閉和活動抗爭——違反自己意願地被遷移，或努力尋求掙脫枷鎖的歷史。相當符合我們今天在棒球聯盟中看到的情況。」足球、籃球、曲棍球聯賽在創建時或多或少遵循了棒球模式，歐洲足球聯賽也是如此，禁錮人才，買賣選手。

弗拉德一路追擊保留條款到了美國最高法院。雖然他贏過兩次世界大賽，這案子他輸了，接著又打了一年球，便結束了棒球生涯。然而，他的目標最終取得了成功。

一九七五年一群職棒球員成立工會後，隨即展開取消保留條款的談判。終於在一九九八年，國會通過《柯特弗拉德法案》，禁止業主一手掌控棒球選手的職業生涯。

然而，對職業運動員的限制還有很多。國家籃球協會對球員有全隊薪水上限，但對業主的利潤沒有上限。當國家曲棍球聯盟的球員想代表他們的祖國參加奧運會，球隊老闆拒絕讓他們參加。聯盟可以規定球員穿什麼衣服和鞋子，以及他們的行為表現，包括私生活。

控制權也擴及大學球員。當電視網同意在最新契約中付給全美大學運動聯盟（NCAA）各校九十億美元，球員們看不到錢在哪裡。籃球名人堂成員海伍德（Spencer Haywood）評論說：「你不能指望大家繼續做白工，抱著虛假的希望，『這是一種教育，我們是在教育你，我們會培養你。』聽來有點像四百年前，有點像蓄奴。」前印第安那大學明星球員湯馬斯（Isiah Thomas）表示贊同，在提到 NCAA 時說：「他們的商業模式是經營苦力農場的模式……而且這可能是當今美國唯一合法存在的苦力農場。」相較下，教練（通常是白人）卻能夠在球隊間自由來去，並且待遇超好——往往比大學校長更高。

壓力不斷累積，NCAA 終於讓步。從二〇二一至二二賽季開始，大學球員將可以透過代言、社群媒體交易和其他使用他們的姓名、圖片和肖像的方式來賺錢。NCAA 別無選擇：加州通過了一項法案，允許球員簽署代言協議。其他州迅速效法，國會也正考慮制定全國立法。新的 NCAA 規則有很多限制——不直接從大學領款，不使用學校或聯盟標誌，但它們將使得大學運動員在自我所有權方面更接近職業選手。「這引發了一個問題，」運動經紀人魏斯（Cameron Weiss）說：「如果我們允許大學程度的人這麼做，那高中程度呢？」

聯盟辯稱，禁閉不是為了奴役他們的球員，而是出於一個平凡的理由：他們說，除非能獲得回報，他們不會有動機去投資長期的球員發展——農場球隊、小聯盟，職業球員的傷兵預備隊；教育和業餘球員上大學的理想目標。運動迷們也往往不太體諒球員的抱怨。畢竟，職業球員能參與他們熱愛的競賽，而大學球員也確實得到了（一些）教育。你甚至可以在運動廣播叩應節目中聽到這樣的嘲弄，**年薪百萬，我也要報名。**

那麼我們是否該把調光器調亮，允許球員自由交易整個職業生涯，來換取訓練、現金和安定感？或者我們該把調光器調暗一點，允許運動員簽署多年契約，但仍然確保他們保留些許重新談判人生道路的自由？換句話說，像保留條款這樣的長期職業禁閉應該成為普通運動市場的一部分，還是應該被當作現代蓄奴那樣加以否決？

在你回答之前，要知道，不光是精英運動員會面臨這種自我所有權困境。當克里希納・雷米剛開始在匹茲堡做家庭照護助理工作，他的雇主給了他一堆文件要他簽字。他回憶說：「他們只告訴我們，『這只是一種形式，簽在這裡、這裡、這裡。』」當他的雇主控告他試圖轉換工作，他才發現「競業禁止協議」（non-compete agreement）的威力。

目前，約有兩成美國工作者受到競業禁止協議的約束，將近四成的人曾在工作生涯的某個階段簽署這種協議。醫院把醫生禁閉起來，避免他們跳槽到競爭對手那裡；電視影集演員和科技公司的程式設計師也是如此。而且不光是高薪專業人士的能力會受到束縛，這些限制通常也包括臨時倉庫工、髮型師、瑜伽教練甚至青少年野營顧問。

速食業常使用一種相關的策略，叫做**不挖角**（no-poach）和**不雇用**（no-hire）條款，將員工阻擋在鄰近企業的高薪工作之外。賈維斯・阿靈頓在伊利諾州多爾頓市的一家漢堡王餐廳擔任時薪十美元的廚師。當他試圖在芝加哥找一份薪水更高的工作，他發現沒有其他漢堡王連鎖店肯雇用他。許多管理員、園藝匠和其他低技術、低薪的工作者也都適用，而且就像雷米和阿靈頓，他們不太了解自己簽字放棄的權利。看看你的聘雇合約，也許你也受到了約束。

許多雇主照例會在聘雇合約中加入競業禁止條款，就連一些無法執行該條款的州也不例外。為什麼？人們常誤以為簽名對他們有約束力，甚至包括非法條款。許多公司利用這種心理弱點來阻撓消費者維護自己的權利，就像房東在租約中插入無法執行的條款來嚇唬房客。多數人害怕被控告，負擔不起法律救濟，卻不知道那些條款約束不了他們。結果是，即使是無法執行的限制也會把員工綁死在工作上多年，阻止他們尋求高薪或逃離刻薄的老闆。

要是知道競業禁止同樣適用在速食店煎漢堡排的人，以及深夜清垃圾的管理員身上，那些贊成球員保留條款的運動迷還會不會那麼篤定？如果你知道這些條款可能會讓你被一份工作綁死，你還會贊成嗎？我們身體的生產力有多少是我們應該能簽字放棄，而又能符合自我所有權要求的？以下有幾個選項：

◎允許自我奴役重現。

◎允許清楚透明的競業禁止。

◎接受有限的競業禁止。

◎禁止競業禁止。

自我奴役的選項似乎不值得討論。但數世紀以來，美國人對它的理解是和自我所有權密切相關的。獨立前，半數來自歐洲的白人定居者以契約雇傭的身分來到美國，守著他們的主人多年。人們為了乘船前往美國而簽約賣身，以便把親人帶過去，或養家活口。這是一筆苛刻的交易：在契約期間，他們可以像奴隸一樣被賣出，或者被當作貸款抵押品。

憲法第十三修正案不只禁止奴役，也禁止契約勞役。今天，沒有人主張自我奴役——把自己的一生簽給別人，哪怕只有幾年。任何正當的自我所有權概念都必須關注到未來的自我——不只是一時的簽約能力，而是改寫人生各個重要面向的能力。在自由社會中，自我奴役超出了選擇界限，因為它完全漠視我們的未來福祉。

那第二個選項呢？將所有權調光器調暗到允許針對特定職位，制定清楚透明的長期競業禁止協議？問題是，寫公平的協議書既昂貴又耗時，即使是聘有高級經紀人和律師團的明星運動員，都很難預期生活中的各種不測。如果我們將清楚透明的協議限制在最高薪的員工身上，或許還可行。但即使如此，也必須有所限制，正如球員工會在堅持自由選擇權時的主張。反正過了幾年，情況改變，這些協議通常還是得重新談判。

第三種方法——有限的競業禁止，是源於美國允許各州定義自我所有權的做法。儘管國會一直在討論可能的立法，但目前還沒有相關的聯邦法律。如同對代孕問題，我們在州法律中看到廣泛實驗和不斷變動。多年來，隨著工會的弱化，大老闆一直在推動擴大對競業禁止的掌控。他們聲稱禁閉可以刺激對低薪工作者的培訓投資，藉此來正當化競業禁止。如果員工可以隨時把自己的技能傳給競爭對手，為什麼還要投資在員工身上？是的，他們承認，競業禁止會給員工設限，但換來的是，他們將培養出技能更優、薪資更高的員工。

潮流正在逆轉，現在競業禁止面臨了反彈。正如一位州檢察長所宣稱的，「針對低薪工作者的競業禁止協議是不合理的。它們限制了弱勢工作者的流動性和機會，並迫使他們因為害怕被控告而留下。」各州政府的相關做法極為分歧。已有七個州禁止低薪工作者的競業禁止；俄勒岡州將它的履行期限定為一年；夏威夷州禁止在科技領域實施，新墨西哥州則禁止使用在醫療照護工作者身上。麻省現在要求雇主在沒有相反協議的情況下，支付半數薪水給限制就業期間的前雇員。事實證明，有許多州已注意到，對工作者的脅迫往往比雇主承諾的更多，加薪福利卻更少。

最近，一些大老闆即使在允許競業禁止的州都改變了策略。Amazon 同意取消禁止倉庫工人離職後十八個月內轉往競爭對手公司的競業禁止條款。吉米・約翰的美食三明治連鎖同意取消禁止員工離職兩年內為附近競爭對手製作三明治的競業禁止條款。結束禁閉有沒有減少員工薪水或三明治製作訓練？大概沒有。

還有一些州斷然拒絕執行競業禁止。一百多年來，加州、北達科他和奧克拉荷馬始終拒絕競業禁止，不管是清楚透明或有限的競業禁止。這些州的雇主可能會使用聘雇合約來保護機密資訊和商業秘密——讓雇員無法帶著客戶名單離職，但也只是這樣了。

有個足以支持拒絕執行任何競業禁止方法的基準點：矽谷出現的地點不在麻省理工學院旁邊，而是在加州史丹佛大學旁邊。好幾個研究調查將這兩所技術學校之間的部分差異——關係到數兆美元產值和數十萬份工作，歸因於競業禁止條款。矽谷之所以繁榮，是因為工作者可以、實際上也確實輕易地從一個工作轉到下一個工作，把創意從一個公司帶到另一家公司，迅速激發了創新。而在守舊的麻省，這點很難做到，因為那裡的工作者長期以來被競業禁止綁得死死的。

即使在加州，像 Apple 和 Google 這樣的公司也努力想綁住他們的重要員工，但他們輸了。如今矽谷帶動了全球經濟。至少在科技業，個人自由和經濟活力、神聖和世俗取得了協調。

Chapter 6

溫柔的人很少承受地土

珍貴之物不會閒置太久，它們經常從一個物主轉到另一個物主手上。但它們是如何轉移的？多數時候是透過買賣交易，但賣家的東西又是從哪來的？另一個賣家，等等。對每一件物品，我們都可以一路回溯到所有權的源頭，第一個讓它成為**我的**的人——不是透過刷卡、敲打派對皮納塔玩偶或打開禮物，而是透過主張原始所有權。

我們已看過五種原始所有權主張。本章將探討第六種，到此所有權工具箱就完整了。這種主張以家庭關係為基礎——**它是我的，因為它在我們家中**。很多財產會在家庭生活的關鍵時刻易手，死亡就是這樣的時刻，家庭成員可以對死者的遺物提出權利要求。婚姻也是。資產（和債務）經常在婚禮中結合，在離婚時分手。

家庭內部的所有權涵蓋了極廣的範圍，充滿了在貧窮平原上悄悄建立起財富巨山的模糊規則。我們將帶你略窺一二，探索三個遺產故事和一個離婚難題。

約翰布朗的農場

做為法律教授，我們常在課堂上聽學生描述一些發人深省的故事，把個人經驗放到他們學到的法律學說上。幾年前，當海勒正在講解繼承土地的共有產權（一門相當枯燥的課程），一名黑人學生敘述了她的家族農場的故事。小時候，她經常到密西西比州一座老農場參加聚集了全美各地親人的家族聚會。餐點由一位從未離開過那片土地的老姑媽張羅。這名學生非常珍愛她的姑媽和農場。

然而，有一次，某位持有農場一小部分產權的遠房堂親想要現金，於是把他的持分賣給家族以外的人。接著，那名買主利用普通的分割法——分割共有土地的規則，強行出售整座農場。那些規則為無良買主創造了商業機會：追查遠房繼承人，買下他們的小筆持分，然後用它來啟動分割出售。這類買賣通常發生在資訊不暢通、買家少、弊端叢生的市場，而這正是學生家族農場遇上的情況。它在郡法院台階上以超低底價被拍賣。農場出售後，學生的親人再也不曾舉行聚會。而這並非特例。

內戰結束時，薛曼（William T. Sherman）將軍承諾授與解放後的奴隸「四十英畝土地和一頭騾子」。當北軍沒能兌現承諾，被解放的奴隸乾脆自己來，勤奮工作，買下自己的土地。到了一九二〇年，將近百萬個黑人家庭擁有農場，在一九三〇、四〇年代成為南方鄉村經濟的重要部分。

如今，黑人家庭在全國擁有的農場不到一萬九千個，在不到一世紀當中減少九成八，和白人經營的農場形成鮮明對比，後者在同一期間只減少了一半。為何會有差異？部分原因是低效小農場的合併，農場貸款中的嚴重種族歧視，加上明目張膽的暴力和恐嚇。

但模糊的家庭所有權規則也起了重大影響。

這裡有個家庭案例。一八八七年，約翰•布朗在密西西比州蘭金（Rankin）郡買下八十英畝土地。他是解放奴隸潮的一員，將畢生積蓄投資在農地上。約翰相當長壽。當他於一九三五年去世，他並未留下遺囑。他的土地產權分割給了妻子和九名子女。最終，他們都過世了，也都沒有遺囑，於是土地再次分割給了孫子女。約翰的兒子威利・布朗開始購買親人的持分，來合併土地產權。到威利去世時，他已經積累了家族農場一半以上的產權，並把它留給了妻子露絲。

一九七八年，露絲・布朗請求法院執行分割，以便完全擁有自己的土地持分——約翰最初的八十英畝土地當中的四十五英畝，很容易分割。另外六十六名布朗的繼承人仍將共同擁有剩餘的部分，持分從農場的 1/18 到 1/19440 不等。法院同意分割地塊，但不是實際分割土地。而是，法官下令將整座農場出售，然後根據所有權持分比例，把錢分配給所有繼承人。

正如在這類強制分割出售案例中經常見到的，參加競標的只有一家外部公司。就布朗的案子，是當地一家意在伐木的白人經營的木材公司。

儘管這家人對農場的估價遠高於拍賣底價，但布朗家和其他繼承人都沒有出價。為什麼？部分原因是，州法律通常要求得標者在拍賣日用現金付清全額或一部分，這規則讓大多數普通業主無法參加競標。同時也因為，布朗家族的繼承人沒辦法組織一次家族聯合競標，把產權從分散的所有人那裡聚集起來。許多繼承人甚至不知道自己是所有人。而沒有任何一個布朗的繼承人能勝過木材公司的低價投標。這是常有的事。當法官下令在法院台階上拍賣土地，交易就算完成了，即使拍定價常常遠低於普通交易中被視為公平市場價值的價格。

露絲從拍賣中得到了一點現金，但根本不足以取代她原本希望拿來耕作的四十五英畝土地。家族失去了記憶和團聚的地方，也沒得到任何補償。

布朗家族的故事如實反映了美國黑人農田所有權的演變。當約翰・布朗買下他的農場，黑人家庭正迅速積累土地。一世紀後，當露絲・布朗失去土地所有權，美國的黑人土地所有權大幅下降，而且一直持續到今天。目前，黑人農民只佔美國農民總數 1％不到，黑人家庭更持續以白人三倍的速度失去農場。

這種驚人的農地流失的原因始於繼承法，尤其是有人過世卻沒留下遺囑時會有的家庭所有權結果。南方許多貧窮的黑人農民對當地的白人律師有疑慮，而且不是沒有理由，因此他們從未立遺囑。這種疑慮持續至今，甚至存在於一些富有黑人之間。歌手艾瑞莎・弗蘭克林和王子絕對請得起最好的律師，但他們都沒立遺囑就去世了。總的來說，四分之三的黑人沒有遺囑，是白人的兩倍多。

東南部由黑人持有的土地，目前有超過四分之一是**繼承人財產**，平均有八名共有人，其中五名居住在外地。驚人的是，在密西西比州，由居住在芝加哥的黑人持有的土地，比住在州內的黑人持有的土地還要多。一位專家稱繼承人財產是「前所未聞的大麻煩」。

繼承法給黑人，還有任何不立遺囑的人，帶來巨大代價。當人過世而沒有遺囑，州政府會依照規定的繼承順位：配偶、子女、孫子女、父母、兄弟姊妹和遠親，將產權分配給法定繼承人。「許多人以為，不立遺囑可以讓土地留在家族內，實際上這會損害到產權。」一名遺產研究者說。

分割出售（害露絲損失土地的）是多數繼承人財產損失的主因。根據州法律，當土地由多人共有，如繼承人財產——許多管理決策實際上需要取得一致同意。但如果目標是成功經營農場，那麼需要一致同意的決策規則就是很糟糕的辦法了。

也許這切中了要害。如果你有一棟家庭度假小屋，也許是你繼承來的，和你的兄弟姐妹共同持有。你的父母或許希望他們走後小屋能維繫你們的感情。通常子女間確實也能相處融洽，頂多在翻新屋頂費用和夏季租金方面有些爭執。可是對孫子女，以及之後的世代，爭端只會加劇。大家紛紛搬走，家庭成員之間以及和土地之間的關係越來越淡。

整個問題的關鍵在於：美國的共同所有權法對共有財產的管理毫無幫助。恰恰相反。它假設人們希望彼此分離，擁有自己的獨立財產，而且也鼓勵人們這麼做。在美國州法律中，如果一個孫子修好漏水的屋頂，他無法要求其他人分攤費用。只有等房屋分割出售之後，才能要其他所有人補貼修繕費用。這就是實際狀況。

不只修繕問題，美國法律使得和共有財產管理相關的一切變得困難。光憑一部分所有者權益可能很難獲得貸款，於是土地遲遲無法開發。通常你也得不到災難救濟。卡崔娜颶風過後，由於難以證明繼承人財產的所有權，多達一億六千五百萬美元的重建基金無人認領。結果，繼承人房產往往殘破不堪，無法改善。

如果有繼承人想擺脫這種共有產權的亂局，那麼分割是唯一的解決辦法，不管是透過主動協定，或法院命令。從歷史上看，法律的制定傾向於實地分割（physical partition），就像露絲・布朗所尋求的，她想得到約翰・布朗八十英畝土地中的四十五英畝持分。但實際劃分實施起來可能有它的難度：土地測量師和估價人費用很高，土地上的改建部分可能很難劃分，而由此產生的地塊往往太小，沒有利用價值。在實務上，或者在法律上，法院常會裁定透過拍賣來分割土地，尤其如果繼承人眾多的話。錢比較容易平分。

但這種行政上的便宜行事是要付出代價的。據一位分析師稱，這類交易活動的買家「幾乎清一色是白人，通常是當地律師，或者當地官員的親人，他們專門打聽有哪些房產要拍賣，以及哪些參加拍賣的人打算出手。」

美國農業部表示，這類買賣是「黑人非自願土地流失的主因」。正如最近一篇關於這類業務的雜誌專題報導指出的，在北卡羅萊納州的加特利（Carteret）郡，「有四成二的〔繼承人財產〕案件涉及黑人家庭，儘管該郡人口只有6％是黑人。」

黑人家庭的代價很高。當今，白人家庭的財富中位數大約是黑人家庭的十倍。黑人土地流失的歷史是造成這種種族貧富差距的原因之一。一位繼承人財產研究者說：「如果你想了解這個國家的財富和不平等，就不能不知道黑人的土地流失。」

代價也很沉痛。賣掉農場往往會打破家庭中的無形連結網，就像海勒的學生在密西西比州的家族團聚因此終止了。農場還在時，某個年長的家庭成員也許會讓一些後輩在土地上定居，幾年後，後輩們也許會提供照顧作為回報。沒有土地的老年人較難發動這種支援，可能也得承受較低的生活水準。布朗家的悲劇不只是房子被低估和財富損失，也包括失去了他們的農場在家族中保有的特殊價值。家庭凝聚力的喪失或許很難用錢來衡量，卻是巨大的代價。

分割出售不單具有歷史意義。目前在整個南方，繼承人財產佔現存由黑人持有的農地的三分之一，約三百五十萬英畝，約值三百億美元。

有什麼辦法可以防止繼承的農場在未來繼續流失？製造問題的所有權設計也是解決問題的關鍵。許多歐洲國家設有一些有助於保存家族農莊的社會政策和法律。德國法律規定，當一個共有人進行必要的修繕，應立即得到攤還，和美國的規定，也就是在分割出售後才獲得補償，形成鮮明對比。德國的規則鼓勵維修和繼續共有，而非棄置不管和分割。

德國模式有助於推動《繼承人財產統一分割法》（Uniform Division of Hihers Property Act）——這是一項由美國統一法委員會（U.S.Uniform Law Commission）於二〇一〇年提出，交由州議會頒布實施的改革法案。該法案主要是針對一些黑人農家，擁有豐厚土地卻缺少現金的處境讓他們很難獲得銀行貸款，或參與土地競標。該法案將大部分交易推入公開市場，而不是法院台階上的拍賣會，給了家庭成員優先購買權，並要求法官在可能導致驅逐房客或影響歷史房產的情況下，尋求替代買賣方式。對一些希望能繼續在一起的家族，這些改革有助於他們保住農場。

十七個州通過了類似法律。例如，南卡羅萊納州現在給予農場家庭成員「優先選擇權」。當「遺產土地」以低價拍賣，家庭成員有四十五天時間可以籌足資金，好把它買回來。但有八個南方州未能通過改革，包括繼承人財產最多的北卡羅萊納州。

此外，法律改革並沒有處理繼承人財產的核心管理問題。要求一致同意會造成典型的所有權僵局（見第三章）。為了因應這狀況，一些公益法律團體提倡一種解決僵局的辦法，由這些團體協助建立家族農場公司，來處理繼承人財產。在公司架構下，新任執行長（也許是還住在土地上的老姑母）——有權管理農場、貸款或出租土地、主持聚會或向其他共有人支付紅利。家族公司是一種比背景共同所有權規則更好的所有權技術。然而對多數黑人來說，這些可能的解決辦法太少，也來得太晚。沒幾個人能熬到有機會聽見童妮・摩里森（Toni Morrison）在她的諾貝爾得獎小說《所羅門之歌》（*Song of Solomon*）中的懇求：

> 奪取這土地！佔住它，把持它，我的兄弟們，整理它，我的兄弟們，搖它，擠它，翻轉它，扭它，打它，踢它，親吻它，鞭打它，踩踏它，挖它，犁它，播種它，收割它，租它，買它，賣它，保有它，建造它，增值它，然後把它傳下去——聽清楚沒？把它傳下去！

「無意義的細瑣分割制度」

黑人土地所有權的衰落並不是什麼奇怪的異象。美洲原住民也遭逢了類似的命運。不公正戰爭、違反條約和強迫移民的悲慘故事眾所周知。然而，很少有人知道，美國遺產法是如何減少了殘存的美洲原住民持有土地。如同繼承人財產，今天有許多原住民土地被閒置，無法耕作、抵押、出售、租賃或以任何有成效的方式加以利用。

美洲原住民是如何陷入這種悲慘的所有權制度的？一八八〇年代，國會決定透過分割保留地，來取代部落土地所有權的「落後」做法。用意是，個人私有制將加速部落的同化和解體。原住民戶長被「配給」三百二十英畝土地，個人則獲得一百六十英畝的部落土地。土地分配留下了大片「剩餘」保留地，可以分配給白人定居者，這也並非偶然。

為了防止分配的土地太快落入定居者手中，美國政府將這些原住民土地交由信託管理。該信託對轉讓有許多限制。首先，土地所有權不得轉讓，即使是有意地透過出售或遺囑也一樣。而當土地所有者死亡，土地必須分割給繼承人。過了一代，一塊土地可能有三個地主；過了兩代，可能有九個；三代以後，可能有二十七個。最後政府允許透過遺囑進行轉移，但沒有提供這些轉移的運作資金。對大多數美洲原住民地主來說，土地持分依然是在繼承人之間分配。

早在一九二八年，國會就意識到這種分配計畫是一場災難。一名國會議員在眾議院發言時說：「由於難以管理以這種方式持有的財產，在極度貧困的情況下，許多良好、具有生產潛力的土地荒廢了。」在一九三四年的一次改革嘗試中，另一位國會議員說：「行政費用高得嚇人。在分配的保留地上存在著許多這樣的案例：每個繼承人只能從租賃金分到每月一分錢。因此，印第安人和印第安服務人員陷入一種毫無意義的細瑣分割制度，在這個制度下，利用土地來滿足人類需求的可能構想全部迷失在記帳的數學迷障中。」

從一九三〇年代起，沒有增加土地，但分配出去的數百萬英畝土地繼續不斷分割。一九八〇年代，國會試圖透過地主去世後將微小的持分歸還給部落的方式，來調整這個制度。可悲的是，最高法院否決了這項明智的改革，儘管法官們都了解到土地劃分已變得「極端」而「異常」。

> 一三〇五號地塊（位於達科他州保留地）佔地四十英畝，年收益一千零八十美元，土地估價八千美元。它有四百三十九名所有權人，其中三分之一每年分得的租金低於〇．〇五美元，三分之二低於一美元……印第安事務局估計，處理這片土地的行政費用為每年一萬七千五百六十美元。

法官們犯了一個錯誤。法院沒有允許國會透過所有權設計來釋出價值，而是進一步鞏固了政府強加的「無意義的細瑣分割制度」。印第安事務局預算的很大一部分長期用於追蹤土地的少量持分，而不是支持印第安人教育、就職或基礎設施。

土地劃分悲劇不只是所有權災難，也是司法論證和政治意志的挫敗。至今，約有六百萬英畝的美洲原住民土地被分割成十萬個小塊，由二十五萬個地主持有兩百五十萬份零星權益。在過去幾年中，一項十九億美元的回購計畫已將其中約三分之一權益恢復為部落所有。回購資金來自聯邦政府同意用來解決這項美國史上罕見的集體訴訟的部落補償款。但即使有回購計畫，許多分配土地仍然是令人難過的失落案例，而不是作為生計和人際連結的來源。

你知道《聖經》有句話，**溫柔的人必承受地土**[6]。這條所有權準則和我們探討過的其他準則一樣，很容易引起誤解。就我們所知，在地球上，溫順的人繼承的遺產往往很少。

這並非偶然。為什麼露絲・布朗失去她在密西西比州的農場？為什麼達科他州保留地的一三〇五號地塊會讓人如此無奈？分割和喪失繼承權是因為過分關注**排除**而犧牲了良好的**治理**。**排除與治理**（exclusion-governance）的平衡是所有權設計的核心槓桿。

對於「所有權是什麼」的問題，我們的本能反應往往從排除出發，就像我們釘在帶刺鐵絲網上的**禁止入內**標誌。借用偉大的英國法律編纂者威廉・布萊克史東一七六三年的不朽談話，私有財產本身是「一個人對外界事物所主張、行使的唯一且專制的統治權，完全排除了宇宙中任何其他個人的權利。」**如果它是我的，它就不是你的**。

許多老派美國法律認為共有是問題所在，而排除提供了解決方案。因此，當各州看見共同所有者——像露絲・布朗和她的親人，便會提議分割，來幫助他們迅速分離開來。

這種單一所有權的神秘效力影響深遠，也很容易引起誤解。當今的現實是，市場經濟中的財富絕大多數不是掌握在極力排除他人的個人手上，而是由共同合作的群體持有。想想婚姻、共有公寓和合作社、聯合開發、信託、合夥關係和公司。所有這些都是海勒和法學教授達根（Hanoch Dagan）所說的**自由共有**（liberal commons）財產的成功例子；這是一種可以幫助所有者共同管理稀缺資源，同時維護個人基本自主權的所有權形式。自由共有形式也是環保方面的所有權變革的新領域，如第七章將要討論的捕撈配額以及限額與交易機制。

排除關係到所有者和陌生人、局內人和局外人之間的衝突；**治理**則把重點放在為一群希望一起合作的人找到成功達成目標的規則，不光為了經濟利益，也為了社會，甚至精神層次的原因。當治理設計得當，個人會放心地相互信任，為他們最重要的人生規劃團結在一起——無論是共創家庭的夫妻、共享公共空間的公寓屋主、為客戶服務的法律合作夥伴，還是創建公司的企業投資人。

6 出自《聖經・馬太福音》，「溫柔的人有福了，因為他們必承受地土。」（Blessed are the meek: for they shall inherit the earth.）

想取得成功，每個持久的自由共有群體都得處理三個取捨問題。首先是個人選擇和群體權威之間的取捨。我能不經群體許可去做的是什麼？我能不能買一件大禮物而不和配偶清算費用？正如我們即將看到的，各州的答案各不相同（就像在婚姻中的狀況）。第二是執行多數人決策和尊重不同意見之間的取捨。共有公寓管理協會應該如何處理娜斯泰關於布布、多克斯和鬱金香的辯護（第四章）？最後是維護群體價值以及允許個人自由退出之間的取捨。離婚完成前是否應該有一段冷靜期？和群體斷絕關係的難度應該如何？

考慮到排除和治理，我們可以理解為什麼黑人土地流失如此嚴重。美國共同所有權法和繼承人財產的交集使得治理幾乎不可能。當共同所有權決策需要一致通過，分割和排除幾乎是解決共同所有人之間爭議唯一可行的解決辦法。即使是多數自願的布朗家族共有人，都無法獲得貸款、租賃或維修補償——和德國共同所有權法中促進合作的自由共有形式形成鮮明對比。

美國將它最貧困、弱勢的公民置於排除導向的法律之下，該法律系統性阻礙了共同所有人（如露絲・布朗）解決問題的努力。時間一久，這些苛刻的規則使得農村黑人和美洲原住民家庭拚命想積累的微薄財富瓦解得支離破碎。長出來的是雜草而非農作物。

對富人來說，又是另一番光景。

「白癡才繳遺產稅」

一九九五年二月一日，八十三歲的切斯特・迪根在國會作證——關於一種連他這個來自他密西西比州蒙特羅斯的樹農都難以想像的處境。身為奴隸之孫，迪根七歲開始務農，每天帶著騾子替他叔叔犁棉花田，換取每天三十五美分酬勞。他的叔叔設法迴避了土地分割和繼承人財產的威脅，保住了家族農場。

一九四〇年，迪根從叔叔那裡買下八十五英畝土地，慢慢建立起自己的財產。他和妻子蘿塞特逐漸將棉花和行栽作物農田改造成一片伐木林場。他們對沖刷防護和野生動物棲息地的關注讓他們的農場成為其他人的環保模範。迪根被選為全國年度樹農，是第一位獲得這項榮譽的黑人。

但他擔心農場的未來，並來到國會表達他的擔憂。他的作證不是關於蟲害或洪水，而是遺產稅——人死後繳納給政府，以便獲得將財產傳給後代的權利的一種稅。

「我們也想把農場留在家族內。」他扼要地說。四十多年來的辛勤工作和精心管理造就了這家企業。「現在，有人告訴我，我的林場大概值至少一百萬美元。這價值和土地或樹木是分不開的。我們不是有錢人。我兒子和我幾乎包辦了這片土地上的所有工作。可是根據現行法律，將來我的孩子可能不得不開挖林場或賣掉木材來支付遺產稅。」

他的結語是為後代子孫說的。「幾個月前，我們剛在我們土地上種了一些樹。我希望我的孫子和曾孫能看到這些樹在迪根林場生長，而我知道數百萬個林地所有人對他們的林場也有同樣的期盼。我們歡迎能讓這期盼成真的遺產稅改革。」

但這裡有個陷阱。迪根的農場價值低於最低納稅門檻。他過世後，他的遺產沒繳半毛錢；他的家人免稅繼承了那塊土地。據他兒子說，迪根的證詞不是他自己起草的——是反對遺產稅的說客替他擬的稿。法學教授格雷茲（Michael Graetz）指出，迪根是「廢除遺產稅遊說活動的完美代表」，是「資助廢法集團的富裕白人家庭的幌子」。在當時廢法似乎是件傻事，但如果成功，這項努力將可以讓那些資助廢法遊說活動——由科赫（Charles Koch）、庫斯（Joseph Coors）和他們的一干有錢朋友所領導的家庭省下數十億美元，同時將他們的經濟掌控權傳給下一代。

這是億萬富翁透過他們擁有的報紙、他們支持的智庫和他們資助的立法者所發動的十足的階級鬥爭。他們的聯合戰略是向普通美國人表達關切，同時把關注焦點從那些作為繳納遺產稅主力（並為廢除遺產稅活動買單）的超級富豪身上轉移開來。這場遊說活動的重頭戲是協力將辯論主題設定為「死亡稅」。受雇於這次活動的政治探子藍茲（Frank Luntz）後來透露，這種重新定位「在選民間點燃了一種『繼承稅』和『遺產稅』達不到的不滿情緒」。

為了掌控所有權敘事，廢法活動有賴於一些能激發人們恐懼的個人故事。這就是為什麼迪根並非唯一出席作證的人。和他一起的還有德州科西卡納市柯林街麵包店老闆比爾・麥納特、佛羅里達州牧場主吉姆・透納，和來自賓州馬爾文的農夫羅伯・蘭格。每個人都表示擔心自己的家族事業恐會被出售，以支付遺產稅。支持廢法說客的法寶是，將近四成美國人誤以為自己屬於、或很快會變成1%的頂端人口，可能得繳納遺產稅。

藉由遊說活動，迪根的故事被炒熱。藍茲和一群受雇同夥讓一項每一百個美國人中只有不到兩人受影響的稅收，儼然變成了民粹運動。正如一名評論員所指出的，「迪根的故事被一次又一次重複，它的種族色彩暗示著稅收給黑人家庭帶來不成比例的影響。問題是？這根本是謊言一樁。」

但謊言奏效了。《紐約時報》一篇關於遺產稅的報導揭露，提倡廢除遺產稅的人找不到一個因為遺產稅而失去事業的農民。諷刺的是，迪根等幾個小業主只要免稅額能提高一點，就可以得到保護，然而這無法滿足在幕後資助這次活動的富有家庭的訴求。

活動剛開始時，聯邦版本的遺產稅適用於價值超過六十萬美元的房地產，最低稅率37%。二〇〇一年，國會開始逐步取消這項稅收，接著在二〇一〇年，它把免稅額提高到每人五百萬美元。在川普總統的二〇一七年稅收法案後，個人免稅額再次提高到一千一百萬美元。如今，一對已婚夫婦可以積累超過兩千三百萬美元資產而不必繳納半毛錢遺產稅（他們還可以聘顧問幫他們處理專門信託和稅務規劃，利用免稅額省下數百萬或數千萬美元）。

如果你超有錢，好處還不只這些：在很多情況下，不光是你的財富（以及省下的財富）在你死後免繳遺產稅，在你有生之年，大部分資產也都不必納稅。最大宗的遺產有半數以上是股票、藝術品以及帶有**未實現資本收益**——富人所積累的增值資產的不動產。人活著時，資本利得不必納稅（因為沒有買賣可以徵稅）。人死亡時，它們也不必納稅（因為資產被重新定價為死亡當時的價值，生前的收益一筆勾銷）。這是第四章討論的附屬物權的極端版本，適用於資本家：財富吸引財富，排斥稅收——只要有天價的說客和顧問。

如今，遺產稅只適用於每千名死亡者中的兩名。這是一種極具針對性的稅收，鎖定那些最有能力支付的人。然而，這項廢法活動仍然獲得高達七成群眾的支持。正如格雷茲教授所說，這種極端財富的免稅轉移是「近代最有成效的立法運動之一」。不用說，億萬富豪家庭及其千萬富豪盟友的一幫說客賺取了大筆酬金，成功地將支付政府服務的納稅義務轉移到所有人身上——那些最有能力繳稅的人除外。對那些廢除法案活動的富有贊助者來說，對家庭所有權規則的投資非常划算，報酬率遠遠高於實際創業。

但廢除遺產稅只是個起頭。億萬富豪俱樂部有更精細的作戰計畫。故事開始於一千年前法國諾曼第征服英格蘭以及英國貴族制的建立。

止貴族頭銜

在人類歷史的大半時間裡，個人對所有權的重要性並不大。富有的「業主」只是他們家族財產的當代監護人，有義務將祖先的地產傳給後代。這在今天或許很難想像，但很重要的一點是，業主是家族，而不是任何家庭成員。

想想熱門電視影集《唐頓莊園》（*Downton Abbey*）。場景是一次大戰前的英格蘭，故事以葛拉漢伯爵羅伯・克勞利為中心，他的地產支撐著他的家庭的風雅生活方式和當地佃農、村民的依存經濟。身為莊園主的人生十分愜意，但羅伯面臨著一個問題：在英格蘭的家庭所有權規則下，他受到了束縛。他並未完全擁有任何東西。**限嗣繼承**（entailment）意謂著他以他這一代監護人的身分控制著家族財產，他可以增加家族財產，但不能把任何一部分出售或者立遺囑留給別人。**長子繼承**規定只有他的長子能一併繼承土地、房屋和頭銜。限嗣繼承和長子繼承是富裕家庭為了確保自己永久富裕而發展出來的所有權工具。歷史上，像羅伯這樣的貴族無法透過立遺囑來改變這結果。

由於羅伯有三個女兒，但沒有兒子，唐頓莊園在他死後將自動移轉給馬修・克勞利，第三代遠房堂弟和排序最近的男性繼承人，也是（可怕！）一名住在曼徹斯特的中產階級律師。更糟的是，葛拉漢夫人（羅伯那位在美國出生的富有妻子柯拉）陷入了家庭所有權困境。根據「妻權從夫」的舊規則（見第五章），她從紐約帶來的大筆嫁妝已成為唐頓莊園不可分割的一部分。羅伯死後，柯拉的錢（維護遺產所需的錢）也將歸馬修所有。該劇第一季的大部分情節都在描述一家人如何努力把馬修和葛拉漢夫婦的長女瑪麗小姐湊成一對。如果他們結婚，這家人就可免於在羅伯死後被逐出莊園了。（珍・奧斯汀的《傲慢與偏見》也是描寫同樣的婚姻需求。）

工業革命前，大部分財富都存在於土地。長子繼承對貴族來說是一個強大工具，可以避免土地在繼承人之間劃分，也就是黑人和美洲原住民，以及愛爾蘭人所承受的後果。土地劃分是造成愛爾蘭大饑荒（Irish Potato Famine）和由此產生的往美國移民潮的部分原因。一七〇三年的《教皇法案》（*Popery Act*）頒布後，英格蘭不允許愛爾蘭的天主教徒享有長子繼承權，因此他們的農場一代代越分越細，地塊縮小到無法種植多樣作物的地步。最終，馬鈴薯成了唯一能存活又營養豐富的作物。當枯萎病殺死了這唯一的作物，人們別無選擇。百萬愛爾蘭人餓死，倖存者大舉遷移到美國。

英國的長子繼承規則也懲罰了女性——她們嫁出去了。它還把較年幼的兄弟排除在外，他們被送往軍隊和政府部門。這些規定甚至影響了《唐頓莊園》的創作者費羅斯（Julian Fellowes）。費羅斯的妻子艾瑪・基奇納（Emma Kitchener）無法繼承她叔叔基奇納伯爵的頭銜。由於伯爵沒有子嗣，他的頭銜將跟著他一起消失。「我覺得太荒謬了，」費羅斯說：「一個完全有知覺的成年女性，在世襲頭銜上沒有任何繼承權——老實說，我認為這真是可恥。」然而，對英國貴族來說，比起它的好處，這些代價都可以忍受：獎勵一個男性繼承人，意謂著家族可以將全部遺產完整地代代傳下去。

不見得非這樣不可。有些社會偏愛么兒，有些則偏愛女兒。但絕大多數文化傾向於長子繼承。即使在電玩《權力遊戲》的神話世界中，長子繼承人也在和龍爭奪鐵王座的最終權利。關鍵點在於，每個繼承規則都會在後代中產生明確的贏家和輸家，要麼保持遺產完整，要麼隨著時間流逝不斷分割。關於誰應該繼承什麼，甚至是否該有繼承這件事，都沒有任何自然或注定的成分。這都是有爭議的。

透過謹慎的所有權設計，英格蘭的富有家庭得以作為一個精英階層延續了幾世紀。最近一項研究驚人地顯示，許多在一一七〇年——《大憲章》頒布前數十年，出現的極具影響力的英國家族姓氏，在八百多年後仍然享有很高的社會地位。不只英格蘭，義大利佛羅倫斯當今的頂富家族，和一四二七年的有很大一部分是重疊的。

但這不是美國的規則。在這裡，繼承權不是一種固有的所有權，而是州政府授予的特權——當初美國最高法院裁定遺產稅合乎憲法時就解釋過的一項差異。從建國開始，美國人就排除了任何支持世襲貴族制的家庭所有權規則，限嗣繼承實質上被廢除了，長子繼承也從來不是美國法律的一部分。憲法明確禁止「貴族頭銜」。《唐頓莊園》擁有大批美國觀眾，但它不是一個美國故事。

正如一位歷史學者的觀察，「在新的美利堅共和政體面臨的所有潛在危險中，權力集中的前景……困擾著革命一代的文人領袖。和開國元勳一樣熟悉歐洲……這些人明白為什麼繼承財富的積累會導致不公不義，而不公不義無可避免地會腐蝕政府體制。」長期以來，在美國，代代相傳的巨額財富一直被斥為對該國公民精神的一種貴族封建式的侮辱。

然而，到了十九世紀末，美國已不再是一個由自耕農組成的國家。它越來越朝舊英格蘭的貴族和地主階級靠攏。由石油大亨洛克菲勒、鐵路大王范德比爾特、金融鉅子J・P・摩根、鋼鐵大王卡內基等強盜王統治的鍍金年代（Gilded Age），將財富集中到了這個國家前所未見、建國者們努力想避免的一種狀態。

對這一小群超級富豪所掌握政治力的擔憂引發了強烈反彈。老羅斯福充分利用了他的霸氣講壇，呼籲徵收累進所得稅和繼承稅。一九一六年，國會通過一項遺產稅，最終將一千萬美元以上（相當於今天二・三億美元價值）的遺產稅率定為25％。這項稅收協助支付了美國在一次大戰中的戰爭費用，實現了老羅斯福的目標，也就是馴服他所謂的「巨大的財富，膨脹的財富」。

從政者和公眾都了解遺產稅是一項道德義務。正如小羅斯福明確指出的，「透過遺囑、繼承或贈與將龐大財富代代相傳，與美國人民的理想和觀感不符。」這位總統和多數美國人一樣，認為每一代人都應該自立自強。

就連英國也在這點上作出了改變，於一九二〇年代廢除了限嗣繼承和長子繼承，並在二次大戰後徵收沉重的遺產稅。當時許多現實中的唐頓莊園被迫把家族房產出售或改成博物館，來支付所謂的「死亡稅」。到了一九九〇年代初，英美兩國普遍認為孩子不該繼承父母的全部財產，正義和道德要求人們向政府繳納遺產的一大部分，以獲得繼承的特權，幫助每一代人創造公平的競爭環境。

但公共智慧可以迅速改變。最近提高到兩千三百四十萬美元的遺產稅免稅額只是富豪家庭傳遞特權的一部分。我們正邁向第二個鍍金時代。現在你該明白高盛集團（Goldman Sachs）前總裁兼川普首席經濟顧問科恩（Gary Cohn）為何會說出那句令人難忘的話了，「白癡才繳遺產稅」，意指那些「稅務規劃極糟的有錢人」。取消遺產稅只是為最大戰利品——永久的美國貴族制，創造條件的一步。這一步最近發生在南達科他州。沒錯，就是蘿拉．英格斯．懷德在她的《小木屋》系列小說中描述的南達科他州。

「真正的精品之家」

貴族照例會希望把家族財富無止境地傳下去，永遠攬住特權。在英國，除了繼承權和長子繼承權，富人也用信託——也許是英美法律中最偉大的所有權發明，來作為轉移財富的基礎。學者認為大英帝國以及當今美國的經濟活力和優勢，有很大一部分要歸因於法人形式（corporate form）——信託的近親，的力量。

信託是靈活治理的傑作。

簡單地說，信託將合法所有權與實際利益區分開來。想像一下，一個富有的所有人將股票、債券、藝術品和房地產放入一個新建立的信託，來讓家庭成員受益。所有人指定受託人（家庭成員或受雇專業人員）代表受益人管理信託。受託人是法定所有人，能買賣信託資產來確保審慎的收益，受益人則獲得現金。

對富有的所有人來說，信託的一個好處是，這讓他們能透過由受託人執行的指令，對受益人的生活進行精細控制：「你要等大學畢業後才能拿到錢」，或者「你得加入家族企業」，或者「要是妳嫁給亨利就甭想」，等等。其次，信託能保護受益人免受財富帶來的許多挑戰和責任。第三，信託能持續很長一段時間，在最初受益人死亡後依然延續，繼續將財富傳給後代的受益人。

但所有信託都會到期，最終會被一項被稱為「禁止永續規則」（rule against perpetuities）的舊法律給終結。那是英國王室在十七世紀實施的規定，部分為了擊退正在崛起的貴族。國王和女王不希望貴族家族累積太多資源，免得連小貴族都出來挑戰王位。後來禁止永續的法律被帶進了美國各州。

這條法規是法律學生的噩夢，在考試中寫應用題難度很高。但它的實施很簡單：它無情限制了死者控制生者的時間長度。這條規則允許人們或多或少將他們認識的人（通常是孩子）生活中的資源凍結起來，然後在他們死後再延續二十一年。當孫輩成年，信託結束，剩餘資產直接分配給受益人，不受受託人控制。釋放資產有利於最終受益人（可以主導自己的人生），有利於皇室（遏止太過強大的貴族），也有利於社會（好逸惡勞的富人可以自由退出統治階級，讓其他人有發展空間）。

貴族，以及自封的貴族，並不喜歡這條禁止永續的規則。它是豪門穩定的一個障礙。

怎麼辦？廢除規則。數世紀以來，這一直是超級富豪的追求，不可能的夢想，無上的聖杯。

進入南達科他州。

故事從信用卡開始。在一九七〇年代末，花旗銀行受到「高利貸」限制——受到《聖經》啟發的放貸人可以收取的利率上限——的阻礙，因而瀕臨破產。綽號「狂野比爾」的南達科他州長江克羅（William Janklow）想藉機表現一下。他提出一個條件：如果花旗銀行把它的信用卡部門遷到該州，帶來四百個就業機會，該州將取消信用卡利率上限。後來，由於一九七八年最高法院的一項模糊裁決，花旗銀行得以把它在南達科他州的超高利率輸出到全國，連同一系列其他虛妄、不牢靠的貸款措施。其他信用卡公司也跟風，在南達科他州設立了覆蓋全國的小型前哨站。這就是為什麼直到今天，你都還可能把信用卡付款寄到南達科他州的郵政信箱（或者寄到內華達州或德拉瓦州，這兩個州都為了和南達科他州競爭而削弱了高利貸法律）。

由此產生了美國上兆美元的消費者債務積壓——超過未來償還能力的債務，因而阻礙了消費者進一步借貸的能力，即使是為了一些重要的新計畫。

在這次成功的基礎上，江克羅進而取消世代間財富轉移的上限。憑著一條簡短法律（只有十九字），他取消了南達科他州信託業務中名義上持有資產的禁止永續規定。如同記者布洛（Oliver Bullough）提到該州作為新興全球避稅天堂時寫的，「貴族捲土重來了」。

南達科他州開始宣傳自己是建立**豪門信託**（dynasty trust）的好地方，可以提供家族存續財富的能力，同時幫助他們避開遺產稅。突然間，南達科他州成了全球最大吸錢機。「對許多人來說，南達科他州只是一個『飛越』之州，」州最高法院首席大法官在州議會發言時說：「儘管許多人總會有機會『飛越』南達科他州，但不知何故他們的錢總有辦法在那裡落腳。」

聽來似乎是好事，但誰能從南達科他州受益？幾乎沒人。該州居民肯定不會，就算他們知道永續信託業務的存在。這項變革並沒有帶來旅遊或投資熱潮。有錢人在遠方建立信託基金——他們通常根本不曾到該州簽署文件。這些錢也從未以任何有利的方式流向南達科他州，而完全是以法律形式存在那裡。信託和它的受益人不須向州政府繳納所得稅、資本利得稅或遺產稅。

州內唯一的獲利流向一個由律師、銀行家和會計師組成的關係緊密的小團體，這些人贊助江克羅的法律，如今在當地建立並管理信託基金。一位州議員評論說：「選民不了解這代表什麼。他們沒見過封建社會，他們不知道自己在授權些什麼……我想全州理解我們所做的事會帶來什麼後果的不超過一百人。」

南達科他州成功讓當地精英致富，引起了其他有著靈活州議會的貧窮州的家庭財富說客的注意——不只內華達和德拉瓦，還包括阿拉斯加和懷俄明州。目前約有十來個州加入了信託管理的競賽。

一九九七年，阿拉斯加開始推廣**自益資產保護信託**（self-settled asset protection trust），一種讓委託人也可以是受益人的創新做法——你可以把自己的錢信託給自己。這種管理方式有效地在富人和欠債之間築起一道防火牆。資產由受託人合法擁有，債權人通常無法取得這些資產，包括前配偶和（通常）由前夫撫養的子女，試圖收回因為所有人投資失敗所欠債務的企業，還有試圖根據醫療事故判決向肇事醫生索賠的受傷病患。

受到來自阿拉斯加的競爭威脅，南達科他州拉高了競爭態勢。江克羅成立了一支任務小組，詢問一些富豪家庭，我們還能為您做什麼？不久便有了南達科他州版的自益資產保護信託，但是為委託人提供更大方的條款。內華達州隨後也加碼。這種來回拉鋸引發了一場競相向富人提供奢侈優惠的惡性競爭。南達科他州允許你增加一項**揮霍信託**（spendthrift trust）條款，根據該條款，受託人可以選擇何時何地付款給受益人，債權人無法提前攔截這些款項，之後也幾乎追蹤不到錢的流向。這項條款允許受託人不斷提現金給不負責任的受益人，受益人則不斷撞毀他們的豪華轎車並且拒給受害者賠償金。該州甚至提供特別的**目的信託**（purpose trust），以巧妙的方式把資金導向一些在公共政策和道德方面不被允許的用途（例如讓你的狗發一筆財）。最後，南達科他州的保密規定會幫你守住這個大秘密，不讓那些被你虧待過的人知道。

正如一位金融顧問的評論，南達科他州「相當成功地樹立自己的特色；真正的精品之家」。到了二〇一〇年，南達科他州的各信託公司已獲取六百億美元的資產。二〇二〇年更超過了三千五百億，不光來自美國新貴族，也來自腐敗寡頭政客、毒梟、第三世界暴君和一些想要藏匿熱錢、轉移責任和創建豪門的人。

南達科他州輾軋了瑞士、開曼群島和其他傳統的避稅天堂和銀行保密避風港。如果你是超級富豪，肯定已知道這點；如果不是，你可能會驚訝，全球過剩財富的龍頭目前正源源注入南達科他州的信託公司。

歷史上，國家不曾像這樣單方面破壞共同價值和國家利益，但長期存在的禮讓和克制規範正在瓦解，由南達科他州打前鋒。富豪們的顧問意識到，美國分散的所有權制度創造了一種機會：州政府可以極盡一般無知選民所能容忍的離經叛道，然後該州可以把它的極端觀點推向全國。錢是流動的，加上消極的國會，各州幾乎不受聯邦監督。

南達科他州沒人抱怨豪門信託，因為損害落在聯邦納稅人身上，落在紐約和加利福尼亞等遙遠各州的人身上，這些州的服務因為稅收損失而縮減。有了南達科他州的信託，真正富有的人可說佔盡好處：他們可以隨心所欲住在任何地方，不必繳他們該繳的份兒，他們的錢則好端端藏在南達科他州，免負任何義務。

隨著嬰兒潮世代在未來幾十年漸漸凋零，約有三十兆美元將被傳給後代，這是人類史上最大的一次世代間財富轉移。其中大部分將免繳遺產稅，而且大多數將傳給那些不勞而獲卻不必為自己的不負責任承擔任何後果的子孫後代。為什麼？因為根據南達科他州這些地方的信託法，放蕩的後代並不「擁有」任何資產，只有信託才擁有。

相較下，那些老實工作領薪水，而不是透過資產保護信託接收它的人，可就沒那麼幸運了。如果你是薪水階級，開著本田車撞傷了人，或者你拒絕支付子女撫養費，州政府會扣押你的薪水。也就是說，他們會攔截你的薪水，直到你付清法院判決的賠償金。超級富豪可就不同了。免於被扣押是透過揮霍信託接收資產的人所享有的特權。

當這種不公平現象在一八九〇年代首次出現，美國當時的頂尖產權律師葛雷（John Chipman Gray）加以指責。他寫道：「成年人一輩子處在幼兒狀態，不償還債務的男人靠著繼承來的財富過著奢侈生活，這些都是極度不民主的想法。」他擔心，允許揮霍信託恐怕會創造出「一個貴族階層，不過可以確定，是一個給國家帶來禍害的可鄙貴族階層」。

第一個鍍金年代——葛雷寫作的時期，促使人們採用所得稅和遺產稅來對抗極端不公平的危害，防止豪門家族的興起。目標是讓美國回到更為平等的時代。的確，幾十年來，這項稅務計畫發揮了作用，國家在日趨富裕的同時也變得更加平等。但現在，第二個鍍金年代正朝著反方向發展。１％最富有的美國人擁有全美約四成的財富，而且這比例還在上升，在這同時幾乎所有其他人的收入和財富都停滯或下降了。

葛雷之前一世紀，美國的開國元勳已意識到這個危機。若是看見今天我們消極地容忍一個新鍍金時代的形成，他們大概會目瞪口呆吧。湯瑪斯・傑佛遜在一八一三年寫給約翰・亞當斯的一封信中指出，建立在「美德與才能」基礎上的一群美國「天然貴族」和它的「建立在財富和出身背景上的人造貴族」之間存在著重大區別。對傑佛遜來說，重點是「人造貴族是政府中的一種有害成分，應該設下規範來防止它的崛起。」

亞當斯回覆說，他們所建立的美國政治制度比傑佛遜擔憂的更為強大。當「榮譽、財富和權力透過國內法和政治制度代代相傳，」亞當斯寫道，「我承認會出現人造的貴族，但這永遠不會出現，除非選舉中的腐敗變得顯著而無法控制。」對亞當斯來說，重點是「可以肯定，我們距離這種事遠得很，起碼還要好幾百年我們才會開始腐敗」。

關於危機傑佛遜說對了；關於時間線亞當斯說對了；關於後果葛雷也說對了。

一個反對身分地位繼承的國家，如今卻容忍南達科他、內華達等州的議會積極提倡財富世襲和規避責任。這當然不是一種進步的立場，但它也不屬於任何一種可理解的美國保守主義，一種致力於追求個人自由、機會和市場的政治傳統。

今天的人造貴族散發出一種凌駕法律之上的姿態。你不僅可以聽見科恩這類經濟顧問的輕蔑——他說只有白癡才繳遺產稅；還能聽到像赫姆斯利（Leona Helmsley）——因為控告自己的承包商、壓榨自己的服務人員而有「刻薄女王」稱號，這樣的房地產富婆的狂言。在因逃稅重罪入獄前，赫姆斯利吐出一句名言，或許可以當成南達科他州信託創辦者的加油口號，「我們不繳稅，只有小人物才繳稅。」

為了貫徹她的觀點，當赫姆斯利在二〇〇七年去世，她留下一千兩百萬美元信託基金，以供她的馬爾濟斯狗「麻煩」吃神戶牛肉和蟹餅。在信託披露後的一片爭議聲中，赫姆斯利的長期對手兼盟友川普替她辯護，「只有那隻狗愛她，值得她付出每一分錢。」

然而，紐約的法院認為信託金額違反公共政策。這筆信託隨後遷到了南達科他州，該州熱切接受了關係到窩藏「麻煩」的狗狗點心錢的服務費。

打造今天的豪門確實要預備不少錢。你得延攬律師、銀行業者、顧問和說客，加上一批穩定順從的立法者。當南達科他州的信託律師群在二〇一八年州議會開會期間提議向豪門家族提供更多優惠，司法委員會主席史蒂文斯（Mike Stevens）中止討論，加速通過提議。史蒂文斯說：「別再問了。我唸法學院的時候不懂永續信託，現在我也不想懂。」豪門家族就指望史蒂文斯繼續保持無知。

南達科他州對神秘的所有權規則作了微調，但影響十分巨大。它們開創了一條讓美國維持著地球上最不平等的財富分配的道路。別搞錯，這轉變不是偶然發生的，不是透過魔法、自由市場，也不是自然發生的。這是一場精心設計的搶劫，由豪門家族說客和立法共犯策劃。而超級富豪的少繳稅意謂著其他所有人的多繳稅。

1％人口中的1％牢牢握著信託法的遙控器。他們就指望你不知道它存在。

小忠告

我們多數人不會把錢藏在南達科他州的豪門信託。我們也無法憑一己之力對抗這些信託造成的損害——這要靠知情選民的共同努力。但有一件事是你可以實際去做的。海勒每年都會開設「如何轉大人」（How to Be a Grownup）的課程。概要是：創建屬於自己的遺產計畫。想起來或許很嚇人，但做起來並不難。

每個育有未成年子女的父母都需要一份遺囑，就算不為別的，起碼也該指定孩子的監護人。如果你沒立遺囑就死了，州政府將決定誰來撫養你的孩子。每個老年人也需要遺囑，即使你沒有大筆資產。寫遺囑是對存活者的一種仁慈，讓他們知道誰該得到什麼。有太多家庭為了爭奪一些具有情感價值的物品（就像引言中討論的亞瑟和蜜德里的搖椅）而爭執不休，即使金錢價值都微不足道。

立遺囑時，要填寫一份**預先指令**（advance directive）（或稱為生前遺囑和醫療照護委託書，依各州而異），說明如果你病得太重而無法為自己說話，你願意和不願接受的治療。這些文件的重要性在 COVID- 19 疫情爆發的早期格外顯著，因為當時醫生必須配給有限的醫療服務。但即使在平時，這份文件也很必要，除非你想在生死關頭讓別人猜測你的好惡。

還有一些較簡單的文件需要建立，例如一份**永久授權書**（durable power of attorney），讓某人可以在你失能時管理你的財務。甚至有一些很容易建立的信託，可以大大改善那些在你死後存活的人的生活。如果你不希望你的未成年子女在滿十八歲時收到大堆沒有節制的現金，你需要信託；如果你想為某個有特殊需要的家庭成員提供生計，也可以這麼做。最後，把你的金融和社群媒體帳戶密碼以及通訊資料記錄下來，以便在緊急情況下，讓適當的人知道該去哪裡找、該怎麼做。

當你寫這些文件，不妨加入一些感言來表達你的真正願望。對那些即將擔任你的遺囑執行人、受託人、監護人和代理人（可由不同的人擔任）的人說話。確保他們知道你想要什麼。每隔幾年更新一次，尤其是當你經歷婚姻、生子或離婚等人生重要階段的時候。

在房地產計畫的領域，花錢請律師是合理的。各州法律不盡相同，為了讓你的文件生效，嚴格遵守規則非常重要。這類計畫可以在特別脆弱的時刻為家庭成員提供情感和實際上的解脫。如果這種事讓你卻步，你也不見得非請律師不可。你可以上網搜索如何輕鬆、合法、低成本地建立這些文件，而且花不到一個週末的時間。很值得。

從共同犧牲到自我犧牲

遺囑和信託都很重要，但它們只是家庭所有權的一部分。**我的**的主張貫穿我們的一生，而且往往在一些最親密的人際關係中發揮超乎我們理解的作用。

各州在管理配偶之間的所有權方面存有巨大差異，每一條規則都無可避免反映出一州對理想婚姻的含蓄背書。在某些州，只有名字在地契上的配偶才有權利管理或揮霍那項資產。這種所有權基準往往對經濟優勢的配偶比較有利，通常還是傳統婚姻中的丈夫。

其他州堅持較為平等的資產管理基準規則，讓配偶雙方對家庭或銀行帳戶享有同等的控制權，不管契約或帳戶是用誰的名字。這種基準自然需要雙方在人生重要抉擇上有更多討論。凡是進行大額投資，如房屋抵押貸款，都需要共同協商（當然送禮給情婦是不被容許的）。

能不能猜出哪一條基準是在哪些州實施？由於地緣政治和歷史的作弄，紐約的規則是做丈夫的在完整婚姻中擁有主導地位，而德州目前擁有更平等的規則。大多數人都不了解各州的家庭所有權規則的分歧如此之大——直到婚姻出了錯。接著分歧可能會越演越烈。

儘管各州對完整婚姻中的所有權意見不少，但正如偉大的次女高音史達德（Frederica von Stade）驚訝發現的，各州更關注離婚會如何。二〇一〇年四月二十二日，當卡內基音樂廳的帷幕垂下，觀眾席爆出如雷掌聲，往台上投擲鮮花，連喊了四次安可。史達德的一次極為成功的告別音樂會。在長達四十年的職業生涯中，她現身在世界各地的著名歌劇院，和全球頂尖管弦樂團、指揮家共同演出。

早些時候，史達德在一些「客人沒預期聽歌、也不想聽歌」的酒吧表演，勉強維持生計。在某位朋友以五十美元打賭的刺激下，她申請了一所音樂學院。後來，她在大都會歌劇院的招募比賽中被選中，從小角色開始，一路爬升。

在躍升為歌劇名伶的過程中，她的丈夫埃克斯（Peter Elkus）總是隨伺在旁。他們是在音樂學院求學時認識的。做為一名前景看好的男中音歌手，埃克斯把自己的職業生涯放在一邊，全心打造史達德的事業。埃克斯擔任她的聲樂教練，打理家務，掌管宣傳。這種夥伴關係奏效了。她的年收入從她和埃克斯結婚那年的兩千兩百五十美元增長到了離婚那年的六十二萬兩千美元——隨著她達到歌劇生涯巔峰增長了兩百七十五倍。

他們的離婚有個不尋常的轉折：埃克斯認為，史達德在婚姻中獲得的「新增賺錢能力」（increased earning capacity）本身就是一項「婚姻資產」，也使得他成為她提升後的事業和名聲所帶來的經濟價值的部分所有者。因此，他要求法院分配這項婚姻資產，讓他公平分享她未來的收入。

在美國的另一端，安・格林漢提出了類似要求，儘管她既不出名也不富有。她和丹尼斯・格林漢共度了六年婚姻生活，在這期間，她一直擔任空服員，分攤夫妻收入的七成，其中一大部分用來支付他在科羅拉多大學的企管碩士學費。在他們結婚期間，她努力供他完成學業。

他拿到學位，找到一份高薪工作，然後和妻子離婚。由於沒有有形財產或投資組合，他們沒有資產可平分；沒有小孩，意謂著不需子女撫養費。由於兩人都有工作，因此也沒有贍養費。然而，安・格林漢要求獲得他們唯一的婚姻投資，她丈夫因企管碩士學位而增加的賺錢能力所得的半數。

儘管在魅力和財富方面有著天壤之別，但彼得・埃克斯和安・格林漢都主張，基於對配偶事業的投資，他們應當獲得所有權利益。兩人都犧牲了自己的事業，花錢增進婚姻群體的整體經濟潛力。這種增加的賺錢潛力是否應該是婚姻所擁有、在離婚後可分割的？或者應該單獨擁有而不可分割？所謂前配偶的一方擁有另一方增加的賺錢潛力的一部分，究竟是什麼意思？

離婚後，後援配偶（supporting spouse）是否能主張對另一方賺錢潛力的所有權，似乎是家庭法的一個技術性問題，但它的意涵非常深遠。這裡有三種關於後援配偶能獲得什麼的選項：

© 新增賺錢潛力所得的一半。

© 花費補償。

© 一無所得。

對彼得・埃克斯和安・格林漢來說，問題很簡單。兩人都犧牲了當下的享樂、收入和機會，來支持婚姻中的長期經濟成功。他們本可以投資房地產或股票——如果他們這麼做，所增加的任何收益都會在離婚時和配偶平分。但他們投資的是人力資本（配偶的事業），而不是建立資本或金融資本。然而原則是一樣的：他們放棄當下的消費，寄望於日後的共同獲益。讓史達德和丹尼斯・格林漢收割婚姻的共同努力所獲得的所有收益，似乎也不盡公平。

的確，紐約採取了這個推論。法院作出對彼得・埃克斯有利的裁決——該州的一個劃時代案件。

紐約的做法有一個令人信服的道德邏輯。新增賺錢能力的公平分配，等於是把配偶看成平等的夥伴，可以共同決定如何在婚姻群體的穩固團結中結合雙方的賺錢力。這種做法排除了一個觀點，就是法院應該檢視婚姻內部，以確定誰貢獻了什麼、誰該得到什麼。反之，這表明了州政府相信婚姻是一個共享好與壞的地位對等的整體。

考慮到美國依然普遍存在的性別不平等，這個平等夥伴原則消除了——起碼在婚姻期間，男性在市場上的較大權力。它發出了一個訊號：事業成就的平等分配是婚姻的權益，而不是社會福利的施捨。

然而紐約的規則可能難以實施。一旦法官下令必須持續付款給前配偶，可能會把一心想分手的配偶綁在一起。估價專家當然可以把新增的賺錢能力量化，但如果他們錯了？萬一哪天史達德覺得大都會歌劇院不適合她，決定加入和平工作團去當志工？她是否必須回法院去刪減她的付款？史達德的人生軌跡不該由埃克斯來決定，就像棒球選手柯特・弗拉德的人生軌跡不該由聖路易紅雀隊來控制（如第五章提到的）。

處理離婚後新增賺錢能力的第二種方法是：把後援配偶的各種投資償還給他們。這是紐澤西州的規定。後援配偶可以索回他們為配偶的事業發展所做的捐獻，包含利息。根據這項規則，法院實際上抹去了配偶共同生活中的所有決策。償還一切，就好像婚姻的共同事業從未發生過。當婚姻結束，債務也得結清，就這樣。就好像後援配偶沒有從各種婚姻選擇中獲得半點好處，所有好處都被嶄露頭角的配偶獨佔了。相較於紐約的「平等夥伴」做法，紐澤西發出了一個訊息：夫妻雙方應該在婚姻生活中保有各自的帳戶，方便以後報銷某些花費。這是你想要的親密夫妻明算帳婚姻？

但也有好處，而這也是關鍵所在。紐澤西州的規定很容易執行。償債免除了評估一樁事業的未來價值的困難。只需要一次還款（通常很少），從此斷絕關係。

美國大部分地區都沒有採用紐約和紐澤西的做法，而是遵循第三種所有權規則來處理婚姻期間的新增賺錢能力：這種能力不是婚姻財產，甚至根本算不上是財產。在權益方面，後援配偶獲得的回報是零（不過法官在公平分配其他資產時，可能會把這種失衡狀況納入考慮）。

這正是科羅拉多州法院在格林漢夫婦案中的判決。在法官看來，丈夫獨自去上課、寫論文、備考。他們完全無法理解這樣的新增轉錢能力要如何共有——儘管紐約這麼做可說由來已久。而且格林漢一案的專家輕易便給出了企管碩士事業提升的所得估價。他算出安應該獲得八萬兩千美元的一次性補償。

零所有權規則強化了婚姻生活的嚴酷前景。在這個已婚男性仍是主要掙錢者，並且把大部分婚姻資產放在自己名下的社會中，輸家往往是女性。這規則也有助於解釋，為什麼（即使經過幾十年改革）女性的經濟地位在離婚後持續下降，而男性卻上升。足以代表一般人的是格林漢夫妻，而不是埃克斯和史達德。各州使用所有權設計來強化一種老式的婚姻觀：對支助配偶的一方來說，婚姻是一場賭博。難道這就是當今的配偶結婚時所期望的？對多數人來說，也許不是。

如同遺囑和信託，婚姻所有權也是一種強大的社會工程形式，悄悄操縱著親密關係中的夫妻。今天，為了創造未來賺錢潛力而做出的共同犧牲，變成了非專業配偶——通常是妻子，的自我犧牲。

這故事有個重要的結尾。二〇一六年，紐約拋棄了平等處理新增賺錢能力的許諾。該州改變了規則，加入美國其他地區的行列：對新增未來收入的婚姻所有權為零；離婚時分配也是零。也許富有的紐約市銀行家，或者奧巴尼的州議員——受夠了付錢給他們的離異配偶。結果是：紐澤西州仍然實施對後援配偶的花費補償，但如今，沒有一個州把新增賺錢能力看成必須在離婚時分配的婚姻資產。

婚姻選單

令人意外的是（至少對一些法律教授來說），很少有夫妻會隨著自己的喜好調整婚姻所有權。他們花好幾個月時間設計餐桌花，為婚宴挑選第一支舞，但他們對州政府提供的任何現成的婚姻所有權照單全收。不見得要這樣。手頭寬裕的人不僅可以得到他們中意的婚宴承辦人和婚戒；透過婚前協議和信託，他們大致上也能獲得自己想要的婚姻所有權規則。

為什麼各州不該起碼提供一些關鍵選擇，讓大家可以在必要時以低成本自動取得？有幾百種──沒錯，幾百種，**強制**和**預設**的所有權關係，會在結婚的瞬間發生變化。舉幾個例子，從現在開始，你和你的配偶將共享退休儲金和養老金、聯邦和州所得稅優惠、免稅配偶贈禮、社會安全補助、退役及在職軍人和傷殘福利、離婚時的公正或平等分配、死亡時的配偶選擇份額，以及作為近親的繼承權。在每一項婚姻財產規則中，州政府都會把它喜歡的所有權說法強加於你的親密生活。

在強制和預設規則當中作選擇，是所有權設計的一個重要特色。當州政府強制執行一項規則，意思是說，**我們是當真的**，如果你結婚了，你就迴避不了，如果你沒結婚，你大概也得不到。預設規則允許夫妻協商，但這些規則通常很僵固。州政府意思是，我們偏愛這條規則。少有人想改變它（回想一下第二章的捐贈效應）。所有權（和契約）的設計經常需要對強制或預設規則的道德價值和實際後果進行評估。

好像很複雜？其實稅法也一樣。然而，每年有四成美國人上網申報。報稅軟體會提示你回答一些簡單問題，例如你是老兵嗎？你有農場嗎？如果你回答是，你會得到更多的訊息，可以作出更多選擇。（所有這些都是免費的，除了報稅軟體開發商 TurboTax 數十年來一直不厭其煩地遊說，反對無成本申報並且促銷它的詐騙業務。）既然軟體可以用於報稅，或許它也能幫助你重新設計自己婚姻中的所有權。

要知道，這不是一勞永逸的決定。即使在一些看似平常的事件之後，比如當你移居到一個新的州，婚姻中的所有權規則都可能發生根本性的變化。朵莉絲・哈努就發現，不更新婚姻所有權的後果可能很慘。

朵莉絲在伊利諾州和羅伯結婚。在他們的婚姻中，羅伯掙錢，買股票，而且用他的名義登記。後來這對夫婦搬到德州，羅伯在那裡去世，把股票留給他的孩子史蒂文和萊斯莉・安，而不是給朵莉絲。

要是羅伯死在伊利諾州，朵莉絲就可以行使一種叫做配偶選擇份額（spousal elective share）的權利。這是伊利諾州用來保護被遺囑排除的配偶的工具。光憑著妻子身分，她便可以選擇繼承他的三分之一遺產（或一半，如果羅伯特沒有後代的話）。約有四十個普通法（common law）州——承襲英國法律的州，使用這工具來保護被剝奪繼承的配偶。

德州不是使用普通法夫妻財產制的州，而是遵循共同財產制（community property），這種制度可以追溯到墨西哥法律，更遠又可溯及西班牙法律。歷史上，共同財產制是美國最具父權色彩的婚姻制度：丈夫根據腦子與主子規則來管理夫妻財產（見第五章）。然而到了一九七〇年，德州修法，規定夫妻雙方應在婚姻存續期間平等管理共同財產，並在離婚或死亡時平等分配。

共同財產包括夫妻在婚姻期間在該州獲得的大部分資產。它規定夫妻雙方成為當下且平等的所有人，無論契約或帳戶用誰的名字，藉此來保護雙方不被剝奪繼承。離婚或死亡時，任一方都將得到一半。今天，如果你正巧住在九個共同財產制的州之中，你便會自動被納入美國最平等的婚姻所有權制度。

但朵莉絲不是。羅伯在伊利諾州購買了股票組合，放在自己名下，作為他的分別財產（separate property）。當夫妻遷移，財產的性質不會改變（除非他們明確同意做出改變）。因此，當哈努家搬到德州，這些股票仍然是羅伯的分別財產。夫妻財產的分配是由配偶死亡的州管轄的。德州沒有配偶選擇份額權，因此當羅伯在該州過世，他可以透過遺囑將他所有的分別財產傳給他的孩子，什麼都不留給朵莉絲。由於搬家，朵莉絲失去伊利諾州選擇份額權的保護，但也沒有獲得共同財產制的保護。為什麼？因為這對夫妻在德州的居住期間沒有獲得任何共同財產，沒有東西可分配。總之，朵莉絲一無所獲。

她陷入英國和西班牙法律之間的缺口——這兩種制度自動管理著美國的大部分婚姻。如果她在離開伊利諾州之前處理了風險，本該可以保護自己的，但這表示她必須知道問題的存在，並且請了律師來解決問題。可是要普通夫妻保持這麼高的警覺是不合理的。有些州實施了一些小的技術變革來保護某些移民夫妻。在加州（也是共同財產州）羅伯的股票組合將被視為「準」共同財產，然後被均分。但朵莉絲沒有考慮遷往西部。

既然線上軟體能幫你修改報稅資料，為什麼它不能幫你修改婚姻的所有權？州政府可以提供婚姻所有權選單，讓人們早在婚禮之前，以及之後的婚姻生活中，選擇自己婚姻的基本要素。

一九九八年，作為普通法州的阿拉斯加開始了這種選單做法，允許夫妻（包括州外夫妻）針對部分或全部婚姻財產，選擇共同財產的規則。但該州基於錯誤的理由擴大了婚姻選單，並產生了不良影響。他們根本無心幫助阿拉斯加人將他們的婚姻和他們最私密的價值結合起來。

阿拉斯加的律師和銀行業者說服州議會提供共同財產選擇權，作為吸引州外有錢人加入信託業務的工具。由於聯邦稅收系統的一個小缺失，如果你擁有龐大、績效看好的股票投資組合，死前最好是讓你的資產由共同財產制、而不是普通法來管轄。你的在世配偶和之後的受益人將可以避掉某些資本利得稅。阿拉斯加允許你精確地轉移資產，以便最大幅度地避稅。你不必在阿拉斯加結婚，甚至不必親自到該州。但是這種巧門需要大筆的當地專業費用，而這些費用的產生正是提供婚姻選單的目的。當心了，南達科他。

這些信託的潛在缺點是——也是阿拉斯加的律師常提醒他們的客戶（主要是男性）的，共同財產固有的平等主義性質。避稅的代價是（至少在名義上）丈夫給了妻子同等的話語權，可以管理隱藏在信託中的特定婚姻財產。

我們認為，阿拉斯加的婚姻選單是一個執行不良的聰明概念。選擇權針對的目標群完全錯了。少有阿拉斯加人富有到能從這種複雜的避稅計畫中受益，多數人可能寧可要一種將配偶視為婚姻旅程中相對平等的伴侶的婚姻所有權制度，像在加州或德州。

如果阿拉斯加把選擇簡化？允許夫妻在獲得結婚證時勾選共同財產或普通法的方框，就像夫婦倆對著電腦螢幕勾選關於減稅的贊成或反對選項。沒有律師，沒有銀行員，沒有費用。婚姻選單或許還可以進一步擴大。也許可以讓夫妻選擇他們喜歡的關於新增賺錢能力和婚姻的其他重要面向的規則。也許可以讓夫妻在重大人生事件之後修改他們的選擇。

精心設計的選單將讓所有已婚夫婦（而不只是有錢人）在書寫自己的婚姻故事時，作出意義深遠的抉擇。光是選擇的行為，以及伴隨著選擇而來的親密討論，就可能促成更牢固、更積極投入的婚姻。如果我們相信配偶有能力從婚宴承辦人提供的餐點中挑選開胃菜和主菜，何不將這些選擇擴展到結婚日之後的共同生活中？

也許該是考慮婚姻選單的時候了。

Chapter 7

所有權的未來世界

隨便挑一份報紙。我們有百分百的把握，當天——就在你讀本章的這天，必定會有個大頭條讓你一下子會意過來，只要你了解所有權潛規則。我們寫本書，正是為了讓你有更多這樣的「原來如此！」的時刻。

我們怎能如此肯定地預測今天的新聞？因為所有權是社會用來建構每一場熱門資源爭奪戰的鷹架。涉及的事物非常廣。我們應該如何看待所有權的未來？無論哪裡，人們都在追逐稀缺資源。真的是無處不在。

我們寫本章時，涉及所有權的最大頭條是關於大自然以及數位新領域所面臨的威脅。這些報導突顯了環境受到的各種衝擊——失控的氣候變遷、熱帶雨林的流失和漁業的崩解。它們也描述了科技巨頭和網路政府透過數據追蹤、演算法歧視和無處不在的監控，對個人自由造成的威脅。儘管這些挑戰存在於全國甚至世界各地，但它們基本上和關於護膝神器、空拍機航線、停車椅和排隊代理人的紛爭是一樣的，全都是對於誰該得到什麼、為何該得到的爭議，只是利害關係更大了。

記住我們使用的是同一套所有權工具箱。其中包含六種有爭議的所有權主張路線：**先到先贏**、**佔有**、**勞力**、**附屬**、**自我所有權**和**家**。同時也包含幾種設計工具：**事後／事前主義**、**規則／準則**、**排除／治理**、**基準設定**以及**自由共有**。這個工具箱同時控制著細瑣和大規模的事物。

展望未來，在我們尋求解決所有權新領域的一些看似無解的困境時，我們面臨的挑戰將是如何混合、搭配這些數量有限的路線和工具。事實證明，用心去關注我們如何讓東西變成**我的**——不管是溫室氣體還是點擊流數據，也許是我們拯救地球、維護自身自由的最佳機會所在。

地表第一好水

紐約客不太是說話客氣的一群，尤其是在吹噓他們的城市有多好的時候。《Time Out》週刊列舉了紐約成為「全世界最棒城市」的五十個理由——最棒的天際線、最棒的劇院等等。這些吹噓不足為奇。每個人都聽過帝國大廈和時代廣場。但你或許會驚訝該雜誌列出的紐約之所以偉大的頭號原因。

它的飲用水。

你不必盡信雜誌上的話，但事實上紐約自來水經常在盲品大賽中奪冠，勝過許多最貴的瓶裝水。

紐約客或許知道他們的自來水味道很棒，卻少有人知道它來自城市西北一百二十五哩的地方。更少人知道，創新的所有權設計是每天為九百萬人提供超過十億加侖安全清新飲水的核心。但艾爾．阿普頓（Al Appleton）知道。

阿普頓是個心思敏捷、率真得讓人服氣的大漢。一九九〇年，他成為紐約市環境保護局局長以及供水和下水道系統主管。他馬上面臨一個難題。和多數美國大城市不同，紐約沒有自來水處理廠。二十世紀初，該市極有遠見，從位於遙遠北部和西部的荒僻卡茨基爾山脈鋪設了巨大管線，把該地區的純淨水源引到城市附近的巨型水庫。除了使用集水槽的機械過濾裝置來防止樹枝樹葉進入，以及加氯殺菌，水幾乎是直接從山區流入曼哈頓的公寓和布隆克斯家庭的水龍頭。

然而，從一九八〇年代開始，卡茨基爾集水區的許多小農場面臨了經濟壓力。他們增加肥料的使用，並且開始把土地賣給住宅開發商。隨著人口的增長和土地使用的加劇，原本被紐約市視為理所當然的潔淨用水受到了威脅。加上《安全飲用水法》的修訂，紐約似乎有必要為卡茨基爾地區的水建造一座造價高達四十億美元的處理廠，外加每年兩億的營運費用。

然而，阿普頓沒有推動這項建設，而是後退一步，查看所有權工具箱。幾乎每個人都認為新的污水處理廠是不可免的了，但阿普頓重新檢視了這個問題。集水區的植被和土壤在分解污染物、攔截沉積物和過濾毒素方面功勞極大，成果是品質絕佳的飲用水。與其花鉅資處理下游的水，何不投資重建上游的景觀？有沒有可能完全避免花錢蓋大水廠？就如阿普頓說的，「好環境出好水。」

於是開始了為期十八個月的過程，和卡茨基爾當地的團體舉行了一百五十多場會議，協商可以確保水質的土地管理實務。一位參加者形容那些沒完沒了的會議就好像「和每年只想見到一次的親戚共進的嘈雜感恩節晚餐」。最終協定由六十個城鎮、十個村莊、七個郡和環保團體共同簽署。紐約市承諾花十五億美元收購敏感土地，恢復河流通道，同時為促進水質、支持集水區經濟發展的夥伴關係提供資金。

成果令人讚嘆。水污染急劇下降。事實證明，紐約市的資助深受上州鄉村土地所有人的歡迎。美國國家環境保護署被說服，集水區措施足以提供安全的飲用水，因此聯邦政府一再撤回紐約市建設數十億美元處理廠的要求。因此，單從財政角度來看，紐約這次成功，靠的是投資自然資本而非建立資本，投資綠色環境而非灰色基礎建設。這個計畫可說省下了好幾倍經費。

可是這一切和所有權有什麼關係？

每當談到環境，我們往往不考慮所有權。我們從大自然獲得的好處，我們呼吸的潔淨空氣，穩定的氣候，海洋中的魚群，優美的大地景觀——感覺上似乎全都是所有人共有的財富。這想法很美好，但也有問題。

當資源豐富時，共同所有權運作良好，但隨著人口增長和技術變革，它往往就失靈了。當珍貴資源可供免費取得，我們往往會獲取太多——也就是第四章討論的公地悲劇。共同所有權的結果是，我們在全球海洋過度捕撈、濫砍熱帶雨林，並且排放史上最高標的溫室氣體而濫用了大氣層，造成氣候變遷。照這速度下去，我們子孫後代的世界將和我們成長的世界大不相同，而且不會變得更好。

正如卡茨基爾集水區提供純淨的飲用水，大自然提供了各式各樣我們認為理所當然的重要服務。昆蟲為我們的農作物授粉；土壤中的微生物分解廢棄物，創造肥沃的可耕地；沿海沼澤地可以抵禦風暴潮，為幼魚提供棲息地。這些都是共同資源的例子，這些資源惠及所有人，卻無人擁有。我們都喜歡在我們周圍飛翔的野鳥和蝴蝶。但是，為這些野生動物提供棲息地的土地所有人得不到任何補償作為交換。如果他們不擁有這些資源，也不能靠它們索費，那他們也就沒什麼經濟理由要保護它們，或者為它們投資。

舉個例，濕地可以緩和洪水或過濾飲用水，因而保護城鎮。如果土地所有人把濕地改造成住宅或農場，他們可能會在經濟上受益，但社區將因為洪水和污水而變得很糟。因為沒人能擁有防洪和淨水之類的濕地服務，土地所有人在決定如何使用土地時，並沒有把這些服務的價值納入考慮。如果要選擇排乾濕地來種植作物以維持生計，或者保護濕地而一無所獲，那麼很容易選擇，排乾濕地。

阿普頓的偉大創見是根據我們在第四章中描述的附屬物原則進行革新。他告訴卡茨基爾地區的地主們，紐約市會當他們是那些環境服務的主人那樣和他們打交道。我們毫不猶豫付費給附屬於土地的馬鈴薯或煤礦，那麼何不付費給那些改善水質的農民？阿普頓創造了一種所有權工具，讓富裕的下州都會居民付費給貧窮的上州農民，來維護潔淨的環境。他證明了，就算沒有州法律可以賦予人們對他們土地所提供環境效益的所有權，**仿似附屬物權**（as-if attachment）同樣具有激勵作用。

近幾十年，這種創造我們稱之為對大自然恩賜的**仿似所有權**（as-if ownership）的做法大為盛行。幾十年來，本書共同作者薩爾茲曼一直在和全球各國政府合作，制定土地所有者提供自然服務的補償計畫。在最近的工作中，他參與了全球五百五十多個進行中方案，每年執行金額估計為四百二十億美元。

這個戰略正被用於拯救世界各地的雨林。熱帶雨林涵蓋了全球大部分的物種多樣性，並能吸收大量大氣中的碳，在減緩氣候變遷方面發揮關鍵作用。森林濫伐造成了高達20％的全球暖化。就在本章進行的同時，常被稱為地球之肺的亞馬遜森林正大片大片地燃燒。

根本問題是，生活在那些森林中的人並不擁有森林提供的環境服務，他們無法為野生動物棲息地或碳的保存索取費用。儘管這些資源對人類至關重要，但我們總是免費取得。毫不意外，森林中的所有者和佔住者關注的是可以出售的東西。他們焚燒森林來清出土地，用於放牧、伐木和農業。當前的挑戰是如何讓未伐樹木的價值勝過被砍伐的。

挪威正這麼做，試圖彌補因為開採北海石油而造成的一些氣候損害。多虧了它的主權財富基金——該國從石油交易中積累的利潤，挪威能夠向亞馬遜流域、印尼和墨西哥的居民支付數百億美元，來補償他們為降低當地森林砍伐率所做的努力。只要森林流失率減緩，就會有更多樹木被保留下來，更多大氣中的碳被吸收。

中國進行了更大的投資。環境付費已成為該國全國環境保護戰略的核心部分。中國至今已向農民和家庭支付了五百多億美元，用於增加森林覆蓋率。透過植樹而非砍樹，中國獲得了防洪、野生動物棲息地和水質——全都是投資樹木帶來的共同好處。

我們到底能不能用所有權設計來引導人們保護自然，而非掠奪自然？絕對可以。在世界各地，促進環境服務的新型態所有權正在改變農民、森林住民、木材公司和大地主的行為。如今他們競相保護環境，而且在過程中賺錢。

這裡十億，那裡十億，生態系統服務的所有權逐漸增長。儘管這些計畫已相當可觀，但還算不上宏大。解決世界上許多重大環境問題的關鍵或許是，鼓勵人們將大自然的更多面向納為**我的**。

不再搏命的漁夫

「時光大盜」號拖網漁船的船員們遠離了他們在阿拉斯加海岸的安穩船籍港，在堆得高高的金屬捕蟹籠周圍爬上爬下，一直工作到白令海的深夜。他們必須留意在顛簸的甲板上保持平衡。天況十分惡劣，可是這片海域一向如此。狂風把冰冷的水霧吹向船員。冷不防，一股三十呎高的巨浪捲上船頭左舷，衝過甲板。船員們穩住腳步，甩開水花，左右張望。

接著有人呼喊：「詹姆斯！詹姆斯！」

左舷手詹姆斯・湯米沒了蹤影。要是他被沖進冰冷的海裡，他就完了。

駕駛台上，船長喬納森‧希斯特朗嘀咕著：「詹姆斯，好吧……」接著用對講機朝著甲板下令：「清點傷亡人數，清點傷亡人數。」

唯一的回應是更多狂亂的呼喊，「詹姆斯！」

希斯特朗只能站在安全的駕駛台上看著，一邊小聲咒罵。沒有動靜。

突然間，詹姆斯出現了，被一群船員摟抱簇擁著。他被海浪甩向金屬籠，奇蹟般地毫髮無傷。他渾身濕透，聳聳肩，好像沒什麼大不了。「只是一點水。拜託，我們在海上呢。」

當船員們向希斯特朗豎起大拇指，船長一臉驚駭。「感謝老天……真像被火車給撞上，我是說，大家突然愣在那兒。好久不曾這麼害怕了。」

歡迎收看《漁人的搏鬥》（*Deadliest Catch*）。

Discovery頻道在二〇〇五年推出這個影集系列。它成為史上最長壽、最成功的實境秀之一。每年到了阿拉斯加的帝王蟹季，攝影小組都會在白令海的漁船上捕捉鏡頭。這裡不乏精彩的人物，但真正的明星是背景。

他們把節目取名叫《漁人的搏鬥》是有原因的。船上的船員必須沒日沒夜給總計七百磅重的捕蟹籠裝滿誘餌，把它們垂到欄杆下方的位置，然後下水四百呎，但幾小時後，等籠子裝滿螃蟹（他們希望），需要清空並且放進貨艙，他們又得倒過來再做一次。

而這一切都必須在波濤洶湧、船隻顛簸搖擺的當中進行，往往再加上強風。由於甲板可能會結冰，因此隨時存在著船隻變得頭重腳輕而翻覆的危險。

在阿拉斯加捕蟹一直是全美最危險的工作之一。從一九八九到二〇〇五年期間，大量漁夫遇難，十艘船沉沒。多年來，在白令海捕蟹是「全國最要命的工作——比在伊拉克徒步巡邏更可能讓你喪命」。

可是讓捕蟹變得如此危險的不是天氣，而是螃蟹的取得：太多漁船追捕著太少的螃蟹。

在人類歷史的大半時間裡，捕魚都遵循著和狩獵野生動物同樣的捕獲法則（見第一章）。先到先贏。只要你先把魚從海裡撈出來，牠就是你的。運作良好。在簡易的捕魚實務中，海洋的恩賜實際上是無限的。在資源豐富的海洋中，幾乎任何所有權規則（或根本沒有規則）都能順暢運作。

隨著稀缺性擴大，人們開始爭奪同一種資源，所有權設計也更為重要。這正是二次大戰後，由於急速冷凍技術和超大型漁船的發展，公海所發生的狀況。曾經看似無邊無際的魚類資源開始衰減——秘魯海岸的鯷魚，新英格蘭的鱈魚，阿拉斯加的帝王蟹。

在短期內，隨著魚類資源的減少，每艘船當然要盡可能快速捕撈剩餘的魚，否則那些魚就會被其他船撈走。但每艘船都這麼做，導致魚群的迅速破壞。由實體佔有決定的所有權讓漁業成了公地悲劇的典型範例。

一九八〇年，阿拉斯加漁業捕撈了兩億磅的帝王蟹。新船隻紛紛加入，渴望大賺一筆。幾年後，漁獲量下降了九成。隨著螃蟹數量的銳減，當地經濟也隨之瓦解。正如一名漁業官員觀察到的，捕蟹船船主難以維生，「他們只是把大批船開到碼頭，把鑰匙往港務辦公室一丟，然後搭下一班飛機到西雅圖。」

為了阻止過度捕撈，重振螃蟹漁業，阿拉斯加州政府介入，廢除了毫無限制的捕獲規則，設定了捕獲限制，目標是將每年的總捕獲量限定在一個永續標準上，也就是讓螃蟹能夠繁殖出穩定種群的最大捕獲量。捕魚季從固定日期開始，一旦達到上限就停止。任何在停止日期之後被逮到捕螃蟹的人都將面臨懲罰。

以下是阿拉斯加利用所有權工具箱來保護稀缺螃蟹的做法：首先，在一九七六年，該州透過附屬物權來主張自己的所有權。在海底爬行的螃蟹是「我們的，因為牠們依附在屬於我們的東西上」。這裡指的是美國所主張的阿拉斯加外海兩百浬的專屬經濟區（見第四章）。阿拉斯加驅逐了外國漁船隊。接下來，阿拉斯加制定了捕蟹總量上限，一旦達到捕撈上限，捕魚季就結束。第三，它用佔有原則作為這些捕獲螃蟹的所有權基礎。

最終，這個新制度有效穩定了螃蟹數量。但阿拉斯加的做法仍然是糟糕的所有權設計。不經意間，該州加速了捕獲競爭，創造了《漁人的搏鬥》的情境。

由於漁獲上限一到，捕魚季就結束，漁船們爭先恐後捕撈螃蟹。結果便是一場危險的競賽，一種瘋狂玩命式的混戰。拖網漁船在季節一開始就駛離港口，不顧天氣惡劣和海象凶險。**尤其**要趁著天氣惡劣和海象凶險。船員和船長拚命工作到力竭。沒人能穩紮穩打，生怕落後了，讓別人搶了他們在總捕獲量中的份額。一轉眼捕魚季就結束了，有時只有短短幾天。稍一猶豫可能就會招來商業災難。

競相出海引發了另一種災難：顛簸甲板上的重型設備帶來的傷害，船員落水，船隻沉沒。這樣的瘋狂競逐幾乎支配了美國所有漁場。它變成了出名的捕魚大賽，不僅危險而且效率極低。

船主們投入越來越多錢，好讓他們的船比下一艘船更快速地捕魚。由於每個船長都這麼做，所有花費都沒佔到好處。正好相反，所有漁船陷入一場追求更好技術的沒有贏家的公海競爭，這也拉高了所有人的運營成本，導致捕獲量有限的螃蟹利潤減少了。更糟的是，他們在同一段極短的時間內捕獲所有的螃蟹。因此，當船隻將捕獲物運回岸上，價格總是很低，因為其他船隻卸下的螃蟹讓市場一下子飽和了。

捕撈上限有助於維持螃蟹數量，但對捕蟹的人卻是災難。

為了解決問題，阿拉斯加再度出手。在白令海捕蟹當然不可能像在你家附近池塘釣魚那麼愜意，但多虧了聰明的所有權設計，它不再是最要命的捕魚活動。這回，該州向國外尋求一種可以保護海洋資源，同時又能讓漁業更安全、獲利更高的解決辦法。它效法冰島。

一九七〇年代，冰島的漁業主管萌生一個瘋狂的點子。他們在所有權工具箱中翻找，整理出一種特別為漁業設計的主張所有權的全新方式。

所有權規則往往間接但有效地引導著人們。回想一下，在十九世紀末，當美國希望人們到西部定居，它修改了所有權——定居者可以成為業主，但必須先完成某些類型的有益勞動。他們必須在五年內屯墾一百六十英畝的土地，並且讓它具有生產力；將河水引流，並且用於有利的用途；或者取得並實行採礦權。同樣地，當杜克大學希望狂熱的研究生粉絲擠滿球場看台，它修改了先到先贏規則：學生們可以免費入場，但必須先經歷幾天的紮營等待。在這些案例中，主事者都意識到，既有的佔有原則、先來後到原則無法引導人們到他們該去的地方。規則需要修改。

冰島也經歷了同樣的過程，制定出一種所有權規則，讓漁船主可以花得更少、賺得更多，保護船員的安全，同時確保漁業的健全。

簡單地說，冰島用所謂的**捕撈配額**（catch shares）取代了捕撈上限。在新制度下，重心從排除轉移到了治理（見第六章）。捕獲法則依然存在，但你必須擁有捕撈配額（也稱為個人捕撈額度，或 IFQ）才能捕魚。一張 IFQ 給予持證人捕捉特定數量魚類的權利，例如一噸大比目魚。如果當季大比目魚的永續捕撈總量定在一千噸，那麼州政府將分發一千張 IFQ 證。想要得到獲取一噸大比目魚的權利，船主需要持有至少一張 IFQ。總之，船隻必須持有 IFQ，否則別想捕魚。

誰能取得最早的一批 IFQ？這是個難題。一種做法是由州政府拍賣，但這麼一來，當地船隊的出價可能會被效率更高的外來者超越。原則上，隨著拍賣價的提高，大眾將收割其水域魚類帶來的大量經濟利益，還可利用其中一部分，對當地被解雇的人員進行再教育。但在實務上，憤怒的當地漁船主可能會反擊，從事大比目魚的盜捕，甚至攻擊外來船隻（想想第二章的兇悍龍蝦團夥）。因此，冰島一開始是採用附屬物權而不是拍賣來分發 IFQ。它根據現有船隊中每艘船在過去捕魚季的平均漁獲量，來分配它的捕撈額度。

這樣分配公平嗎？不，不盡然。新來者和外來者沒有過去的紀錄可查。該州在漁業方面的拍賣收入為零。過去幾年最貪婪、大膽冒進的船主得到了好處。但附屬物權有個重大優勢：現有的船隊接受了新的所有權制度，沒有對抗。

IFQ 終結了捕魚競賽。早在捕魚季開始前，船主便透過他們的 IFQ 掌握全年的漁獲量。這表示船主可以在自己想要的時候出海捕魚。如果天氣不佳，船可以停在港口直到放晴。如果市場的魚價偏低，他們可以等到價格上揚。沒有理由競賽，因為總捕撈量從第一天就分配好了。

IFQ 還有另一個更微妙的作用：它給了船主一個關心整體漁業健康的理由。更健康的魚類資源意謂著每個船主能有更多的 IFQ。他們動員整支船隊協力防止其他漁船盜捕大比目魚，每個持有 IFQ 的人都可以理直氣壯地說，**這些魚有一部分是我的**。

很快地，許多船主發現，留在港口並且把自己的 IFQ 出租或出售給別的漁船，或許更有賺頭。由於每艘船可以捕魚的時間變長了，因此只要較少的船隻便可達到全部額度。這麼一來，燃料、設備和勞力成本都降低了。而且由於船隻可以等天氣好轉再出海，船員的危險也降低了。隨著漁獲上市的時間較為分散，價格也穩定了。船員也有時間將母螃蟹、體型過小的螃蟹和其他副漁獲物分離出來，將牠們安全地放回海中。在捕撈配額制度下，魚群數量恢復，捕魚變得更安全，船隊利潤也增加了。三贏的局面。

創新的所有權設計起了作用。

其他國家也注意到了這點。在冰島率先實施捕撈配額計畫之後，紐西蘭和澳大利亞也相繼採用。美國的腳步慢一些。在阿拉斯加的首次試驗開始於一九九五年的大比目魚漁業。當時捕魚競賽非常激烈，每年只容許三次、每次二十四小時的大比目魚短暫捕撈。阿拉斯加帝王蟹的情況也好不到哪裡，但捕蟹船的船主抵制所有權創新。在一波波破產和死亡事件之後，船隊在二〇〇五年勉為其難接受了捕撈配額策略，就在《漁人的搏鬥》播出後六個月。

效果非常顯著。

白令海上再也沒有瘋狂的混戰。捕蟹季從二〇〇四年的三天延長為二〇〇六年的三個月。貸款給捕蟹船的銀行員奧爾森（Erik Olson）描述了捕撈配額制度下的戲劇性轉變，「你知道漁夫會得到一定百分比的捕蟹配額，你可以把它變成現金，你可以大致了解他們會有多少收入。這是個巨大的變化，從以前的『抓起一箱紅牛，祈求好天氣然後準備拚命，』到現在的『我們有個事業計畫』。」每艘船的利潤增加了四倍。在二〇一四、一五年的捕魚季，整個阿拉斯加商業捕魚無人死亡，包括鮭魚、大比目魚和其他採用捕撈配額的漁業。

但就像其他的所有權選擇，捕撈配額也有利弊得失。效率較高的新來者如果想加入，必須收買那些「安樂椅漁夫」，也就是一開始就優先取得IFQ，然後把它出售或出租，待在家裡收權利金的人。這是難免的，因為船太多了，但船隊的縮減給許多社區帶來困擾。據估計，有半數船員失去工作，那些留下的人薪水也減少了，部分原因是新船主必須付IFQ租金給安樂椅漁夫。許多船員不再在捕魚大賽中擁有份額，而是成了計時雇員。《漁人的搏鬥》系列影集仍在播出，但作業船隻的數量下降了三分之二，如今該節目只好把在更大更安全的船隻上的許多單調、低薪的例行活動的鏡頭剪掉。

要知道，捕撈限制、捕撈配額確保了捕蟹漁業的生存。如果你的首要目標是保障工作、新來者的自由加入和精彩刺激的電視影集，那就繼續守著捕魚大賽。但如果你珍視船員安全和經濟永續的船隊，那麼捕撈配額制是一條出路。

今天，全世界一半以上的漁場有過度捕撈的問題，威脅著全球大半人口的主要蛋白質來源和生計。捕撈配額制創造了一種遠遠超越白令海捕蟹的環境永續所有權的可能性。但它們只在州政府能強制實施所有權的情況下才起得了作用。公海對鯨魚、鮪魚等少數物種設有保育公約，也有一些區域捕魚協定，但在多數情況下，一旦船隊駛離國家專屬經濟區，捕魚大賽就再度上演。也許有一天捕撈配額制也能到達那裡。

截至目前，已有四十個國家採用捕撈配額制，約佔全球漁獲量的五分之一。無怪乎該戰略被稱為「當代最偉大的無名政策」。

限額與交易是好是壞

這種透過捕撈配額保護漁業的所有權再造，同樣被證明能有效對抗含鉛汽油、煙霧和酸雨帶來的污染。從酸雨的故事可看出它的運作方式。

一九七〇、八〇年代，中西部、東南部的燃煤發電廠排放出大量含硫污染物。高空氣流將這些污染物帶到海岸，使得新英格蘭地區和加拿大降下酸雨，在緬因、佛蒙特州一些人煙稀少的湖泊、森林和溪流造成魚類死亡和樹木發育不良。在德國，這現象有個名稱：Waldsterben，意思是「森林死亡」，淒涼但準確的描述。一九九〇年，為了解決這問題，美國國會改變了污染的所有權。

我們已看到，捕撈配額制創造了取得漁獲的新方式。政府發放（有時拍賣）用於當年捕魚的 IFQ。國會採用了相同做法來建立污染的所有權。聽起來有點違反常理，甚至顛倒是非，但結果卻很驚人。

環境保護署公布每年容許的污染總量，比方一百萬噸二氧化硫。接著它釋出一百萬個污染配額，每個配額容許排放一噸。就像漁船從海洋中捕撈的每一噸魚都必須有一個IFQ，污染者也必須為他們的煙囪排放到空氣中的每一噸二氧化硫取得一個配額。如果一座發電廠沒有取得限額，它就不能排放污染物。

對於漁業，限制捕撈總量是為了確保永續漁業；對於污染，目標是逐年逐月減少酸雨。一開始，為了確保產業的支持，向每個發電廠發放的限額會容許它繼續排放當時的污染標準。然而，在那之後，污染上限會逐年降低；發放的配額也會減少。

這種所有權形式被稱為限額與交易（cap-and-trade），有趣的就在這裡。以前，發電廠和其他受監管的污染者一樣：它們必須遵守監管機關制定的任何公共衛生和環保標準。如果它們的排放限額是每年一千噸，就得確保自己的污染排放量不超過這個數字，但就算少排放一噸，也沒有好處。

限額與交易制度顛覆了這種思維：它為污染者提供了新的商機。

假設一座大型發電廠的法定污染上限是一千噸。一開始它擁有一千個限額，也是它原本的營運狀況。然而，電廠管理階層發現，他們可以低廉地轉為使用低硫煤。如果這麼做，電廠的污染排放量只有七百噸。現在他們握有三百個用不到的額外限額。在限額與交易制度下，這家變乾淨的電廠可以把它的多餘限額賣給一些無法廉價地改用乾淨燃料或技術的污染工廠。

這種做法的妙處在於，污染所有權為減少排放創造了一筆生意。減少污染變成了創造利潤的部門。現在這座發電廠可以出售電力和二氧化硫配額，這也促使它去找更多方法來減少污染排放，以便賣出更多配額。

這一切都是在環保署不必從各家發電廠或各種技術中挑選贏家或輸家的情況下完成的。它只是評估了經年累月減少酸雨所需的總體污染曲線。環保署沒規定要使用什麼燃料，沒有支持這種或那種技術，沒有下令要特定工廠關閉，所有的環保都是透過在一個強大市場中進行交易來進行的。因此，最創新的發電廠藉由變得更乾淨來獲利，最差的發電廠則為繼續污染的特權買單。我們用最低的成本來減少污染。

和捕撈配額制一樣，結果令人讚嘆。二氧化硫排放量的下降速度遠超過預期，因為發電廠競相採用低污染燃料和更好的煤氣洗淨技術，以便釋出配額。東北部的酸雨已成歷史。

從表面上看，限額與交易似乎不只能對抗酸雨，更適合廣泛地用於處理氣候變遷。從十九世紀工業革命以來，我們越來越依賴煤碳、燃氣和石油等石化燃料作為能源，導致大氣中二氧化碳等氣體迅速積聚。這些溫室氣體正使地球變暖，改變氣候，引發更頻繁強烈的風暴，升高海平面。對抗氣候變遷，最直接的方法就是減少這些氣體的排放。因為它們混合在大氣中，從哪裡減少排放並不重要。從全球氣候變遷的角度來看，減少非洲的二氧化碳排放，和減少美國的二氧化碳排放具有同等的好處。

就像對酸雨，國家或州可以設定溫室氣體排放總量上限，發放排放配額，然後讓公司企業把配額用於污染交易。歐盟在二〇〇五年推出一項基於這個原則的計畫，目前涵蓋了三十一個國家的一萬一千多家工廠和發電站。加州的交易計畫預定在二〇五〇年將溫室氣體排放量減少80％，低於一九九〇年的水準。中國則正在推動全球最大的溫室氣體交易計畫。聰明的所有權設計或許能拯救地球。

或許不能。對於漁業和酸雨，新的所有權形式可以導正行為。但總是存在著結果不符預期的風險：由於工廠和發電廠可以自由交易二氧化硫排放量，我們只能得到乾淨和骯髒工廠混雜的結果。但它的模式並不是隨機的。事實證明，剩下的污染工廠通常聚集在污染熱點，主要在較貧窮的有色人種社區。

而且限額與交易可能會以其他災難性的方式出錯。一項早期針對溫室氣體的限額與交易計畫，就曾引發環保團體口中的「史上最大環保醜聞」。

一九九七年，對抗氣候變遷的聯合國國際公約《京都議定書》談判代表採用了處理漁業和酸雨的方法，不過是全球性的規模。由一群世界頂尖經濟學者設計的《京都議定書》計畫創造了另一種新型態的所有權——核證減排量（Certified Emission Reduction，CER）。就像漁船需要IFQ才能捕魚，發電廠需要配額才能排放二氧化硫，政府和企業也需要持有CER來抵銷他們的溫室氣體排放。

世界各地的環保專案可以根據它們從大氣中清除多少溫室氣體來取得CER。然後，這些專案可以把CER出售給國家或企業。種樹可以吸收二氧化碳，因此熱帶地區的林業專案可以獲得CER，然後把它賣給其他國家的煉油廠或水泥廠，用來抵銷它們的排碳量。許多經濟學者和環保人士認為這是一項了不起的進展。這將創造出一個拯救雨林的巨大新市場。

起碼這是原先的計畫。

最初，CER確實刺激了熱帶地區的許多森林方案。但它們也在意想不到的地方產生偏差。中國和印度有少數幾家公司生產了一種用於冰箱的化學品。他們的製造過程產生了一種叫做HFC-23的副產品。這種化學物質有個不尋常的特性：它是一種超級溫室氣體。僅僅一個HFC-23分子就可造成相當於一萬一千七百個二氧化碳分子的全球暖化。

製造商發現CER帶來的商機。加入交易計畫五年後，這些公司的產量翻了一倍，而且取得全球CER總量的一半左右。不過，冰箱市場並沒有成長，那麼他們為何要增產？

這些公司改變了他們的商業模式。他們的利潤不再來自生產和銷售冰箱。他們現在關注的是HFC-23副產品的生產和銷毀。他們立即焚毀了他們製造的每一磅HFC-23。每銷毀一磅超級溫室氣體，這些公司就會獲得CER，然後把它們賣給歐洲及日本等污染國家和公司。正如歐洲議會荷蘭議員格布蘭迪（Gerben Jan Gerbrandy）所說的：「這太反常了，一些公司靠著生產更多溫室氣體賺大錢，然後又靠著銷毀它來得到報酬。」

製造然後銷毀HFC-23產生了大量利潤，卻沒有任何環保效益。更糟的是，對許多公司來說，從銷毀 HFC-23 的製造商購買 CER 比從造林者那裡買便宜得多。因此，流向雨林的資金非常少。等到這個騙局被發現並且制止，中國和印度 HFC-23 製造商已經大賺了一筆。數十億美元被浪費了，全球氣候沒有得到任何好處。

《京都議定書》的交易計畫是由一些非常聰明的經濟學者設計的。他們原本打算在世界各地推動溫室氣體減排計畫，來拯救森林。然而中國和印度的少數幾家冰箱製造商更聰明。所有權規則，以及它所能產生的利潤，果然讓人腦筋動得特別快，無論好壞。

毫無疑問，CER、IFQ 和各種配額制度偶爾也會失敗，就像其他一些關於環境資源所有權、用一堆縮寫字母為代號的新穎計畫。謙虛是必要的。但總的來說，這些計畫相當成功。我們了解到，我們可以設計所有權，激勵卡茨基爾農民、白令海捕蟹漁夫、中西部燃煤發電廠經營者和全球許許多多的人，來保護我們的環境和大氣。

保護自然環境的責任主要落在政府身上。有時他們會弄錯新的所有權形式，但如果有機會試驗並且再試一次，他們就能成功。所有權工具箱提供了許多防止物種滅絕、維護森林以及保持乾淨空氣和水的途徑。人類生存的最大希望或許就在把更多環境資源（甚至污染）——變成**我的**。

磚與棍子

數位世界和自然世界有個重要共通點。兩者都是從一切新資源、新興資源的共同特徵——無所有權的基準出發。一旦資源爭奪賽開始，競爭的故事就會出現。**我搶先**一步，就像第一章中的獵狐案；**我佔有它**，就像第二章中的停車椅；**我努力了**，就像第三章的迪士尼主張。哪一種所有權規則看來最有效？最公平？最有利於增進我們的自由，維持我們的共同計畫？

如今我們在網路上問同樣的問題。但自然資源和虛擬資源之間有個重要區別。截至目前，政府還沒有推動網路所有權。也許他們該做，但還沒做。在網路上，是一些商業團體靠著戰略模糊、捕獲基準、選擇加入或選擇退出等工具，推動了所有權的新領域。那些公司沒有等待立法，也沒要求許可。當他們調整所有權，是為了最大化自己的利潤，而不是為公共目標服務。

這不見得是壞事。網路帶動的創新成為現代經濟的生產發動機已超過一個世代。可是這股活力是要付出代價的。

安德斯・達席瓦就曾硬生生碰上這種取捨難題。和數百萬消費者一樣，達席瓦透過他的 Apple iTunes 帳戶購買影片。讓他詫異的是，有一天，他發現他買的三部電影從他的帳戶上消失了。他聯繫了 Apple 尋求解釋。他不喜歡客服人員的答覆，於是在推特上發布了一個描述這段令人不滿的對話的誇張版本——留言馬上被瘋傳。他是這麼寫的：

我：喂，Apple，我買的三部片子從我的 iTunes 影片庫消失了。

Apple：哦，是的，已經下架了。謝謝你的訂購。你可以免費租兩部別的影片。

我：等等……**什麼？**@tim_cook（Apple 執行長）怎麼會有這種事？

Apple：你知道，我們只是店面。

我：店面？

Apple：是啊，我們收你的錢，但我們對售出的東西不負責。而且，我們當然也不擔保能把你購買的東西留在我們的店面。我們只擔保留住你的錢。

我：了解……所以「購買」按鈕毫無意義？也許該把它改成「碰運氣」按鈕？

Apple：我了解你很不高興。你享有兩次免費租片。

林恩‧尼嘉也有相同的困擾，不過是對 Amazon 而不是 Apple。尼嘉是奧斯陸的一名資訊科技顧問，經常出差。在一次英國旅行中，她買了一台 Kindle 閱讀器。用起來很順手。後來她陸續買了四十本電子書，在方便小巧的螢幕上閱讀大量內容。然而，有天早上，她發現自己的帳戶被封鎖了。更糟的是，她的 Kindle 裡的所有電子書全部不見了。

擔憂之餘，她寄了電郵尋求協助，被告知 Amazon 和它的子公司「保留拒絕服務、終止帳戶、刪除或編輯內容或取消訂單的絕對權利」。

Amazon 進一步說明，「請了解，任何開設新帳戶的嘗試都會遇到相同的情況。」尼嘉吃驚地回答，她是 Amazon 的長期客戶，紀錄良好。然而，Amazon 的最後回覆更為冷酷，「願您找到一家更能滿足您需求的零售商，同時我們將不會再就這些問題提供任何額外見解或行動。」

尼嘉的一個朋友在部落格寫下她的奇遇，就像達席瓦的推特，它迅速傳開來。幾天後，她的帳戶和電子書被恢復，沒有任何解釋。Amazon 大概決定盡快平息這場公關危機。幾年前，由於版權糾紛，它曾經刪除讀者購買的喬治・歐威爾（George Orwell）的反烏托邦小說《一九八四》（*1984*）電子書，引發了類似的騷動。諷刺的是，刪除讀物正是這部小說中的「老大哥」（Big Brother）會做的事。

這類故事不只存在於數位影片和電子書。現在，藉由線上軟體，他們甚至可以觸及實體對象。亞洛・吉爾伯擁有一個 Revolv 裝置，一只控制著他家中房門、警報器和電燈開關的盒子。一天早上，他醒來，發現那東西壞了，不只壞了，而是「變磚了」（bricked）。而且不單是吉爾伯的。那天全世界所有的 Revolv 都變磚了。

結果發現，Google 遠程啟動了每個人裝置上的緊急停止開關（kill switch）。為什麼？Google 在二〇一四年收購了 Revolv，當時它正向「物聯網」（Internet of Things）市場進軍。後來，它決定改投資另一條名為 Nest 的居家自動化產品線。要促進 Nest 的銷售，還有比終止 Revolv 的驅動軟體更好的辦法嗎？在 Revolv 的服務條款中，Google 暗藏了把它徹底關閉的權利。

在一篇部落格貼文中，吉爾伯問：「Google 接下來會找哪一種硬體下手？你的 Nexus 手機安全嗎？還有你的 Nest 火災／煙霧警報器？你的 Dropcam 網路攝影機？你的 Chromecast 播放器？」吉爾伯運氣不佳。他的硬體還在，但只能拿來當門擋。

想像一下，如果 Amazon 是一家地方書店，和尼嘉發生了同樣的糾紛，書店員工當然不能打開尼嘉家的門，走進她的書房，拿走她從他們店裡買來的所有書籍。Apple 拿回達席瓦的影片或者 Google 把吉爾伯的控制器變磚，也是同樣的道理。然而，這些網路巨頭實際上就是這麼做的——而且設計了他們自己的所有權，方便這麼做。讓他們可以全權決定「終止帳戶、刪除或編輯內容」的自創權力在那些沒人會去看的網路契約中明確規定。

Amazon、Apple 和 Google 正從數位內容的所有權意涵的轉變中獲益。在歷史的大半時間裡，我們生活在一個由農場、馬匹、鐵鎚和麵包主宰的世界。在那個世界裡，所有權主要指的是有形、實體的東西：我們可以站在自己的土地上，守著自己的東西。如果你擁有某樣東西，那麼你多半可以排除其他人；你控制這個物品，決定它的命運。這種排除的直覺是多數人對所有權的看法，直到今天我們仍然這麼看它——也就是我們稱為

ON/OFF 開關的所有權意象。**別碰，這是我的。**

網路企業明白這點。他們正是依賴這種 ON/OFF 反應，來喚起我們內心深處對所有權的本能感受。但這是一種誘導轉向法（bait-and-switch）。

購物網站向我們展示小購物車圖示，所以我們會以為它和超市裡的一樣。我們把東西「放進」購物車，然後去「結帳」。網路世界經過精心設計，模仿著實體佔有的世界，以便刺激這些衝動。別上當了。

最近一項調查發現，83 % 受訪者認為他們擁有數位內容和擁有實體商品沒兩樣，可以隨心所欲處置它們。他們可以任意把它借給朋友，一次又一次使用，把它賣掉、捐出去，甚至把它剪輯成新的東西，例如混搭歌曲或拼貼照片。正如這項調查的一名共同作者解釋的，「『立即購買』這句話包含了很多意思。」它的意思不是說『立即租用』，也不是說『有條件地取得』。它說的是『購買』，對大多數消費者來說，它的意義非常明確，但在數位內容的情況下，並不真實。」

在多數情況下，消費者重複使用、出售、捐贈或變更數位產品的能力受到極大限制。ON/OFF 開關無法輕易轉移到數位世界。大家熟悉的一些日常的佔有符號在網路上沒有意義——它們只是一個衰退系統的痕跡。但我們仍在努力面對這個新的現實。這不光是擁有或租用——我們熟悉的舊選擇。在網路上，所有權的感覺很奇怪，介於兩者之間，比較像是調光器而不是切換開關。

人們慣用一些誇大用語來形容網路經濟的創新——「空前」，「超群」等等。很容易想像虛擬經濟是人類史上全新的東西。在某些方面或許是，但就所有權而言，它一點都不新奇。

律師有時會把所有權形容成一**束棍子**。這比喻大約在一世紀前被提出，而且徹底改變了法律的教學和實務。這比喻很有用，因為它有助於我們將所有權視為一組可以拆開並且重新組合的人際權利。當你提到某種資源時說**它是我的**，通常表示你擁有整束棍子當中的許多棍子：出售棍、出租棍，有權把它抵押、許可、贈與，甚至把它毀了。然而，通常我們會把一束棍子拆開來，就像一塊土地：可能包含了一個地主，一個銀行抵押，一個有租約的房客，一個有通行權的鄰居，一個有進入土地許可證的水電工，一家有採礦權的石油公司。每一方都擁有整束棍子裡的一根。再怎麼完整的所有權棍束都是有限的：你沒有讓自己變成討厭鬼、利用財產去犯罪，或者以某種方式歧視他人的棍子。

就如達席瓦、尼嘉和吉爾伯學到的教訓，當我們在網上購物，我們買的不是整束棍子，而只是其中幾根。賣家早已想好了要抓住剩下的部分。當你在一部 Amazon 影片上點擊「立即購買」，你得到的是：「非獨佔、禁止轉讓、禁止再授權、有限許可：僅供個人、非商業、私人使用。」

這是什麼意思？弄懂所有法律用語之後，意思很簡單。除非 Amazon 允許，你絕對沒有「傳輸、複製或展示」的權利，也沒有「出售、出租、租借、散發或傳播」購買物的權利。Amazon 保留了整束棍子的大部分。點擊「立即購買」實際上只得到幾根棍子。iTunes、Kindle 和 Revolv 的授權方式大致是一樣的，也有一套冗言冗語。你的所有權限制條款在一個沒人會去看、也少有人能理解（包括我們，本書作者）的網站上，以艱澀的法律細節陳述。

然而，每個人都在點擊「立即購買」按鈕。大家想要完成購買，然後繼續過日子。即使你讀過那些條款，它們也很複雜，沒有協商空間，而且一直在變化。企業通常有權隨時修改條款而不告訴你。當你點擊購買，通常表示你同意所有權範圍內的所有未來變更，不須另行通知。

總之，今天，你買的是一根限制使用的棍子，Apple、Amazon 和 Google 保有其餘的部分。他們甚至在你買的棍子上繫了一根繩子，一旦符合他們的需要，他們就可以把它拿回去。如果你深入了解 Amazon 的網路授權合約，就會發現他們在這方面相當坦率。當你點擊「購買」，它只同意你的網路內容「大體上會繼續提供給你」。Amazon 不作任何保證。恰恰相反。根據合約，網路內容「可能因為潛在的內容供應者授權限制或其他原因而無法取得」。哪些其他原因？Amazon 沒說。

微妙之處就在，如果 Amazon 關閉尼嘉的 Kindle 或收回你的《一九八四》電子書，該公司「不會對你負責」——也就是說，它不會欠尼嘉或你一毛錢。擁有 Amazon 電子書就是這麼回事。這也是為什麼 Google 可以開啟吉爾伯的 Revolv 裝置上的緊急停止開關，Apple 可以刪除達席瓦的 iTunes 帳戶中的影片。別以為只有 Amazon、Google 和 Apple 這麼做。在網路所有權方面，從整束棍子轉變成一根棍子幾乎是世界性的。

隨著網速的提高和雲端儲存成本的降低，我們將在生活中串流越來越多商品和服務。不透明的授權不僅將支配著我們聽的歌、買的書，它們也將擴及整個物聯網，從咖啡機、恒溫器到保全和音響系統。萬一歐樂 B 把你的無線牙刷（沒錯，有這種東西）變磚，或許還不算太嚴重。可是血糖監測儀、心律調節器和居家警報器的所有權架構的意外，卻可能相當致命。我們的直覺仍然告訴我們，保有硬體才重要。在人類歷史上，這點大致上沒錯。但越來越顯得重要的是嵌入到實體商品內的軟體。在數位經濟中，我們只握有 1 和 0 流的短暫授權——機器中的幽靈。

換個腦袋

一束棍子的點子是一種強有力的所有權設計方法。「立即購買」按鈕只是把棍束概念徹底翻新所帶來的商業利益的一個明顯例子。和我們在線上交手的都是些所有權工程的大師。他們從中獲利。政府允許他們。也許，做為消費者，我們需要適應一下 Apple 公司的老廣告口號「換個腦袋」（Think different）。

首先，我們必須了解，我們感覺自己擁有的東西，以及我們實際擁有的東西之間的落差正不斷擴大。這是有原因的。這是數位所有權的花招：我們被鼓動去相信自己擁有比實際還要多的東西，一束棍子而不光是一根。當我們在網上購物，原始的直覺力和**我的**的射程就追不上了。

在這個新世界，什麼東西遺失了？隨著網路所有權的日益集中，一個代價浮現了。在過去，實體所有權是分散的。對於書，人們擁有有形的副本。大量的重複意謂著記憶可以被保存、傳播。如今，書和影片可以一下子消失不見。只有少數幾家企業擁有全部的棍束，其他人只能拿到一根，只要在雲端某處按下一個鈕，所有副本都會消失。正如一位評論員寫下的：「在這個敘事的最可怕版本中，我們正走向一種科技封建，在那裡我們最終都成為這些前矽谷暴發戶的農奴。從這意義上來說，我們面對的不是所有權本身的終結，而是個人所有權的終結。」

第二個代價可能是我們的自由。一般的實體所有權會自動給予個人寬廣的選擇空間。當你擁有一本平裝書，你可以重讀它，把它送人，借給朋友，拿它當門擋，把它剪開貼在剪貼簿上。你不必徵得任何人的同意。你想要的話，還可以把書撕碎以示抗議，書店和出版商都阻擋不了你。當我們在網上點擊「立即購買」，幾乎就失去這些自由了。如果賣家不喜歡你的表現，他們可以刪除你的棍子，把你的電子裝置變磚。雷・布萊伯利（Ray Bradbury）在他一九五三年的小說《華氏 451 度》（*Fahrenheit 451*）中準確預見到了這個反烏托邦世界——書籍被禁，一群「消防員」爭先恐後燒毀了最後幾本實體書，只留下官方電視播放版。

科技封建和失去自由不是容易解決的問題。當然，我們可以禁止 Amazon 在網路內容中使用「立即購買」按鈕，要求他們使用一種不那麼詭詐的按鈕，例如「點擊獲取超限制授權」。我們可以讓網路賣家發送全粗體字的通知函給你，**這部影片其實不是你的。不允許出借**。也許這會有幫助。值得一試。但許多研究顯示，強迫人們接受資訊的效果很有限。我們很快學會了避開令人不快的所有權細節，部分原因是，數位經濟帶來了大量的即時滿足。

串流影音服務正逐漸取代家庭書架是有原因的。儘管有些人可能會懷念他們的珍藏CD牆，但許多人更喜歡寬敞的圖書館和歌曲推薦引擎，只要點一下 Spotify 就能聆聽流行老歌和新曲。做為消費者，我們也從中受益，因為授權使用棍子可能比擁有整束棍子更便宜。企業可以透過只給予我們當下所需的東西，來最大化他們的收益。我們或許感覺自己擁有更多，其實並沒有。

小菜人生

在所有權新領域之旅中還有最後一站：共享經濟（sharing economy）。從某種意義上說，共享經濟是數位所有權的反面。在共享經濟中，我們不是誤以為自己擁有的比我們實際擁有的更多，而是蓄意地想要擁有更少。忘了所有權棍束，只要讓我們暫時使用別人的商品或服務就夠了。我們尋求用微支付來交換微所有權（micro-ownership）。這是小細枝而不是棍子的世界。

「你們當中多少人有電鑽？」

在一場雪梨的 TED 演講中，波茲曼（Rachel Botsman）用濃重的澳大利亞口音向擁擠的觀眾提出這個簡單問題。

觀眾大都舉手了，但沒人知道怎麼回事。波茲曼的工作是思考大問題和發現新趨勢，特別是在我們如何消費的方面。《時代》雜誌將她的二〇一〇年著作《我的就是你的》（*What's Mine Is Yours*）描述為「即將改變世界的十大觀念」之一。因此，這個簡單問題顯然是富有深意的。

「這支電鑽在它一生中的使用時間有多久？」這問題不太容易回答。結果是十二到十三分鐘。

「有點可笑，對吧？因為你需要的是鑽孔，而不是電鑽。」說完這話，她又問，「你為什麼不租個電鑽？或者更棒的是，把你的電鑽租給別人，從中賺點錢？」

這麼一說，共享經濟就呼之欲出了。怎麼我們以前沒想到呢？

波茲曼對於分享電鑽的好處的見解，打從電鑽這東西出現以來就一直存在，那麼為何《時代》雜誌認為它是足以改變世界的偉大新觀念？有一個巨大變化，但不是多數人想的那樣。

改變的不是電鑽。出租商品和服務的想法也不是什麼新鮮事。最大的變化是，智慧手機和網路為微所有權開啟了新的契機。正如一位科技記者的說法，「iPhone 讓人們可以把網路和 GPS 導航系統放進口袋。經濟大衰退讓他們陷入絕望和破產。這兩個發展趨勢相互聯手，播下了共享經濟的種子。消費者在尋找新的省錢方式，工作者在尋找新的賺錢方法，而智慧手機給了兩者新的交易方式。」

二十年前，出租你的電鑽、備用臥室或汽車的做法既昂貴又複雜，太不務實。沒有低成本的方式可以和潛在買家溝通，商討價格和條件，收取款項。各式各樣的資產躺在你的房子周圍，停在你的車道上，有提供他人使用的價值，卻沒有簡單的交易方式。網路大幅削減了所有這些成本。正如一位學者所說，如今我們可以得到原本只「大塊」出現的東西的「切片」。突然，新的市場出現了。

美國汽車平均每天只有 4 ％的時間在使用。如今可以問，能不能在其他96 ％的汽車閒置時間內創造價值，裡頭有沒有商機？Turo、Getaround、Maven 和其他初創公司當然希望答案是肯定的，他們希望租車者繞過 Hertz、 Avis 等租車公司，直接把你家車道上的私家車開走。這是 Zipcar 共享汽車服務，所有車都能加入。正如一位科技記者想像的，「在一個財產網路化、可程式化、超高速小額支付自動化、由軟體記錄並執行誰擁有什麼的世界，可能的交易池很可能是無邊無際的。」

打算結婚，又不想買昂貴婚紗？登入 RentTheRunway，上頭有數百件供妳選擇。大多數人穿上他們的特殊場合禮服的頻率不到七次——還有婚紗，我們希望只穿一次。RentTheRunway 爭取讓它的禮服能被穿三十「番次」（turn），而有些被穿了一百五十次。想到新城市度週末？不妨透過 VRBO 或 Airbnb 尋找住宿的地方。可能比飯店便宜，所在的社區也更有趣。下週你的公寓停車位會空下來？通勤者可以通過 JustPark 向你租用。

凡是留意商業或科技新聞的人，即使只是隨意一瞥，都知道這方面的初創公司名單長到驚人，從服裝、自行車、零工、食品雜貨一直到電機設備商店等等。網路平台正在為我們擁有卻無法交易的商品和服務創造市場。

當然，並非每個點子都可行。回到波茲曼關於電鑽的例子，許多喜歡 DIY 的人還是想要電鑽，就像一長串失敗的電鑽共享公司見證了的，包括 NeighborGoods、Ecomodo、Crowd Rent、Share Some Sugar、Thingloop、OhSoWe 和 SnapGoods。大家實際上不想耗費金錢、時間和力氣去租一天的電鑽，因為他們可以在當地五金店買一支三十美元的電鑽，或者從 Amazon 獲得當天送貨服務。而且更多情況是，大家既不想要電鑽也不想要鑽孔，他們只想把窗簾掛起來，把 IKEA 的斗櫃組裝好。TaskRabbit 想到它可以提供這種有益的組合，把電鑽和能夠完成任務的好手同時送到你家。

這類新市場名稱不少——「合作消費」（collaborative consumption）、「零工經濟」（gig economy）和「夥伴經濟」（peer economy）。對於它的未來走向的各種大膽預測多如牛毛。「事實證明，數量驚人的年輕人開始質疑美國文化的一個核心教條：所有權。」至少在理論上，這是一個有希望的發展。我們不需要完整的所有權來滿足自己的需求。正如《紐約時報》一位撰稿人指出的，「如今我們並沒有真的買東西，我們只是登入網路服務。我們怎麼抗拒得了？」畢竟，重要的是服務，而非物品。

共享經濟的樂觀版本是，消費者獲得他們需要的剛剛好的服務量。什麼東西也不浪費。的確，就如許多佛教徒朋友警告的，我們對物質或許真的太過執著了。作為一個社會，我們產出、擁有太多的東西，許多人覺得十分累贅。我們當中有多少人家裡有堆滿了我們看都沒看過的雜物的閣樓、地下室，甚至租來的儲物櫃？如果我們不再留著那些不常用的東西，不僅會少一些掛慮，更能解放心靈，感受「怦然心動」（根據收納教主近藤麻里惠）。按需求購買還能促成一種更環保的永續生活方式。「我們當中有許多人開始思考，擁有某樣東西到底意謂著什麼，」一位評論家指出，「甚而，這將在這個國家形成一種新的社會和商業前景，甚至一種新的生活方式。」為了達到我們習慣的消費水準，我們可以使用更少資源，例如，擺脫掉閒置在車庫裡，以及塞滿在擁擠城市的停車空間的車子。

這種田園詩般的景象很吸引人，但這當中忽略了更重要的一點。

共享經濟不在共享，它也不是所有權的終結。它關係到改變了我們做為公民和消費者的角色的所有權技術的發展——就像捕撈配額、FastPass+快速通關、石油聯合開發和豪門信託改變了所有權的前景。未來，微所有權和智慧手機兩者的交集很可能顛覆我們的生活，其激烈的程度就像附屬物權和帶刺鐵絲網重塑了北美大平原。

從擁有物品到串流人生的轉變將帶來驚人的代價。首先，共享經濟最終鼓舞的可能不是禪的簡單，而是更招搖花俏的消費。想想看：你很少看到有人在大自助餐廳拿著半空的盤子。餐盤總是堆得高高的。隨著每一種商品或服務的價格越來越便宜，人們消費的種類越來越繁多——每一種商品的量或許少了，但整體上變多了。高級服裝和手提包的大量串流可能是在訓練人們重視奢侈而不是知足，永遠對自己擁有的感到不滿，隨時準備轉往下一個——更昂貴的服務等級。

而且共享經濟不會創造財富；對多數人來說，它只會消耗財富。人們失去了為購買大宗商品而儲蓄、貸款或抵押、還清債務以及擁有產權——對於珠寶、汽車，尤其是房屋的訓練。在歷史上，對那些有能力購屋的人來說，擁有住房是美國最大的財富來源（這也是種族財富差異的最大推動力）。抵押貸款還清後，房子為退休人員提供一個安全的居所，或者在他們縮減開支時提供現金。相較下，租屋者按月付房租，流動租客按日付，累積不了財富。

如果每個人都不斷變換住處，無法作長期的許諾，社區也會受到影響。如果居民全都是拉著活動行李箱，從一個地方轉到另一個地方的 Airbnb 房客，那誰來舉辦國慶日街區派對？街坊鄰居不會跑到隔壁去向陌生人借一杯砂糖，或者慶賀他們的孩子生日。一些熱門旅遊景點已看到了社區的解體，因為許多長期居民被投資客取代，這些人購置公寓的唯一目的是短期轉賣。這種轉變也會推高房價，使得在一個地區長大的人更難留在那裡。社區團結是無形的，難以衡量，然而它的流失卻是一項極大的代價。在這場公地悲劇中，個人屋主理性地選擇在 Airbnb 註冊以便獲利，但總的來說，我們都失去了和自身的地方感、和真正的家的感覺的連結。

作為因應，有些社區（像加州聖塔莫尼卡）開始禁止短期租屋，嚴禁 Airbnb。透過限制有意願的賣家和買家，聖塔莫尼卡試圖阻擋已經很高的房價進一步上漲，並維護社區精神的原貌。但這個選擇也有助於維持聖塔莫尼卡作為一個富裕、白人的社區，排除那些兩者皆非，只想在海灘短暫逗留的人。而這也給當地那些擁有很多房子但一文不名的屋主造成極大損失。

理解 Airbnb 禁令的一個方法是，把它看成將所有權調光器稍微轉暗——離開市場，偏向非金錢價值。聖塔莫尼卡是在解決社區凝聚力的喪失，但付出了個人自主性和種族平等的代價（整體來看，代價太高了）。所有的所有權規則都涉及到利害取捨。

那麼，誰來決定我們要過多少這種單品點餐（à la carte）的日子？答案一如既往，取決於誰掌握了所有權遙控器。是否該由個人業主、公寓管理協會、街坊鄰里、市或州政府來作選擇？誰來決定都不會是不偏不倚的——每一種選擇都會改變「我的」的意義。

凝視水晶球，我們可以想像一個世界，也許在不遠的將來，整束所有權掌握在少數幾家企業手中，而其他人都只握有使用權的小細枝。在這樣一個人人和商品、服務之間的聯繫如此短暫的世界裡，活著又意味著什麼？

風險不只是我們和鄰里社區失去聯繫，我們還可能失去人格的某些面向，那是許多人透過舊式所有權所體驗到的和神聖之間的聯繫。我們可能會放棄了——無意間，透過點擊千百次創造力、自我表達力和自覺，而這些都是靠著擁有、個人化以及和親密對象的連結建立起來的。例如我們不再珍視父母的畫了線、在空白邊欄寫下心得的小說和食譜——表達了他們想些什麼、關心什麼的物證。相反地，我們只是在食譜搜尋引擎輸入材料關鍵字，或者心不在焉地從 GrubHub 訂購晚餐。我們沒有學習如何更換我們的敞篷野馬或福斯金龜車（二十世紀象徵自由的車款）的機油，而是用 Uber 叫車，消費一系列不那麼高貴的汽車服務。

這種轉變很重要，因為我們不僅是做為消費者而存在。我們的身分和我們所擁有的東西密不可分。我們對我們的房子、汽車、書和衣服有感情。正如一位記者沉痛指出的，「誰還記得拆開一張新唱片的聲音，一輛新車的氣味，或者打開新購房子大門時的那股悸動？在我生命中的許多時刻，每一刻都代表著擁有的喜悅和一種真正成功了的感覺。」

在這個從擁有某物、某樣東西，轉變到只握有他人所有權棍束中的一根小細枝的過程中，我們有可能失去一種和簡單的物質佔有產生親密連結所帶來的深刻價值。我們的物品——如同我們的身體，界定、構成了我們的身分，不光是做為個人，也是做為有情社區的一分子。在這個新世界裡，我們或許再也不會為生病的鄰居送餐，和友人一起打造花園，和大夥聯手清理一塊廢棄空地，分享建造社區遊戲場的工具和技巧。

在共享經濟中，我們可能會一路點擊著度過人生，這時，實體佔有的勝算確實降到了十之一二——**我持有它，但它幾乎不是我的**。所有權從我們匆匆擁有的物品中漂走了。單點小菜的人生或許非常便利，但你真想授權別人使用你的訂婚戒指，出租你的狗？你又如何為一個什麼都能串流，卻又一無所有的人買禮物？

結語

幼兒的所有權規則

一條共同的脈絡貫穿本書。我們總是被許多珍貴的東西包圍，但我們不能想要什麼就搶過來。我們不是賊。別人也不能任意拿走我們的東西。我們不是呆子。

對所有權的共同理解使得陌生人間的和平共處成為可能。多數規則不能太複雜，不然我們日子可難過了。事實上，每一百萬件所有權糾紛當中，法官大概只會作出一項裁決，其餘都是我們自己解決的。

怎麼可能？

當學期進展順利，在最後一堂課上，有時學生會送我們一份有趣的禮物，讓我們驚喜一下。有一年學生送我們一把棍子——沒錯，一把綁在一起的真的木棍。又有一年是一隻絨毛狐狸，點子來自皮爾森訴波斯特的經典案子。

海勒最愛的禮物之一是一件胸前印有「The Toddler's Rules of Ownership」橫幅字樣的T恤。（網路上流傳著這行字的許多變體。我們搜索過，但找不到原始作者。那麼，誰擁有它？）以下是這款T恤文字的各種版本：

◎如果我喜歡，它就是我的。
◎如果它在我手裡，它就是我的。
◎如果我能從你那兒把它拿走，它就是我的。
◎如果我剛剛拿到它，它就是我的了。
◎如果它是我的，再怎麼說都不可能是你的。
◎如果我在製作或建造什麼東西，所有的部件都是我的。
◎如果它看來像我的，它就是我的。
◎如果我先看到，它就是我的。
◎如果你在玩什麼東西，把它放下了，它就是我的。
◎如果它壞了，它就是你的。

這些規則很有趣，因為它們聽起來很真實。這不是巧合，「我的」是牙牙學語的孩子最早說出口的字彙之一。從小，孩子們就有強烈的佔有欲，並且對所有權含義的判斷力極為清晰。玩小卡車很好，但如果你用它敲打妹妹，小卡車就不再是你的了。幼兒是在規則之間的模糊空間討價還價的專家。我們也是。我們非這樣才能正常過生活。

當珍貴資源出現——這是常有的事，大家就開始爭奪所有權。無論是進入最高法院旁聽、串流 HBO 影片、在你家上空盤旋的空拍機、衝浪，還是下雪街道上的停車位，人們都會提出相互衝突的權利主張。一般來說，構成本書的幾種所有權說法已足以應付。但總有別的說法作勢要把所有權顛倒過來。先到後贏，現實佔有、勝算十之一二，你播種、我收割。有時連幼兒規則也能奏效。

這種緊張關係也讓事情變得有趣——無論是對追求利潤或者促進公共利益的人皆然。幼兒對迪士尼樂園的看法是：我比你先排隊，所以我比你先玩，不准插隊。但迪士尼已經為超級有錢人設計了一條不用排隊的捷徑。幼兒對 iTunes 的看法是：我把《愛探險的朵拉》動畫放進我的購物車，媽媽按了「立即購買」，所以它是我的，不能收回。但 Apple 在上面繫了根繩子，讓它能夠撤回影片。主事者一直在微調所有權，引導我們前往這裡或那裡——不管是為了留住杜克大學籃球隊的狂熱粉絲群，替 23andMe 公司蒐羅我們的基因密碼，還是為了鼓勵在白令海進行更安全永續的螃蟹捕撈。

還記得本書開頭提到的護膝神器的故事吧？就在我們寫這篇稿子的同時，飛機座位又改變了。現在航空公司正把椅子內嵌的娛樂螢幕拆掉，讓托盤桌變成更激烈的所有權爭奪點：你需要桌子來「支撐影音裝置」，以便串流你自己的節目。美國航空公司將座椅傾角從舒適的四吋減為象徵性的兩吋；Delta 也跟進了。Spirit 和其他廉航公司更進一步「預傾斜」座椅，把它鎖死在固定角度，而且乾脆取消了傾倒按鈕。為什麼？不是為了更舒適的飛行體驗。預傾斜讓座椅變得更簡單、更輕、更薄，因而簡化了維護，節省了燃油，而且能塞進更多旅客。這也消除了所有權的模糊性，讓護膝神器毫無用武之地。唯一代價：多數乘客都覺得不太舒適。

如今，經濟艙的所有權衝突轉移到了腳墊和扶手上，尤其是對窗簾的控制——讓那些想盯著窗外看的乘客，和那些抱怨眩光的乘客對立起來。這類關於所有權基準的爭執就像沼澤地對濕地，紅杉樹對太陽能板，不過是在三萬五千呎的高空。

如果說本書能帶來什麼教訓，那就是「我的」反映了在各種相互衝突的說法中的一種選擇。只有六種簡單的說法，每個人的一切權利主張不外乎這六種。而哪一種說法能勝出，人人有機會。現在你已經知道這些潛規則，你可以成為你自己、你的社區和我們共同利益的更有力的宣導者了。無論你在排隊、飆網，或者擠進你的機位，問自己：遙控器在誰手上？誰能擁有？憑什麼？

致謝

我們共同感謝我們的經紀人，羅斯坦文學經紀公司（Levine Greenberg Rostan Literary Agency）的 Jim Levine 和我們的編輯，Doubleday 出版公司的 Kris Puopolo。從本書提案放上他辦公桌的那天開始，Jim 就一直支持著我們，之後也從未間斷。從書名到它的野心，全都要歸功 Jim。也要感謝他的團隊，包括 Mike Nardullo 和 Matthew Huff。Kris 用堅定而輕柔的手引導著我們。她同意和我們並肩工作是我們的莫大幸運。非常感謝 Doubleday 團隊，包括 Mike Collica、Todd Doughty、Kathleen Fridella、Michael Goldsmith、Dan Meyer、Rachel Molland、Lauren Weber、Mike Windsor 和 Carolyn Williams。

Carol Rose 一直是我們兩人職業生涯中的恩師。Bob Ellickson、Hanoch Dagan 和 Tom Merrill 教我們如何思考所有權問題。Rob Fischman 提出了「所有權的蘋果橘子經濟學（Freakonomics）」前提。Dan Ariely 適時地把我們介紹給 Jim Levine。我們無法一一列舉要感謝的同事和朋友。特別感謝 Martin Doyle、Jane Ginsburg、Jerry Kang、Dan Kevles、Mike McCann、Jed Purdy、Kal Raustiala、Richard Re、Buffie Scott、Chris Slobogin、Jackson Willis、Tim Wu；感謝科羅拉多、哥倫比亞、杜克大學和加州大學哈斯汀法學院、加州大學洛杉磯分校、加州大學聖塔芭芭拉分校的研習會參與者。還要感

謝我們的研究助理 Connor Clerkin、Andrew Howard、Rob Koehler 和 Sara Weiss。

私人感謝

感謝我的多位合著者，他們的想法豐富了本書，特別是我在私法理論方面的長期合作者 Hanoch Dagan。因為有院長 Gillian Lester 和我傑出同事們的支持，哥倫比亞法學院始終是最棒的學術之家。感謝 Marc and Eva Stern 教師研究基金、Grace P.Tomei 捐贈基金和 Henry and Lucy Moses 教師研究基金的慷慨研究資助。特別感謝和我一起實地測試本書大部分內容的學生們——他們總是在我偏離主題時大方糾正我。感謝在我寫作過程中一路支持我的朋友們，包括 David Basche、Bart Gellman、Dafna Linzer、Alysia Reiner、Daniel Rothenberg、Virginia Rutter、Tamar Schapiro 和 Jason Slavick，以及從小教會我何謂 mine 的我的雙親和兄弟。感謝我的合著者詹姆斯・薩爾茲曼，他一直是推動本計畫順利前進的動力——和他合寫本書真是一大樂事。最後，一如往常和每一天，我要感謝 Debora，我的頭號讀者、最佳書評和摯愛，以及我一生的喜悅，Ellie 和 Jonah。——M.H.

本書在寫作過程中經歷了七個美妙的年頭。和朋友、陌生人就如何思考所有權和一些特別有價值的例子進行了無數次腦力激盪，讓我樂在其中，獲益良多。他們對這主題的熱情發揮了超乎他們理解的助力。UCSB 布倫環境科學管理學院、UCLA 法學院和杜克大學法學院提供了慷慨資金。本書的好難以估量，因為它是一次真正的共享計畫。邁可·海勒對財產法的深厚知識、力求每份草稿達到完美的付出以及才思靈敏，使得我們的合作充滿樂趣。衷心感謝我遠在世界各角落的家人，他們對我本次和其他時候的冒險——不管是英勇或狂妄——的溫情支持和激勵，使我成為真正的幸運兒。——J.S.

附註

本書中的一些敘事框架和許多事件乃擷取自我們以前出版的作品。我們還充分利用了其他學者的研究和記者的文章。這些敘事框架、事件、研究和文章的引文皆包含於本附註。其他未收錄的材料大都來自容易獲取的新聞來源和工具書。延伸附註可於線上取得，請見本書網站 www.MineTheBook.com。線上附註也包括資料來源的連結，以及進一步閱讀與本書相關的情節和學術研究的建議。此外，本書網站還附有與事件相關的照片及插圖的連結。所有權僵局使我們無法將它們收入內文。如果你想知道護膝神器的外觀，請至 www.MineTheBook.com。

國家圖書館出版品預行編目資料

這是我的，別想碰！：「所有權」潛規則如何控制我們的生活？/邁可.海勒(Michael Heller), 詹姆斯.薩爾茲曼(James Salzman)著；王瑞徽譯--初版.--臺北市：平安文化, 2022.07
面；公分. --(平安叢書；第0722種)(我思；13)
譯自：Mine! : How the hidden rules of ownership control our lives
ISBN 978-986-5596-97-2(平裝)

1.CST: 所有權 2.CST: 通俗作品

584.21　　111008973

平安叢書第0722種

我思13

這是我的，別想碰！

「所有權」潛規則如何控制我們的生活？

作　　者—邁可・海勒、詹姆斯・薩爾茲曼
發 行 人—平雲
出版發行—平安文化有限公司
台北市敦化北路120巷50號
電話◎02-27168888
郵撥帳號◎18420815號
皇冠出版社(香港)有限公司
香港銅鑼灣道180號百樂商業中心
19樓1903室
電話◎2529-1778　傳真◎2527-0904
總 編 輯—許婷婷
執行主編—平靜
責任編輯—黃馨毅
行銷企劃—鄭雅方
美術設計—李偉涵
著作完成日期—2021年
初版一刷日期—2022年07月

法律顧問—王惠光律師

讀者服務傳真專線◎02-27150507
電腦編號◎576013
ISBN◎978-986-5596-97-2
Printed in Taiwan
本書定價◎新台幣420元/港幣140元